中南大学乡村振兴研究丛书

湖南民族地区可持续发展研究

Study on Sustainable Development
in Ethnic Areas of Hunan

许源源 ◎ 著

中国社会科学出版社

图书在版编目（CIP）数据

湖南民族地区可持续发展研究／许源源著． -- 北京：中国社会科学出版社，2025.3． --（中南大学乡村振兴研究丛书）． -- ISBN 978-7-5227-4746-0

Ⅰ．F127.64

中国国家版本馆 CIP 数据核字第 2025WE4577 号

出 版 人	赵剑英
责任编辑	王　琪
责任校对	杜若普
责任印制	张雪娇

出　　版	中国社会科学出版社
社　　址	北京鼓楼西大街甲 158 号
邮　　编	100720
网　　址	http://www.csspw.cn
发 行 部	010-84083685
门 市 部	010-84029450
经　　销	新华书店及其他书店

印　　刷	北京明恒达印务有限公司
装　　订	廊坊市广阳区广增装订厂
版　　次	2025 年 3 月第 1 版
印　　次	2025 年 3 月第 1 次印刷

开　　本	710×1000　1/16
印　　张	16
插　　页	2
字　　数	254 千字
定　　价	98.00 元

凡购买中国社会科学出版社图书，如有质量问题请与本社营销中心联系调换
电话：010-84083683
版权所有　侵权必究

目 录

总 论 ·· 1

理论篇

第一章 文献综述 ··· 11
  第一节 民族地区反贫困研究 ··· 11
  第二节 民族地区可持续发展研究 ·· 16

第二章 理论基础与分析框架 ··· 26
  第一节 区域可持续发展释义 ··· 26
  第二节 相关理论基础 ·· 34
  第三节 可持续发展的要素系统 ·· 39

现实篇

第三章 湖南民族地区脱贫摘帽的历程与成就 ································ 51
  第一节 湖南民族地区的基本状况 ·· 51
  第二节 湖南民族地区脱贫摘帽的历程 ······································ 60
  第三节 湖南民族地区脱贫摘帽的成就 ······································ 67

第四章　湖南民族地区可持续发展的现状评估 ………… 78
  第一节　方法与数据来源 ……………………………… 78
  第二节　结果与分析 …………………………………… 86

第五章　湖南民族地区可持续发展的SWOT分析 ……… 92
  第一节　可持续发展的优势 …………………………… 92
  第二节　可持续发展的劣势 …………………………… 98
  第三节　可持续发展面临的机遇 ……………………… 104
  第四节　可持续发展面临的挑战 ……………………… 107

战略篇

第六章　湖南民族地区可持续发展的整体安排 ………… 113
  第一节　指导思想 ……………………………………… 113
  第二节　基本原则 ……………………………………… 113
  第三节　主要内容 ……………………………………… 115

第七章　湖南民族地区社会可持续发展 ………………… 119
  第一节　以铸牢中华民族共同体意识为主线 ………… 119
  第二节　以公共服务供给侧结构性改革为突破口 …… 125
  第三节　以社会治理创新为主线 ……………………… 132

第八章　湖南民族地区经济可持续发展 ………………… 138
  第一节　融入湖南经济发展大格局 …………………… 139
  第二节　以特色农业产业培育为基础 ………………… 143
  第三节　以文化旅游产业提质为抓手 ………………… 152
  第四节　以现代工业产业打造为突破口 ……………… 166

第九章　湖南民族地区人才可持续发展 …… 173
 第一节　以区域人力资源素质提升为基础 …… 174
 第二节　以民族特色技能人才培养为关键 …… 178
 第三节　以高水平人才统筹服务为重点 …… 183

第十章　湖南民族地区资源可持续发展 …… 187
 第一节　以区域资源变资产为主攻方向 …… 187
 第二节　以民族特色资源开发为关键 …… 190
 第三节　以资源利用方式转变为依托 …… 196

第十一章　湖南民族地区生态可持续发展 …… 201
 第一节　以绿水青山就是金山银山为目标 …… 201
 第二节　以民族地区生态环境保护为重点 …… 207
 第三节　以生态宜居民族村寨建设为抓手 …… 210

第十二章　湖南民族地区可持续发展的保障 …… 215
 第一节　提升民族地区市场化水平 …… 215
 第二节　强化民族地区科技支撑能力 …… 224
 第三节　加强民族地区法治文明建设 …… 232
 第四节　推动民族地区新型城镇化建设 …… 238

参考文献 …… 246

后　记 …… 250

总　论

一　研究问题

2021年，在中央民族工作会议上，习近平总书记指出，要"完善差别化区域支持政策，支持民族地区全面深化改革开放，提升自我发展能力。民族地区要立足资源禀赋、发展条件、比较优势等实际，找准把握新发展阶段、贯彻新发展理念、融入新发展格局、实现高质量发展、促进共同富裕的切入点和发力点。要加大对民族地区基础设施建设、产业结构调整支持力度，优化经济社会发展和生态文明建设整体布局，不断增强各族群众获得感、幸福感、安全感。要支持民族地区实现巩固脱贫攻坚成果同乡村振兴有效衔接，促进农牧业高质高效、乡村宜居宜业、农牧民富裕富足"①。推进民族地区发展、实现各民族共同繁荣进步，既体现了中华民族的优良传统，也体现了中国特色社会主义制度的优越性。

湖南是一个多民族省份，世居着土家族、苗族、侗族、瑶族、白族、回族、壮族、维吾尔族等8个少数民族。据第七次全国人口普查统计，湖南省少数民族人口为668.52万人，占全省常住人口的10.06%，居全国第6位。② 全省有1个自治州（湘西土家族苗族自治州，下辖7县1市）、7个自治县、6个少数民族人口过半县以及3个比照享受民族自治地方优惠政策待遇县（区）、84个民族乡。湖南民族地区24个县市区占全省土地面积的28%，其中民族自治地方1州7县占全省土

---

① 《习近平谈治国理政》（第四卷），外文出版社2022年版，第247页。
② 刘文杰：《湖南省第七次全国人口普查主要数据情况》，http://tjj.hunan.gov.cn/hntj/tjfx/tjgb/rkpc/202105/t20210519_19037320.html，最后访问日期：2023年8月20日。

地面积的17.8%。① 民族地区曾是湖南全省贫困面最大、贫困程度最深的地区，脱贫攻坚的伟大实践改变了这一历史面貌。2020年6月，湖南民族地区贫困县全部摘帽，贫困村全部退出，贫困人口全部脱贫，绝对贫困和区域性整体贫困问题得到历史性解决，湖南民族地区与全国人民一道全面建成了小康社会，为民族地区带来了新的发展起点与发展契机。同时，也应看到湖南民族地区发展不平衡、发展不充分、发展基础薄弱、发展后劲不足等问题仍然存在，持续发展能力不强。

2021年，习近平总书记在全国脱贫攻坚总结表彰大会上指出，"脱贫摘帽不是终点，而是新生活、新奋斗的起点"②。全面建成小康社会后，我国经济社会进入新发展阶段，开启全面建设社会主义现代化国家的新征程。民族地区的发展也迎来全新的发展环境，站在新的发展起点，应当科学把握新发展阶段的内涵与要求，深入贯彻"创新、协调、绿色、开放、共享"新发展理念，加快构建新发展格局，进一步推进和实现民族地区高质量、可持续发展。同时，推进民族地区脱贫摘帽后的可持续发展，也是践行我国区域协调发展战略、缩小区域差距、实现共同富裕的重要抓手。

民族地区的发展状况，直接关系到整个国民经济的发展程度、国家的安全和社会的稳定。民族地区的重要战略地位和发展的特殊性决定着，脱贫攻坚期间，民族地区是湖南实现全省脱贫摘帽的工作重点；脱贫摘帽后，民族地区的可持续发展是湖南全省健康有序发展的重要内容。

本书聚焦湖南民族地区脱贫摘帽后如何实现可持续发展这一核心问题，基于民族地区脱贫摘帽后进一步实现可持续发展的新起点、新要求与新目标，以湖南民族地区区域空间及其发展实践为场景，以揭示现实问题与理论发展为导向，通过构建民族地区可持续发展分析框架，全面评估湖南民族地区可持续发展的基础条件与挑战，并进一步探究民族地区脱贫摘帽后可持续发展的推进战略。重点探讨以下几个问题：第一，民族地区可持续发展的理论内涵是什么，包括哪些核心维度。第二，湖

---

① 湖南省人民政府：《湖南概况：民族及宗教》，http://www.hunan.gov.cn/hnszf/jxxx/hngk/rkmz/rkmz.html，最后访问日期：2023年8月20日。

② 《习近平谈治国理政》（第四卷），外文出版社2022年版，第138页。

南民族地区脱贫摘帽后的综合基础如何，其进一步实现可持续发展的条件有哪些，面临哪些现实挑战。第三，如何构建推进湖南民族地区脱贫摘帽后可持续发展的战略体系，供采取的可行行动有哪些。

二　研究价值

（一）学术价值

湖南民族地区脱贫摘帽后的可持续发展研究，将民族地区反贫困与区域可持续发展统筹研究，在理论层面具有一定的价值。

第一，进一步深化民族地区可持续发展理论研究。民族地区的可持续发展是我国区域协同发展的重要内容。当前，学界对民族地区可持续发展的特殊性因素和现实困难进行了一系列探讨，为民族地区区域可持续发展奠定了一定的理论基础。但从民族地区可持续发展的整体性特质来看，现有研究还不够全面，尤其是对民族地区可持续发展的综合性和系统性关切不足。基于区域可持续发展理论，本书梳理民族地区可持续发展要素系统，构建民族地区可持续发展的综合分析框架，将有助于推进民族地区可持续发展理论研究的深化。同时，本书还试图以湖南民族地区为样本，重点关切民族地区脱贫摘帽后的发展问题，对民族地区脱贫摘帽后的现实情境进行全面刻画和深入分析，以期丰富民族地区脱贫摘帽后发展路径的理论研究。

第二，进一步推动国家治理体系与治理能力现代化的理论发展。党的十八届三中全会提出"全面深化改革的总目标是完善和发展中国特色社会主义制度，推进国家治理体系和治理能力现代化"，理论界关注的热烈程度前所未有。国家治理体系和治理能力现代化建设对中国特色社会主义现代化事业具有重大而深远的意义，是中国特色社会主义现代化建设和政治发展的必然要求，其内涵是规范社会权力运行和维护公共秩序的一系列制度和程序，政府治理、市场治理和社会治理是现代国家治理体系中三个最重要的次级体系。民族地区的有效治理是国家治理体系的重要组成部分。以公共管理学的学科视角，从民族地区脱贫摘帽后的可持续发展切入，能够更好地勾勒出国家治理体系与治理能力建设在民族地区的特殊表现，丰富我国国家治理的理论内涵，推动国家治理理论的进一步发展。

(二) 应用价值

开展湖南民族地区脱贫摘帽后的可持续发展研究，对推进湖南民族地区的实践发展也有重要的现实意义。

第一，有助于巩固湖南民族地区脱贫攻坚成果，推动民族地区乡村振兴。2020年3月，在决战决胜脱贫攻坚座谈会上，习近平总书记强调，要接续推进全面脱贫与乡村振兴有效衔接。巩固拓展脱贫攻坚成果，推进乡村振兴战略，是全面脱贫摘帽后的重要任务。总体来看，湖南民族地区防范返贫风险的任务仍然较重，如何确保脱贫攻坚成果得以巩固和拓展，推动民族地区乡村全面振兴，成为民族地区未来发展实践的重要目标。立足全面脱贫摘帽的新起点，继续深入研判湖南民族地区可持续发展的相关议题，对于进一步巩固拓展湖南民族地区脱贫攻坚成果、推动乡村振兴具有重要意义。

第二，有助于推动湖南民族地区经济社会发展，解决发展不平衡不充分的现实问题。民族地区发展不足、发展不充分的基本态势在2020年后并没有彻底改变，自身发展条件和发展潜力仍非常有限，仍旧呈现出区域性的整体欠发达状态。[①] 民族地区可持续发展不仅是我国经济健康发展的重要组成部分，也是构建新发展格局的重要内容。科学分析湖南民族地区脱贫摘帽后的客观形势，结合其资源和要素条件接续下一阶段的可持续发展，既能够推进区域发展，又能够促进国家的平衡充分发展，为实现"十四五"规划目标和2035年远景目标奠定扎实基础。

第三，有助于推进湖南民族地区团结进步事业。全面脱贫摘帽后，湖南民族团结进步事业进入以铸牢中华民族共同体意识为主线的新发展阶段，既迎来难得的发展机遇，也面临诸多风险挑战。我国在由高速发展阶段转向高质量发展阶段的同时，社会主要矛盾变化带来新特征新要求，各民族人口大流动大融居带来诸多新变化，民族地区高质量发展面临新机遇新挑战，民族工作重心和主线发生重大调整，民族工作体制机制发生重大变化，做好新时代民族工作任务依然艰巨。面对新形势新任务新挑战，开展民族地区脱贫摘帽后的可持续发展研究，对于推进湖南

---

① 郑长德：《2020年后民族地区贫困治理的思路与路径研究》，《民族学刊》2018年第6期。

民族团结进步事业具有重大现实意义。

三 研究方法

（一）文献法

民族地区脱贫摘帽后的可持续发展研究，是民族地区贫困治理、区域可持续发展等研究议题的重要内容。在本书中，文献法的运用主要体现为两个方面：一是聚焦民族地区脱贫摘帽后可持续发展的相关研究，综述民族地区反贫困研究与民族地区可持续发展研究的既有成果，探寻将研究进一步深化和拓展的空间；二是通过系统梳理学界关于区域可持续发展理论、资源永续利用理论、外部性理论、协同学理论等理论体系，并结合民族地区脱贫攻坚与区域发展的实践效果，来探究民族地区脱贫摘帽后可持续发展的基本维度、核心内容与具体内涵，构建研究的理论框架。

（二）层次分析法

民族地区的可持续发展水平关涉经济、社会、人口、资源和环境等子系统功能的发挥，对这一复杂系统的运行现状进行评估是提升可持续发展能力的基础。本书立足湖南民族地区发展实际，采用层次分析法构建可持续发展评价指标体系，同时邀请城乡建设、贫困治理、旅游规划等领域的专家学者对各指标进行打分，构建判断矩阵，确定指标权重，基于湖南民族地区各县市的可持续发展现状评估，进而研判湖南民族地区区域可持续发展能力和基础。层次分析法将研究对象视为一个系统，按照分解、比较判断、综合的思维方式，最终使问题转化为一个多层次的分析结构模型，通过定性方法与定量方法的有机结合，从主观和客观的角度来确定各指标的权重，由此对事物进行综合评价。基于此，运用层次分析法有助于科学评估湖南民族地区的可持续发展现状，清晰把握民族地区可持续发展的基础，进而为巩固脱贫攻坚成果、推动脱贫攻坚与乡村振兴的有效衔接与转型锚定准确方向，最终推动湖南民族地区可持续发展能力和水平的提升。

四 研究内容

民族地区全面脱贫摘帽后，在我国进入新发展阶段的新环境和高质量发展新要求下，如何深入推进和实现民族地区可持续发展？围绕这一研究主题，本书形成"理论框架—现实基础—发展战略"的研究分析主线。具体研究步骤和内容安排如下。

第一部分为"总论"，总体论述本书的基本设计，分别对研究问题、研究价值、研究方法、研究内容进行说明。

第二部分为"理论篇"，基于相关文献与理论的梳理，构建民族地区可持续发展的理论分析框架，提出民族地区脱贫摘帽后实现可持续发展的五大基本维度。具体包括两章内容：第一章为文献综述，主要对民族地区反贫困研究和可持续发展研究的相关文献进行梳理与评析；第二章为理论基础与分析框架，重点梳理可持续发展理论，提出整体理论分析框架。

第三部分为"现实篇"，在客观总结和梳理脱贫摘帽历程与成就的基础上，科学评估湖南民族地区可持续发展能力，并运用SWOT框架系统分析其实现可持续发展的基础和条件。具体包括三章内容：第三章的历程与成就，将对具体做法与取得的成就进行全面梳理，呈现整体情况；第四章通过构建评估指标体系，运用相关数据处理与结果分析，对现实情况进行全面评估；第五章为湖南民族地区可持续发展的SWOT分析，将基于现状评估结果，对标湖南民族地区可持续发展目标，从优势、劣势、机遇与挑战等维度进行全面分析，客观刻画湖南民族地区可持续发展的综合条件和环境。

第四部分为"战略篇"，基于前文构建的理论分析框架和现状评估结果，提出推进湖南民族地区脱贫摘帽后可持续发展的可行战略。具体包括七章内容：第六章为整体安排，重点对湖南民族地区可持续发展的指导思想、基本原则与主要内容进行阐释；第七章为社会可持续发展战略，重点从铸牢中华民族共同体意识、公共服务供给侧结构性改革、社会治理创新三个方面进行分析；第八章为经济可持续发展战略，重点从融入湖南经济发展大格局、特色农业产业培育、文化旅游产业提质、现代工业产业打造等方面提出策略；第九章为人才可持续发展战略，重点从区域人力资源素质提升、民族特色技能人才培养、高水平人才统筹服务三个主要方面开展分析；第十章为资源可持续发展战略，重点从区域资源变资产、民族特色资源开发、资源利用方式转变三个方面提出相应措施；第十一章为生态可持续发展战略，重点从绿水青山就是金山银山的目标、生态环境保护、生态宜居民族村寨建设三个主要方面提出发展策略；第十二章为可持续发展的战略保障，重点从提升市场化水平、强化科技支撑能力、加强法治文明建设、推动新型城镇化建设四个方面提出具体的保障措施。

理论篇

前言

第一章 文献综述

我国是一个多民族国家，民族地区的可持续发展一直是学界持续关注的议题。民族地区脱贫摘帽后的可持续发展研究主要涉及民族地区反贫困研究、民族地区可持续发展研究两个方面的主题，本章将对这两方面的文献进行梳理，以为后文的研究提供空间。

第一节 民族地区反贫困研究

民族地区反贫困由来已久，始终是我国贫困治理的重要内容。学者们主要从民族地区贫困问题的特征与成因、民族地区的脱贫策略以及脱贫摘帽后的发展困境等方面展开相关研究。

一 民族地区贫困问题的特征与成因研究

民族地区的贫困有其独特性。一方面，民族地区经济基础薄弱，贫困面大，且多呈现连片分布特征，贫困深度和贫困发生率均远高于全国同期平均水平；[①] 另一方面，区域发展位次差，人均生活水平低，对扶贫政策有高度依赖性，普遍存在返贫风险高的鲜明特征。[②]

关于民族地区贫困问题的成因，学界普遍认同民族地区贫困的形成并不是单一要素决定的，而是受到多方面因素及其相互作用的综合影

---

① 耿小娟：《民族地区贫困问题及多元化扶贫开发模式选择》，《兰州学刊》2015 年第 7 期。

② 祁志伟：《民族地区贫困治理的实践观测与案例经验》，《贵州民族研究》2019 年第 8 期。

响，具体包括脆弱的自然资本、疲软的基层社会治理、低层次的人力资源水平、封闭的文化观念等。首先，恶劣的地域特征和自然环境被认为是民族地区贫困乃至深度贫困的重要原因，尤其是自然灾害频发与环境治理能力和水平的落后，是部分民族地区难以摆脱贫困的主要困难。①恶劣的自然环境也是湖南部分民族地区在发展进程中面临的主要桎梏，②在自然资源较为丰富的矿藏地区，相应的资源利用效益也并不乐观。③

其次，民族地区基层治理体系不完善，治理水平有限。民族地区治理是国家治理的重要组成部分，然而，民族地区独特的经济条件、政策和制度条件，以及社会结构条件，决定了其社会治理的复杂性和不平衡性。④一方面，民族地区社会治理具有特殊性和艰巨性。民族地区多是经济社会发展相对滞后的地区，维护地区社会稳定和民族团结、促进地区经济发展的任务较为繁重；民族地区多是多民族交错杂居地区，多元文化并存，加之一些涉民族因素的突发事件时有发生，加大了社会治理工作难度。同时，民族地区信教群众比例大，信仰程度深，宗教管理工作复杂。⑤另一方面，民族地区基层政府治理水平有限，存在治理观念陈旧落后、治理机制刚性僵化、府际组织协同困难等问题。⑥基层队伍人才匮乏，基层人员素质不高是民族地区社会治理水平面临的关键瓶颈。⑦与此同时，民族地区社会发育程度不高，基层治理中的社会力量参与不足，致使基层治理体系不完善，社会治理格局失衡。⑧

再次，民族地区贫困人口能力普遍偏低。生产和生活要素短缺加剧

---

① 庄天慧、张军：《民族地区扶贫开发研究——基于致贫因子与孕灾环境契合的视角》，《农业经济问题》2012年第8期。
② 邓成明、蒋业宏：《中国少数民族贫困：现状·成因·对策——对湖南省城步苗族自治县贫困问题的调查思考》，《财经理论与实践》1999年第1期。
③ 郑桂章：《适度开发矿产资源加快区域经济转型》，《矿产保护与利用》2008年第1期。
④ 罗强强：《民族地区社会治理的价值意蕴、重要维度与实践方向》，《北方民族大学学报》2021年第4期。
⑤ 郭纹廷：《民族地区领导干部心理素质与压力管理作用机理研究——基于SEM的实证分析》，《贵州民族研究》2021年第1期。
⑥ 刘胜良：《西部民族地区基层政府治理困境及变革路径》，《理论导刊》2016年第2期。
⑦ 李维宇、杨基燕：《民族地区基层政府治理能力提升的困境与进路》，《湖北民族学院学报》（哲学社会科学版）2015年第5期。
⑧ 冯旭、蔡立群：《共建共治共享格局下民族地区的社会治理策略》，《民族学刊》2021年第9期。

能力不足，进而减少制度安排中的竞争性资源获取，贫困深化又降低要素积累，构成贫困循环。① 民族地区劳动力素质水平不高，就业能力和收入水平偏低。② 贫困地区普遍的经济发展和一般性扶贫投资受益群体往往是非贫困的高人力资本群体而不是贫困的低人力资本群体，③ 由此造成民族地区贫困人口难以有效脱贫。特别地，民族地区人口的高增长与低素质会制约地区经济发展，经济发展方式的落后又容易造成资源的过度掠夺现象，在很大程度上制约人口素质的提高和基础设施的投资，而基础设施落后则会制约其他方面的改善。人口、资源、环境等因素相互作用，导致民族地区形成恶性循环，贫困问题反复发生。④ 另外，贫困地区相对匮乏的物质资本、人力资本与社会资本三重叠加，致使自我发展能力弱化。⑤ 在物质资本、人力资本与社会资本有限的条件下，建房或买房、婚丧嫁娶大事、子女上大学、大病治疗情况、旱灾等冲击性事件是造成民族地区农户陷入贫困的外在推力。⑥ 在湖南，人力资本、经济资本和社会资本的匮乏，是民族地区贫困发生率曾经居高的重要原因。⑦

最后，落后的宗教社会文化及非理性消费习惯也是造成民族地区贫困的重要因素。有学者在调研四川藏区农牧民致贫原因后发现，"宗教信仰消费支出在当地农牧民家庭总支出中占有相当的比例，家庭越贫困对宗教信仰的需求和心理依赖就越大，非理性的宗教信仰消费会加剧扩大藏区贫富差距"。⑧ 一些民族地区不合理的传统文化习俗，也会影响民

---

① 张自强、伍国勇、徐平：《民族地区农户贫困的逻辑再塑：贫困恶性循环的视角》，《贵州民族研究》2017年第1期。
② 王永明、王美霞、吴殿廷、赵林、丁建军：《贵州省乡村贫困空间格局与形成机制分析》，《地理科学》2017年第2期。
③ 王瑜、汪三贵：《特殊类型贫困地区农户的贫困决定与收入增长》，《贵州社会科学》2016年第5期。
④ 李俊杰、耿新：《民族地区深度贫困现状及治理路径研究——以"三区三州"为例》，《民族研究》2018年第1期。
⑤ 张建军：《"三维资本"视阈下新疆民族乡贫困治理对策研究——以温宿县博孜墩柯尔克孜孜乡为例》，《西南民族大学学报》（人文社会科学版）2017年第6期。
⑥ 杨龙、汪三贵：《贫困地区农户脆弱性及其影响因素分析》，《中国人口·资源与环境》2015年第10期。
⑦ 刘小珉：《民族视角下的农村居民贫困问题比较研究——以广西、贵州、湖南为例》，《民族研究》2013年第4期。
⑧ 袁晓文、陈东：《辨证施治：四川藏区农牧民致贫原因的实证调查与分析》，《中国藏学》2017年第2期。

族地区发展的社会思维，成为民族地区乡村振兴有效推进的文化桎梏，制约民族地区脱贫攻坚与乡村振兴的有效衔接，影响民族地区长效脱贫。①

二 民族地区的脱贫策略研究

既有研究对民族地区脱贫策略的讨论主要集中于经济社会整体发展方面的策略和贫困群体生活水平提升两个方面。

民族地区经济增长和优势产业发展是有效解决贫困问题的重要前提。针对民族地区贫困循环问题，最关键的是通过持续高速和包容性经济增长、资源禀赋升级、产业发展和构建激励相容长效机制，通过经济发展推动民族地区高质量扶贫和高质量脱贫。② 有研究者基于湖南湘西少数民族聚居地居民调查与分析，提出家庭资产的贫困是民族地区贫困问题的痛点，不同民族家庭资产贫困具有异质性，推进民族地区脱贫致富，如何有效提升产业发展，增加经济收入是重点。③ 少数民族地区旅游业发展，特别是旅游收入增加对居民减贫具有正向作用，应当发展旅游业促进少数民族地区居民减贫，缩小贫富差距和城乡居民收入差距。④ 具体到湖南民族地区，其文化旅游资源优势明显、发展潜力大，科学开发利用文化旅游资源，对经济社会发展和贫困问题的解决效益明显。⑤

通过多方面举措，促进民族地区贫困群体处境的改善与能力的提升，构成民族地区贫困治理的根本路径。民族地区的贫困治理，在重点改善贫困要素的基础上需要关注与之关联的致贫因素。在扶贫资源配置能力有限的前提下，兜底的社会保障网络体系是解决绝对贫困问题、改

---

① 陈永亮、张立辉：《乡村振兴视域下新时代民族地区移风易俗路径——以四川省凉山彝族自治州 J、Y 县为例》，《民族学刊》2020 年第 6 期。
② 郑长德：《深度贫困民族地区提高脱贫质量的路径研究》，《西南民族大学学报》（人文社会科学版）2018 年第 12 期。
③ 伍中信、彭屹松、陈放、魏佳佳：《少数民族地区农民家庭资产贫困的精准测度与脱贫对策》，《经济地理》2020 年第 10 期。
④ 黄渊基、熊曦：《民族地区旅游业发展与居民减贫关联研究——基于民族八省区面板数据的实证研究》，《城市发展研究》2018 年第 9 期。
⑤ 文连阳、吕勇：《民族地区文化旅游资源社会效益估算：湖南湘西州的案例》，《西南民族大学学报》（人文社会科学版）2016 年第 6 期。

善贫困群体处境的重要机制。① 有效的脱贫举措需要着眼于民族地区的特殊性，以培育脱贫的内生动力为出发点，进一步加大政策扶持力度，利用西部大开发、对口支援、兴边富民等国家战略和"一带一路"倡议提升民族地区公共服务水平，改善民族地区贫困群体公共服务可及性和便捷性。② 此外，民族地区在脱贫攻坚进程中，更重要的是要促进贫困群体能力的提升，持续加强贫困人口主体性地位建设，优化脱贫能力及脱贫行为激励方式，突出民族特色的扶贫项目等贫困人口脱贫内生动力提升路径，提高民族地区贫困治理水平。③ 从长远来看，提升民族地区城乡居民劳动力的创收能力，是实现贫困治理有效性与长效性结合的关键，要有针对性地对民族地区有劳动能力的贫困人员进行技能培训，从而帮助他们提升个人创收能力，形成内生发展动力去积极参与持续就业。④

三 民族地区脱贫摘帽后的发展困境研究

2020年，我国实现了全面消除绝对贫困的历史性目标，然而，绝对贫困在统计意义上的消失并不意味着中国反贫困事业的终结，而是标志着进入新的贫困治理阶段。⑤ 伴随着现行标准下的全面脱贫摘帽，民族地区反贫困的重点工作也由快速实现脱贫转向如何帮扶民族地区真正实现长远的高质量发展，民族地区贫困治理重心也从绝对贫困转向相对贫困、从开发式扶贫转向扶贫后保障、从乡村贫困治理转向乡村振兴、从追求经济快速增长转向经济高质量发展。⑥

从实践经验来看，民族地区贫困群体更容易陷入持续性贫困状态。⑦

---

① 张自强、伍国勇、徐平：《民族地区农户贫困的逻辑再塑：贫困恶性循环的视角》，《贵州民族研究》2017年第1期。
② 李俊清、向娟：《民族地区贫困成因及其治理》，《中国行政管理》2018年第10期。
③ 李丹、张苗苗：《西南民族地区贫困人口获得感从何而来?》，《财经问题研究》2018年第11期。
④ 王延中、宁亚芳：《新时代民族地区决胜全面小康社会的进展、问题及对策——基于2013—2016年民族地区经济社会发展问卷调查的分析》，《管理世界》2018年第1期。
⑤ 许源源：《后扶贫时代的贫困治理：趋势、挑战与思路》，《国家治理》2020年第1期。
⑥ 程静、陶一桃：《后脱贫时代的少数民族地区税制改革探讨》，《云南民族大学学报》（哲学社会科学版）2020年第5期。
⑦ 陈全功、李忠斌：《少数民族地区农户持续性贫困探究》，《中国农村观察》2009年第5期。

民族地区更易出现持续性贫困、脱贫后返贫及贫困代际传递的一个重要原因是表面脱贫、短期脱贫，内生可持续发展动力问题没有得到有效解决。具体而言，农村居民增收难、劳动力技能培训不足、城镇化进程阻力大、精准扶贫效率待增强、社会治理能力和效果弱、环保综合效果不足、中华民族共有精神家园建设有待加强等一系列不平衡不充分的发展问题，制约了民族地区人民日益增长的美好生活需要的实现，从根本上导致民族地区可持续发展缺失。①

更为关键的是，民族地区内生发展动力仍然不足，难以支撑长效可持续发展：一是民族地区人力资本积累仍然与全国平均水平和经济发达地区存在差距；二是民族地区自主科技研发能力薄弱；三是自然环境脆弱（如灾害频发等）制约了民族地区内生发展动力的培育。此外，民族地区在获得大量外来援助资金、技术和管理方法的同时，也存在对外部资金使用效率不高的问题。②

第二节 民族地区可持续发展研究

推进民族地区可持续发展，是实现国家和地区长效发展的必然选择。③ 可持续发展是民族地区发展中的重要议题，学者们围绕影响民族地区可持续发展的独特性因素、现实问题与策略研究进行了相关探讨。

一 民族地区可持续发展的独特性因素

区域可持续发展的研究由来已久，一般而言，经济、人口、社会与自然生态的和谐发展被认为是可持续发展的核心内涵。④ 具体到民族地区的可持续发展，在考虑一般区域可持续要素的影响外，学者们更多地

---

① 王延中、宁亚芳：《新时代民族地区决胜全面小康社会的进展、问题及对策——基于2013—2016年民族地区经济社会发展问卷调查的分析》，《管理世界》2018年第1期。
② 王延中、宁亚芳：《新时代民族地区决胜全面小康社会的进展、问题及对策——基于2013—2016年民族地区经济社会发展问卷调查的分析》，《管理世界》2018年第1期。
③ 郑长德：《西部民族地区可持续发展战略研究》，《西南民族学院学报》（哲学社会科学版）1999年第6期。
④ 杨开忠：《一般持续发展论（上）》，《中国人口·资源与环境》1994年第1期。

从民族地区的特殊性出发,即考虑民族地区独特的自然、社会与文化环境。

第一,独特的自然环境深刻影响着民族地区的可持续发展。我国民族地区地域辽阔,自然环境的多样性和独特性十分突出。我国民族地区生态环境往往较为优越,但随着社会生产力的不断发展,如何正确处理生态环境保护与民族地区发展之间的关系逐渐成为重要议题。有学者指出,民族地区污染防治与生态文明建设的需要,实际上造成丰富的自然资源管控过度、开发不足,成为发展的限制性因素。① 部分生态环境十分脆弱的民族地区,自然灾害也较多,对经济社会发展形成严重制约。② 因而,加强区域间的合作,提高社会生产中的科技含量,保护民族地区的生态环境,是防治自然灾害的重要措施。③ 以甘肃少数民族地区为例,有学者认为,生态环境退化造成地区贫困,制约了经济社会可持续发展,应从可持续发展的角度通过生态补偿推动生态恢复。④ 还有学者关注到民族地区自然保护区对周边社区民生的影响,指出需要正确处理好自然资源保护与社区民生之间的关系,加大保护区专项资金投入,建立差异化补偿机制,探索不同的社区发展模式,促进自然保护区与社区关系的和谐。⑤

自然资源及其利用也影响着民族地区经济社会的可持续发展。民族地区因其地缘特殊性突出,自然资源往往具有独特性,是我国重要的自然资源输出地。自然资源禀赋及其开发利用与民族地区经济社会可持续发展密切相关。通过中国民族地区省际面板数据的处理与分析,有学者发现,民族地区丰富的自然资源在一定限度内是经济增长的"福音",但当地区发展过度依赖自然资源时,资源则成为经济增长的"诅咒",

---

① 王波、邹洋:《新时期生态补偿与民族地区乡村振兴协调发展研究》,《农村经济》2019 年第 10 期。

② 庄天慧、张海霞、杨锦秀:《自然灾害对西南少数民族地区农村贫困的影响研究——基于 21 个国家级民族贫困县 67 个村的分析》,《农村经济》2010 年第 7 期。

③ 荣宁:《建国 40 年来西部民族地区自然灾害的初步研究》,《青海民族研究》2007 年第 2 期。

④ 刘宥延、巩建锋、段淇斌:《甘肃少数民族地区生态环境与农牧民贫困的关系及反贫困对策》,《草业科学》2014 年第 8 期。

⑤ 李星群:《民族地区自然保护区周边社区民生问题研究——以广西为例》,《广西民族研究》2012 年第 1 期。

即丰富的自然资源反而阻滞经济增长。① 还有学者发现，我国民族地区因地域辽阔，多样性的地形地貌、生态环境和气候类型孕育了多样的动植物品种，优良的自然环境为农产品质量提供了保障，形成发展特色农业的自然条件，促进了民族地区农业农村的可持续发展。②

第二，独特的社会环境构成民族地区可持续发展的重要挑战。政治认同与意识形态安全是民族地区可持续发展的重要社会环境。由于自然环境、历史沿革等因素的影响，民族地区的社会生活往往相对封闭，政治生活的地域性和民族性特征突出，各民族对国家政治体系的认同成为推动地区发展的重要前提，③ 由此，确保有效的政治沟通对民族地区社会的和谐有序以及持续发展具有特殊的意义。④ 持续推进"中华民族共同体"建设，既需要始终坚持中国共产党的领导又需要正确贯彻党的民族区域自治制度；既需要持续推进民族地区经济社会快速发展又需要更好地建设各民族共有精神家园。⑤ 此外，民族地区意识形态的安全建设也很关键。暴力恐怖主义、民族分裂主义、宗教极端主义与意识形态渗透活动仍然存在，并企图动摇、蛊惑、疏离和扰乱民心，威胁我国民族地区的意识形态安全。⑥ 尤其是，随着时代的发展和社会交流交往模式的变迁，民族地区开始面临网络环境下各种非主流意识形态争相抢夺网络话语权，甚至利用网络平台散布逆历史潮流的煽动性言论等方面的冲击，必须把社会主义核心价值观融入网络法治建设，完善民族地区网络舆情监管制度体系，保障民族地区意识形态安全建设的有效性，为民族地区经济社会发展提供稳定基础。⑦

---

① 杨玉文：《中国民族地区资源诅咒特征及影响因素分析》，《云南社会科学》2013年第2期。
② 张兆忠、李明轩：《新时代民族地区特色农业高质量发展研究》，《北方民族大学学报》2021年第4期。
③ 周平主编：《政治文化与政治发展》，中央民族大学出版社1999年版，第9—23页。
④ 袁明旭：《民族地区和谐社会构建中的政治沟通》，《思想战线》2006年第5期。
⑤ 洪美云：《中华民族共同体：理论探源、现实意义和未来指引》，《理论与改革》2021年第4期。
⑥ 廖立胜：《新时代少数民族地区意识形态工作的本质与建设路径——基于"民心是最大的政治"视角》，《云南民族大学学报》（哲学社会科学版）2019年第6期。
⑦ 宋才发、白永祥：《民族地区意识形态安全问题法治探讨》，《青海民族研究》2018年第4期。

民族地区存在着地域界限与民族自治等社会环境，民族间交往交流交融也深刻影响着民族地区的社会关系。学者们讨论了民族区域自治与民族地区社会关系之间的联系，认为民族区域自治制度建立以后，民族自治地方内民族因素与区域因素的关系随之凸显，从而深刻影响着民族地区的社会关系，[1] 发展和完善民族区域自治制度，是关系国家统一和边疆巩固的大事，是关系民族团结和社会稳定的大事，是关系国家长治久安和中华民族伟大复兴的大事。[2] 民族地区社会资本、族群惯习等社会情境要素都是民族交流交融的重要影响因素，[3] 刻画着民族地区社会可持续发展的基调。

民族地区特殊性强、任务艰巨的社会治理状态也是其社会环境的重要表现。民族地区多是经济社会发展相对滞后的地区，维护地区社会稳定和民族团结、促进地区经济发展的任务较为繁重；民族地区多是多民族交错杂居地区，多元文化并存，加之一些涉民族因素的突发事件时有发生，加大了社会治理工作的难度；民族地区信教群众比例大，信仰程度深，宗教管理工作复杂。[4] 此外，民族地区独有的区域性治理机制和区域性秩序，也影响着其经济社会的发展。例如，有学者发现，民族地区存在一些独特的纠纷解决机制，是法律法规在民族地区的重要补充，起着规范秩序、巩固团结、促进交融的重要作用。[5] 也有学者指出，民族地区无法内生地恢复普遍性的政治秩序，而只能形成一系列很小的区域性秩序。这种区域性秩序深刻影响着民族地区经济社会发展模式。区域性秩序对普遍性秩序的反馈存在较大的耗散性趋向，因而，民族地区的发展模式与中原地区有着本质区别，中原地区发展模式是建立在成本效益决策基础上寻求更高的组织模式效率，而民族地区形成科学发展秩序的关键却是在资源闲置、市场缺失的限制下追寻组织模式

---

[1] 周平：《"两个结合"：民族区域自治制度的圭臬》，《社会科学研究》2020年第3期。
[2] 沈寿文：《新时代民族区域自治的前沿思考》，《云南社会科学》2019年第6期。
[3] 艾斌：《民族交融的影响机制及其发展趋势研究——基于2018年云南省少数民族地区综合社会调查数据》，《民族研究》2019年第6期。
[4] 郭纹廷：《民族地区领导干部心理素质与压力管理作用机理研究——基于SEM的实证分析》，《贵州民族研究》2021年第1期。
[5] 娄义鹏：《少数民族纠纷解决机制与国家法的冲突与互补——基于对贵州民族地区的考察》，《政法论坛》2017年第3期。

的低成本。①

第三，独特的民族文化成为民族地区可持续发展的"双刃剑"。民族地区的可持续发展，受到其独特的民族文化的多重影响。独特的民族文化是民族地区可持续发展的重要资源和优势。在民族地区发展进程中，丰富的文化资源得到相应的传承和保护，是民族地区文化产业进一步发展、经济不断增长的重要基础。②同时，民族特色文化作为重要的治理资源，形成民族地区社会稳定和社会发展的一种优势。学者们发现，一些民族的传统文化、风俗习惯等在民族地区社会治理、民族关系处理中发挥着重要作用。通过对广东省连山壮族瑶族自治县壮族聚居地区的祠堂文化进行观察和分析，有学者发现，连山地区的各民族通过构建共同的祠堂文化，形成了"你中有我，我中有你"的命运共同体，进而推动了中华民族共同体意识的铸造和民族融合发展，促进了民族地区的社会稳定和和谐发展。③基于对贵州苗侗族群的"吃鼓藏""吃相思"等文化风俗的考察，有研究者发现，民族食俗文化中"新""旧"因素的互动，有利于推动各民族传统文化的创造性转化和创新性发展，有利于铸牢中华民族共同体意识，同时民族传统文化的现代转化也是实现中华民族伟大复兴的必然要求。④还有研究者从社会秩序的视角，观察到民间信仰对民族地区的社区治理产生重要影响。如湘西土地神这一民间信仰，在社会转型时期起到缓解民众焦虑心理、满足民众基本精神需求的作用，因而，在民族地区现代社会的社区治理中应当引入文化治理策略，构建民间信仰参与的多元共治机制，通过文化重构使其文化调适与整合，从而纳入民族地区新的文化体制中，重构出一个为新生活方式服务的有序体制。⑤

---

① 陈文烈、王晓芬：《民族地区乡村振兴战略的内在逻辑与建构路径》，《青海民族研究》2021年第1期。

② 陈丽芳、董蕾：《乡村振兴背景下少数民族地区文化产业高质量发展的路径》，《云南民族大学学报》（哲学社会科学版）2021年第4期。

③ 符昌忠、杨志成：《民族融合与发展的华南经验——以连山地区壮族祠堂文化为例》，《青海民族研究》2019年第4期。

④ 宋忠敏：《少数民族传统文化与铸牢中华民族共同体意识——以贵州苗族侗族食俗文化为例》，《贵州民族研究》2021年第1期。

⑤ 明跃玲、文乃斐：《民间信仰对社区秩序的整合与调适——以湘西浦市古镇土地神信仰为例》，《青海民族研究》2019年第1期。

独特的民族文化也给民族地区发展带来一系列挑战。不同民族的风俗习惯、语言文化以及宗教信仰之间的差异性，使得各民族交流交往交融和社会治理存在着价值分歧、群体隔阂等问题。① 民族地区各民族对不同于本民族文化的风俗习惯的态度也影响着民族关系。② 另外，那些不适应当代社会经济发展的文化传统，也给民族地区发展带来一定的阻碍。如通过对四川凉山彝族自治州"高额彩礼""厚葬薄养""德古"等传统文化习俗的考察，有研究者指出，这些思维定式成为影响民族地区乡村振兴有效推进的一种文化桎梏，制约着民族地区脱贫攻坚与乡村振兴的有效衔接。③ 也有学者以红河州为例，对民族地区部分传统"陋习"进行分析后提出，推进民族地区发展，需要围绕脱贫攻坚的内容和进程推进民族地区移风易俗。④

多样的民族文化虽然是民族地区文化产业发展的重要资源，但在某种程度上，民族文化开发利用中面临的一些困境也会导致其难以支撑民族地区的发展。有学者指出，民族地区文化资源的利用涉及复杂的利益关系，会因利益分配而产生新问题，引起纠纷和冲突。此外，从多样性文化的发展来看，某些传统民族文化在表现形式、价值实现形式上与现代社会经济发展存在较大差距，难以实现接轨；某些传统文化的表现形式创造性不足，难以与当代文化相适应；有些文化产品生产不能适应大众需求，一些极有价值的多样性文化资源隐于深山老林和边远地区，通过现代市场的要素流动来实现价值产出也困难重重。⑤

二 民族地区可持续发展的现实问题

民族地区可持续发展存在的问题重点集中在民族地区发展的相对落

---

① 罗强强：《民族地区社会治理的价值意蕴、重要维度与实践方向》，《北方民族大学学报》2021年第4期。

② 徐黎丽、陈建军：《论风俗习惯与民族关系的互动影响》，《新疆大学学报》（哲学社会科学版）2005年第2期。

③ 陈永亮、张立辉：《乡村振兴视域下新时代民族地区移风易俗路径——以四川省凉山彝族自治州J、Y县为例》，《民族学刊》2020年第6期。

④ 石玲、杨勇：《边疆地区移风易俗工作推进和提升——居于红河州实地调研分析》，《红河学院学报》2020年第1期。

⑤ 俞茹、吉学方：《少数民族地区贫困多样性与反贫困效果持久性研究》，《云南民族大学学报》（哲学社会科学版）2021年第4期。

后方面。

民族地区区域发展整体落后。改革开放以来，广大民族地区不同程度地实现了经济增长和人民生活水平的提高。然而，国家整体上的快速经济增长也拉大了民族地区和其他地区的发展差距，经济社会发展相对落后可以说是所有欠发达的民族地区共同的特征。应该看到，因地理位置的差异，民族地区生态环境和资源禀赋与东部发达地区存在较大差异，区域之间、城乡之间、族群之间发展水平呈现出不平衡性。① 同时，民族省区远离国家经济核心，无法有效分享国家经济核心发展红利，在本区域经济极化的过程中，人口、资源、财富向核心城市集聚的步伐不一，也导致本来就比较大的民族间发展差距问题，变得更加复杂。② 因此，加速民族地区经济发展，提升民族地区的人均可支配收入水平，对于我国区域经济的协调发展具有重要意义。③

民族地区与全国一起，经济建设不断实现历史性突破，经济水平不断提升，扭转了民族地区落后的面貌，改善了居民生活水平。然而，在地区经济发展进程中，面对发展滞后的客观现实，民族地区为了消除弱势，缩小差距，纷纷制定和采取各种赶超措施，甚至不惜以牺牲环境和资源为代价来换取区域经济和社会发展。④ 实践证明，这种不当的经济发展模式会造成生态的破坏和资源的浪费，十分不利于民族地区形成可持续发展的良好局面。尤其是，低端的产业位势与能耗型竞争，给民族地区可持续发展带来压力。⑤

三 民族地区可持续发展的策略研究

可持续发展是实现国家富强、民族复兴、社会和谐的内在要求。当

---

① 罗强强：《民族地区社会治理的价值意蕴、重要维度与实践方向》，《北方民族大学学报》2021年第4期。

② 卢小平：《经济极化背景下民族间发展差距问题变化及应对》，《云南民族大学学报》（哲学社会科学版）2021年第1期。

③ 陈延斌：《民族地区社会组织结构与区域经济发展适度性研究——基于民族八省区的样本分析》，《西南民族大学学报》（人文社会科学版）2020年第3期。

④ 魏靖晖、周智生、富笋：《西南民族地区特色经济与区域可持续发展政策研究》，《经济问题探索》2007年第1期。

⑤ 刘秀玲、苗芳、肖杨：《次区域经济合作与边境民族地区可持续发展》，《国际贸易问题》2005年第4期。

前，既有文献关于民族地区可持续发展的策略主要集中于经济发展和社会建设两个方面。

现有研究普遍认为，实现经济的高质量发展，是促进民族地区可持续发展的首要关切。民族地区应抢抓发展战略机遇，充分利用民族地区特有的资源优势和特殊政策优势，构建优势产业集群，促进资源要素集聚投入、产业集中布局和资源集约利用，降低区域经济发展的交易成本和资源要素成本，从而以产业振兴为纽带，逐步扭转产业结构单一的局面，找到新的产业增长点，开创多元化产业发展布局，提升地区经济活力，实现民族地区经济高质量发展。① 有研究者以湖南为例指出，要推进可持续发展，湖南民族地区应选择新的发展思路，重点应实施绿色生态产业创新战略、区域经济主体民营化战略、特色产业创新战略、加快城镇化与农村人口非农化战略、新一轮开放带动战略。② 也有学者指出，湖南民族地区的经济结构以农业经济为主体，因而要促进湖南民族地区经济和社会的发展和进步，农业发展必须坚持走可持续发展的道路。③ 基于可持续发展目标，民族地区要充分挖掘自身优势，转型发展高质量文化产业、④ 旅游产业，⑤ 以低能耗高效益的现代产业发展模式推进民族地区可持续发展。特别地，要大力发展民族地区绿色产业，⑥ 带动可持续发展。在湖南民族地区，更是要利用好民族地区生态产业资源丰富的地域优势，突破生态产业和绿色产业发展瓶颈，以生态友好型和环境节约型发展理念推进湖南民族地区经济发展模式转型。⑦ 湖南要充分利用好民族地区文化优势资源，提升文化自觉精神，形成对民族文化的自知

---

① 李澜、王建新:《论环境约束条件下民族地区经济发展的高质量转型——基于绿色全要素生产率的分析与思考》，《广西民族大学学报》（哲学社会科学版）2020年第5期。

② 柳思维:《加快湖南西部民族地区经济发展的战略思路》，《中央民族大学学报》（哲学社会科学版）2002年第1期。

③ 吕学芳:《湖南民族地区农业可持续发展的目标与指标体系》，《湖南社会科学》2001年第1期。

④ 李忠斌、骆熙:《特色村寨文化产业高质量发展评价体系研究》，《民族研究》2019年第6期。

⑤ 张海燕、李岚林:《基于和谐社会建设的西南民族地区旅游产业利益相关者利益冲突与协调研究》，《贵州民族研究》2011年第6期。

⑥ 王宇洁:《完善民族地区绿色产业扶贫制度研究》，《贵州民族研究》2017年第10期。

⑦ 刘驰、陈祖海:《武陵山区绿色产业发展的困境与对策研究》，《贵州民族研究》2013年第5期。

之明，以促进社会、经济、文化全面发展为目标，走创造性可持续发展的道路。①

　　社会建设也被认为是创设良好条件、促进民族地区可持续发展的重要内容。有学者认为，在民族地区，应该实施社会优先发展的追赶战略，优先缩小知识发展差距和人类发展差距，制定城乡平等的公共服务政策，加速民族地区开放发展，以实现民族地区全面可持续发展。② 具体来说，要推进民族地区社会空间升级禀赋结构，实现基本公共服务均等化，基础设施通达程度比较均衡，人民生活水平大体相当。③ 在新的发展时期，要加大民族地区公共服务和基础设施建设，特别要加大人工智能、工业互联网、物联网等新型基础设施建设。④ 在湖南民族地区，加大基础设施建设，构筑新一轮大发展的基础设施平台，是实现更高水平发展的基础条件。⑤ 同时，人才作为地区发展的核心要素，也是衡量一个地区可持续发展能力的重要指标。提升民族地区教育水平，⑥ 加强民族地区人才培育和引进，对民族地区可持续发展的影响极为深远。对于湖南民族地区而言，劳动力普遍缺乏专业从业技能，面临就业方式与途径较少且缺乏稳定性等现实问题，⑦ 而地区就业情况，是影响湖南民族地区相关产业部署和健康发展的重要因素，要注重加强对民族村寨富余劳动力的转移就业援助。⑧

　　综上可见，围绕民族地区反贫困和可持续发展，学者们对相关重要

---

① 李敏、郭继荣：《少数民族文化变迁的困境与路径选择——基于湖南瑶族实证研究》，《贵州民族研究》2015年第11期。
② 胡鞍钢、温军：《社会发展优先：西部民族地区新的追赶战略》，《民族研究》2001年第3期。
③ 钟海燕、郑长德：《"十四五"时期民族地区经济社会发展思路研究》，《西南民族大学学报》（人文社会科学版）2020年第1期。
④ 李春根、陈文美：《推进西部少数民族地区经济社会发展的实施难点与政策重点》，《山东社会科学》2021年第3期。
⑤ 柳思维：《加快湖南西部民族地区经济发展的战略思路》，《中央民族大学学报》（哲学社会科学版）2002年第1期。
⑥ 彭敏：《后扶贫时代民族地区职业教育发展的战略转型与推进策略》，《民族教育研究》2021年第1期。
⑦ 阳盼盼：《少数民族失地农民就业问题研究——以湖南为例》，《贵州民族研究》2014年第3期。
⑧ 张英、张炎、彭苑：《民族地区旅游就业效应研究——以湖南凤凰县为例》，《湖南社会科学》2012年第3期。

议题进行了大量探讨,为民族地区可持续发展的相关研究奠定了坚实基础。同时,也存在以下可进一步探讨的空间。第一,民族地区脱贫摘帽后的反贫困研究。既有研究已经关注到民族地区反贫困问题的一般表现与成因,并对其有效治理提出了不同的思路,但当前研究对民族地区脱贫摘帽后的新变化、新形势与新要求的探讨还不够深入,尤其是对湖南民族地区脱贫摘帽后的新发展情境刻画不足;有关湖南民族地区脱贫摘帽后的进一步发展思路,已有结论也难以给出相应回答。第二,民族地区可持续发展研究。已有研究关注到民族地区可持续发展问题的特殊性,对于其中的影响因素、现实问题和发展策略的探讨为进一步深入研究奠定了基础。然而,既有研究侧重于部分民族地区的特殊要素,以某一方面的可持续发展问题为研究对象,对于区域可持续发展的整体影响体系和区域性特征关注不够。民族地区的可持续发展,不仅受到某一方面特殊因素的影响,更是一个综合性的发展系统。同时,民族地区作为特殊的区域概念,具有明显的区域性特征,其可持续发展问题必须时刻关注区域整体性的思考。

有鉴于此,本书将在已有相关研究的基础上,尝试刻画湖南民族地区脱贫摘帽后的客观现状,从区域可持续发展的视角,构建湖南民族地区可持续发展的分析框架,并通过现实与理论的深入对话,围绕"湖南民族地区脱贫摘帽后如何实现更高水平的可持续发展"这一核心问题,提出相应的发展思路。

第二章　理论基础与分析框架

第一节　区域可持续发展释义

区域可持续发展是一个内容丰富的综合性概念，众多学科对其进行了专门的讨论。其中，政治学、经济学、社会学和生态学的探讨具有代表性，也构成了区域可持续发展理论的核心内容。

一　政治学视野下的区域可持续发展

地方政府的权力边界皆以行政区划为基础。在行政区划的壁垒下，地方政府对公共事务进行管理时具有明显的"画地为牢"和"各自为政"特征，形成"行政区行政"的政府治理形态。[①] 政治学视角的区域可持续发展内涵正是基于这样的背景生发出来。

既有研究中，专门就"区域可持续发展"这一词语的政治学解释较少。除"政治区域的可持续发展"[②] 表述，政治学视角下的区域发展大多隐含于"区域公共管理""区域治理""区域均衡""区域协调发展""绿色转型发展"等概念之中，而可持续发展的内核中蕴含着区域间的均衡发展与各地、各个子系统的协调发展。因此，结合相近概念的整理与归纳，政治学视野下的区域可持续发展主要有以下两类观点。

---

① 陈瑞莲：《论区域公共管理的制度创新》，《中山大学学报》（社会科学版）2005年第5期。

② 吴殿廷：《区域可持续发展研究中的几个问题》，《干旱区地理》1999年第2期。

(一) 综合权能观

综合权能观，是指从政治学的角度将区域可持续发展定义为多种权力或能力，把可持续发展认定为一种"实现力"，即实现可持续发展状态需具备与之相匹配的能力素质。

有研究者指出，政治区域的可持续发展是几种能力的集合，即强调区域政府独立的行政管理权力、保护区内人们利益的能力、相对完善的治安管理能力以及与区外保持良好交往的能力和获得认可的能力。① 从微观上讲，国内区域之间的可持续发展涉及权力的分割问题，在区域性的公共目标下，对社会产品、资源、要素和权益进行分配，就其形式而言，是利用业已存在的公共权力对社会进行管理；就其内容而言，它是社会各种资源的权威性分配。② 从政治学的角度对绿色发展转型进行分析，绿色转型意味着组织和运用公共权力，通过政治决策在资源环境约束趋紧的情况下将社会稀缺价值向有关可持续发展的经济部门、环保产业、节能技术和可再生资源等领域进行分配，从而保持经济社会的稳定、和谐和可持续发展。③ 绿色民生是可持续发展的重要表现，要在经济发展、生态环境和民生需求之间求得良性结合，其意味着公民权利的扩展，随之要求拓展政府的责任，通过将社会需求纳入自然需求、将后代人的需求纳入当代人的发展，应对现代国家治理所面临的政治合法性挑战。④

(二) 综合条件观

综合条件观，是指区域可持续发展需要有综合性的条件，它丰富了政治学视角下的区域可持续发展的概念外延。

在对区域间治理模式进行分析后，有学者指出，权力平衡、利益共享和认同强化是区域发展所必需的支撑条件，同时指出，制度建设、议

---

① 吴殿廷：《区域可持续发展研究中的几个问题》，《干旱区地理》1999 年第 2 期。
② 程守艳：《民政区域自治制度运行机制的三维构建——基于新制度主义政治学的理论视角》，《贵州民族大学学报》（哲学社会科学版）2012 年第 6 期。
③ 李翔：《面向绿色发展转型的政治学分析》，《华中科技大学学报》（社会科学版）2016 年第 6 期。
④ 李强彬：《绿色民生：政治科学视域的解读》，《南京师大学报》（社会科学版）2016 年第 5 期。

程设置和规范扩散是区域间治理的可能路径。① 保证可持续发展的实现，需要政府完善经济体制，建立健全社会、经济可持续发展的法律法规体系，加强环保意识引导和道德教育等内容。② 而传统行政管理模式难以处理整体性的公共问题，要进行规则重构以引导集体理性的回归；要建立治理合作机构来形成新的区域管理权力；要完善地方政府绩效考核体系和环保问责机制以敦促政府官员行为改善。③ 那么，区域政治协调发展就要求明确区域合作中地方政府的权重、建立区域行政管理机构、建立并完善区域地方政府间的协调机制等几方面的内容。④ 城市间政府合作中的市长联席会议制度有一定的优势，它通过建立多元化的区域合作机制、签署城市间合作的纲领性文件，能够实现由单一经济合作到全方位合作的转变，推进区域基础设施一体化和环境同治工作。⑤

综合来看，政治学视角下的区域可持续发展倡导一种开放、包容的理念，强调在区域整体利益的前提下，区域内各地方政府抛却单位行政、地方经济的偏见，追求区域内公共问题的协调合作，最终实现区域和地方的多赢。从内容上看，在地方政府的协同治理下，涵盖行政体制、经济发展、社会文化繁荣等各个方面的共融共通；从主体上看，是在地方各级政府引导下的企业、社会组织及公众参与的多元治理；从机制上看，既应设立区域协调机构，又应包含监督、考核等配套制度。

二 经济学视野下的区域可持续发展

传统模式下的经济发展片面强调经济增长速度和增长总量，以粗放型的经济发展谋求经济目标的实现，忽视经济增长的质量、效果和造成的资源环境损失，未曾在经济发展和资源的有限性、环境保护的重要性

---

① 郑先武：《区域间治理模式论析》，《世界经济与政治》2014年第11期。
② 申玉铭、毛汉英：《区域可持续发展的若干理论问题研究》，《地理科学进展》1999年第4期。
③ 李冰强：《区域环境治理中的地方政府：行为逻辑与规则重构》，《中国行政管理》2017年第8期。
④ 沈其新、王明安：《区域经济一体化背景下的区域政治协同发展》，《中州学刊》2016年第5期。
⑤ 杨爱平：《论区域一体化下的区域间政府合作——动因、模式及展望》，《政治学研究》2007年第3期。

之间取得平衡，一度造成资源的浪费、环境的恶化等系列问题。经济学视角下的区域可持续发展为经济高质量发展提出了创新之道。

（一）区域可持续发展的经济学解释

从概念上看，经济学视角下的区域可持续发展研究集中且丰富，体现在"经济可持续""区域经济可持续"等概念方面。

爱德华·B. 巴比尔（Edward B. Barbier）在其《经济、自然资源：不足和发展》中，把可持续发展定义为"在保持自然资源的质量及其所提供服务的前提下，使经济发展的净利益增加到最大限度"。[1] 在1992年度的《世界发展报告》中，经济可持续发展是"建立在成本效益比较和审慎的经济分析基础上的发展和环境政策，加强环境保护，从而导致福利的增加和可持续发展水平的提高"[2]。中国学者认为，经济可持续是"经济发展的生态代价和社会成本最低的经济"[3]，是"在一定的资源环境基础上使当代人的经济福利不断改善"[4]；区域可持续发展主要也是指经济的可持续发展，是"在现有自然资源（包括环境）约束条件下，充分发挥区域优势，实现区域经济的持续有效增长"[5]。从这些概念中可以看出，追求经济发展时对自然资源及环境保护的重视已成为学界共识，生态的低代价、经济发展的高质量是经济可持续的两大指挥棒。

（二）区域经济可持续发展的要素条件

经济上的可持续应当有在充分发挥本地区资源（包括自然资源和人文资源）优势基础上建立起来的产业结构；有持久的产品和产业研究与开发能力；有基本成网络的内部交通通信体系；有比较稳定的原材料（特别是土地资源和水资源）供应能力；等等。[6] 而区域经济可持续发展的内容包括四个部分：区域空间布局的可持续发展、区域城乡的可持续

---

[1] Barbier, E. B., *Economic, Natural Resource Scarcity and Development*, London: Earthcan, 1985.

[2] Susmita Dasguta, Benoit Laplante, Hua Wang, "Confronting the Environmental Kuznets Curve", *Journal of Economic Perspective*, Vol. 16, No. 1, 2002.

[3] 刘思华主编：《可持续发展经济学》，湖北人民出版社1997年版，第87—90页。

[4] 杨文进：《经济学：经济学内容的全新探索》，中国财政经济出版社2000年版，第152—156页。

[5] 魏建中、李涛：《区域经济可持续发展多目标综合评价模型研究》，《科研管理》2004年第5期。

[6] 吴殿廷：《区域可持续发展研究中的几个问题》，《干旱区地理》1999年第2期。

发展、区域整体系统的可持续发展及人、资源环境与区域经济可持续发展。① 其必备要件包括核心竞争力、创新思维等，有研究者指出，区域经济只有具备核心竞争力才能保持持续的竞争优势，并在不断竞争中实现区域经济可持续发展；② 区域内"生态—经济—社会"三维系统的协调发展，合理配置区域内的各种资源要素，都需要人的创新精神。③

概而论之，经济学视角下的区域可持续发展强调资源的有限性与环境保护的重要性，是在绿色、节约、高效理念引领下的经济增长新样态，是在资源与环境可承载的范围内实现区域经济的高质量增长。从手段上看，要求区域内经济生产与生活的各环节改变资源利用方式、生产工艺、消费方式等，以高科技的投入减缓资源消耗、增加经济效益；从内容上看，要求区域产业结构的优化升级，做到第一、第二、第三产业布局合理，协调发展。

三 社会学视野下的区域可持续发展

社会学视角下的区域可持续发展研究立足人的发展和社会公平，试图在发展中追求代际平衡与人的高质量发展，主要包括两个方面的观点，具体如下。

（一）资源公平分配观

大多数的社会学学者侧重从"正义与公平"的角度探讨区域可持续发展的内核。在资源配置上，不得不正视当代人和后代人的分配问题。许多学者直截了当地论述公平在可持续中的重要价值，指出可持续的要义是公平的体现，要打破"人类中心主义"以及"本代中心主义"价值观，实现资源与环境的代际正义，④ 强调代际正义公平价值所蕴含的本质性规定就是公正地对待人类各代的利益需求的问题，其实质就是自然环境资源和社会资源在代际间的公平分配和使用。⑤ 因此，应该以当代

---

① 章尺木、骆玲：《论区域经济可持续发展》，《生态经济》2005 年第 12 期。
② 单纬东：《核心竞争力与区域经济可持续发展》，《中国人口·资源与环境》2003 年第 5 期。
③ 李雪峰：《创新、核心竞争力与区域经济可持续发展——西部经济可持续发展的荷兰经验》，《商业研究》2009 年第 2 期。
④ 成伟：《论资源与环境的代际正义》，《理论前沿》2007 年第 12 期。
⑤ 柯彪：《代际正义论》，博士学位论文，中共中央党校，2008 年。

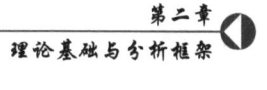

人的整体为出发点，以实现和保障后代人的利益为目标，追求一种人类整体性共同利益。①

（二）多重公平观

"多重公平观"可以说是资源公平分配概念的升华。多重公平观不仅关乎资源分配在代内和代际的公平，还涉及区域间的公平。有研究者强调持续发展的公平原则，认为持续发展不仅要实现当代人的公平，也要实现当代人与未来各代人之间的公平。② 这些研究认为，传统经济学片面强调代内公平，导致资源的非可持续利用和生态环境恶化，使人类陷入了严峻的生存危机中，在可持续发展条件下，公平意味着满足需求与利益、利用资源的双重公平，即代内公平和代际公平。③ 有少部分学者侧重"人口控制"与"提高生活质量"，认为可持续的要旨是在人口数量合理的范围下，充分提高人们生活水平和生活质量。因此，当人口数量已经超过当地资源的承载能力，造成日益恶化的资源基础和不断下降的生活水准时，就应当控制人口以减少对资源需求和环境的冲击；④ "在生存于不超出维持生态系统涵容能力之情况下，改善人类的生活品质。它着重论述了可持续发展的最终落脚点是人类社会，即改善人类的生活品质，创造美好生活环境"。⑤

综上可知，社会学视角下的区域可持续发展强调的是在当代和未来取得平衡，是在强调人类责任意识的前提下正确对待各代人的利益需求，做到合理配置资源以保证代内公平、合理开发资源以保证代际公平，力图在已有的资源条件下创造人民美好生活和优美的生态环境。

四 生态学视野下的区域可持续发展

可持续发展思想最初被提出就是因为人们逐步关注到人类的生产生活对生态环境有严重影响。不顾及生态环境而一味进行资源开发与利用不仅不利于当下的经济良性循环，也不利于未来的生态环境修复。基于

---

① 吕忠梅、鄢斌：《代际公平理论法律化之可能性研究》，《法学评论》2003年第5期。
② 赵景柱：《持续发展的理论分析》，《生态经济》1991年第2期。
③ 黄乾：《论代内公平与代际公平》，《南方人口》2001年第2期。
④ 赵士洞、王礼茂：《可持续发展的概念和内涵》，《自然资源学报》1996年第3期。
⑤ 刘培哲：《可持续发展——通向未来的新发展观——兼论〈中国21世纪议程〉的特点》，《中国人口·资源与环境》1994年第3期。

生态学视角的区域可持续发展聚焦人地关系、人与自然关系，对于恢复、改善区域内部环境，寻求真正持续的发展具有重要指导意义。

（一）人与自然和谐发展观

遵循自然规律，采取适度行动，社会才能达到可持续发展的状态。因此，人与自然和谐发展观强调天人合一、人与自然和谐共处，认为人与自然是相互依存的伙伴，而不是互相排斥、互不相容的竞争者。

早在 20 世纪 70 年代，联合国教科文组织开展的人与生物圈计划就把人类纳入生态系统和生物圈中，并使之成为具有重要影响的组成部分。[1] 人与自然共同处在生物圈中，以和谐共存为首要基本原则。1991年，国际生态学协会（INTECOL）和国际生物科学联合会（IUBS）联合举行的关于可持续发展问题的专题研讨会将可持续发展定义为"不超过环境系统再生能力的发展"。[2] 这一定义实质上也限制了人类行为的边界，要求人类在适度的范围里进行活动。因而，区域可持续发展是以保护区域自然生态环境为基础，以激励区域经济增长为条件，以改善区域内部人类生活质量为目的的发展模式和战略目标，[3] 区域生态环境仍是其中第一重要的因素，只有在人与自然和谐发展的前提下才能追求经济的发展和生活质量的提高。可见，处理好人与自然的关系是可持续能力的"硬支撑"，而处理好"人与人"之间的关系则是可持续能力的"软支撑"。[4] 人与自然的和谐统一既是不可回避的核心问题，也是实现可持续发展的使命依归。

（二）复合型生态可持续发展观

复合型生态可持续发展观不仅局限于生态要素内部，还从自然、社会、经济等各方面展开。

有学者在总结以整体、协调、循环、再生为核心的生态控制论原理基础上，创造性地提出基于"时""空""量""构""序"的生态关联

---

[1] Krause, J., Wang, R., Lu, Y., et al., *Towards a Sustainable City*, UNESCO/MAB, Paris, 1995.

[2] Forman, Richard T. T., "Ecologically Sustainable Landcapes: The Role of Spatial Configuration", *Changing Londcapes: An Ecological Perspective*, New York: Springer New York, 1990, pp. 261-278.

[3] 方创琳：《区域发展规划论》，科学出版社 2000 年版，第 151 页。

[4] 牛文元：《中国可持续发展的理论与实践》，《中国科学院院刊》2012 年第 3 期。

以及生态整合的"社会—经济—自然"复合生态系统理论,① 并认为生态工程是实现复合生态系统发展的途径。② 这种自然（生态环境）区域的可持续发展包括自然因子之间、自然因子与人类社会之间各种物质流、能量流循环过程得到维持,信息流交换比较顺畅,生物多样性、生态多样性等得以延续,等等。③

要达到区域生态的可持续,首要的是树立生态安全观,评测区域生态安全,要对生态系统的健康情况进行诊断,建立生态安全预警机制。④ 同时,要通过建立多目标风险源的生态风险管理方法,加强生态风险预警和防范,形成跨域协调联动应对生态风险的管理体制和机制。⑤ 也就是说,可持续发展要充分考虑生态承载力,强调在生态系统结构和功能不受破坏的前提下,生态系统对外界干扰（特别是人类活动）的承受能力。⑥

总之,生态学视角下的区域可持续发展是以生态承载力为底线,以保护自然生态环境为基础,追求人与自然和谐共生,最终形成一种区域生态环境良好且有潜力、经济高效且后劲充足的发展状态。在过程上,强调人与自然的和谐共生,充分尊重自然发展规律;在手段上,强调以生态健康安全评估、生态安全预警、生态补偿、生态绩效考核为一体的制度作为支撑力量;在内容上,强调优先发展、鼓励发展生态农业、生态工业、生态旅游等新业态,打造绿色经济增长极。

以上政治学、经济学、社会学和生态学等学科的视野都具备鲜明的特点:政治学视角下的区域可持续发展呼唤公民权利和集体理性的回归,经济学视角下的区域可持续发展倡导低资源消耗下的高经济产出,社会学视角下的区域可持续发展以生态公平与生活质量的提高为根本,生态学视角下的区域可持续发展则强调人与自然和谐共生的大生态观。

---

① 马世骏、王如松:《社会—经济—自然复合生态系统》,《生态学报》1984年第1期。
② 赵景柱:《持续发展的理论分析》,《生态经济》1991年第2期。
③ 吴殿廷:《区域可持续发展研究中的几个问题》,《干旱区地理》1999年第2期。
④ 傅伯杰:《区域生态环境预警的理论及其应用》,《应用生态学报》1993年第4期。
⑤ 吕永龙、王尘辰、曹祥会:《城市化的生态风险及其管理》,《生态学报》2018年第2期。
⑥ 沈渭寿、张慧、邹长新、燕守广、赵卫等:《区域生态承载力与生态安全研究》,中国环境科学出版社2010年版。

这些不同学科视角的分析为本书提供了充足的理论基础，区域可持续发展在本书中将被视为跨学科的思想产物。具体到湖南民族地区，其区域可持续发展是以追求人与自然和谐统一为基础，以提高人类生活水平为目的，集政治、经济、社会、人口和生态为一体的协调统一状态。在层次上，限定于湖南省民族地区，是基于自然地理、社会经济及行政区划等因素的特定空间范围；在内容上，是涵盖政治、经济、社会、人口、生态等众多因素的复合结构；在能力上，强调的是特定区域范围内的经济、环境与社会、行政关系的调和及区域持续、高效的发展能力。

第二节 相关理论基础

一 资源永续利用理论

（一）资源永续利用理论概述

资源永续利用理论着重从自然属性角度研究可持续发展。该理论认为，人类社会能否可持续发展取决于人类社会赖以生存发展的自然资源是否可以被永远地使用下去，即人类社会的可持续发展依赖自然资源的可持续性，自然资源的可持续性是人类社会能否可持续发展的必要条件。就可再生和不可再生两类不同性质的资源来说，"永续利用"有不同的内涵，两种类型的资源在寻求永续利用的途径、方式上均有所不同。一方面，就不可再生资源而言，可持续发展关注的是最优耗问题，即要求如何做到在不同时期合理配置有限的资源，以及如何做到使用可再生资源来替代可耗竭资源的问题。实践证明，优化资源配置制度以及科学技术创新能在一定程度上缓解不可再生资源的耗竭问题，可以称之为不可再生资源的"永续利用"之路。另一方面，就可再生资源而言，可持续发展对其永续性的要求直接体现在对各种资源的保护、恢复和再造上，以保证其源源不断地供人类所需。

（二）在区域可持续发展中的应用

资源作为最基础的物质依托，对区域可持续发展极为重要。从可再生与不可再生资源保护的角度出发，资源永续利用理论对区域可持续发展中的资源节、育、养、护工作具有重要的指导价值。

对可再生资源来说，其保护、修复工作是永续利用的重点。比如，土地资源的永续利用强调在维持资源环境的基础上，逐步提高土地生产能力和承载能力，促进经济社会发展，要从兼顾各代人利益的角度，考虑土地资源和环境资源的跨代配置问题，以满足当代人和后代人的共同需要。① 而耕地在国民经济和社会发展中具有特殊地位，不仅要维持其系统投入产出的平衡、系统的平衡，而且要注意系统投入的适宜度，使耕地资源得以永续利用。②

不可再生资源的"永续利用"，主要是通过科技创新实现最优能耗。因此，在生产生活实践中要持续加大对科技创新的投入，鼓励科技融入产业，以高效能、低能耗保护不可再生资源的存量。如通过技术改进减少化石类资源的"非工艺消耗"，提高原材料到产成品的转化率；通过改善管理制度，减少制作过程的"工艺性损耗"；通过发展循环经济减少资源损耗，对资源—产品—资源循环利用。

资源永续利用理论充分强调资源作为人类生产和发展的基础要素，在生产、生活中具有至关重要的地位。在资源有限的情况下，要通过各种技术手段和管理制度使其损耗最小，使可再生资源得到持续不断的保护以在较长的时期内被有效使用，从而维持区域可持续发展的稳固根基。

二 外部性理论

（一）外部性理论概述

外部性理论来源于经济学中"外部经济"现象的概括。马歇尔在1890年发表的《经济学原理》中首次提出"外部经济"的概念，引出了学者们对"外部性"这一理论的探讨和研究。紧随其后，庇古从福利经济学的角度研究了外部性问题，他在1920年出版的《福利经济学》一书中继承和发扬了马歇尔的理论，扩充了"外部不经济"的概念。庇古指出，外部性就是当私人收益和社会收益、私人成本和社会成本出现

---

① 汪卫民、吕永龙：《土地资源永续利用的生态经济对策》，《农村生态环境》1998年第1期。
② 杨瑞珍：《论中国耕地资源永续利用的战略地位与作用》，《地域研究与开发》1996年第2期。

不一致时表现的一种特有现象，这种现象必然导致市场配置资源的失效，并提出用"庇古税"来解决社会资源分配过程中存在的负外部性问题。科斯进一步完善了外部性理论，他在20世纪末发布的《社会成本问题》一书中对外部性问题进行探讨，指出征纳税额弥补成本的措施是不可取的，应从整体和边际角度出发，通过谈判明确界定产权，避免政府的直接或者间接干预，用市场手段来解决外部性问题。[1] 概而言之，外部性的影响由于没有在市场价格体系中体现，将会导致资源配置的扭曲，使得具有正外部效应的活动进行得过少，而具有负外部性的活动进行得过多，最终难以实现帕累托最优。

（二）在区域可持续发展中的应用

外部性问题在区域可持续发展过程中无处不在，从自然资源属性到人类行为对环境的影响等各个方面都有体现，而其中最值得分析的就是生态资源的外部性和区域内人类活动的外部性。

生态环境是区域性的公共产品，任何生态资源都是既定地理位置上不可移动、不可缺失的一部分。生态资源本身所具有的防灾减灾、净化空气、美化环境等功能，可将其正外部效应辐射到周边地区。也即生态环境良好的区域对周边区域所释放的诸多功能就是正外部效应。而与此相对应，生态脆弱地区则会产生负外部效应，不论是自然环境下的生态脆弱抑或是后天资源开发不合理、环境破坏等造成的生态脆弱，都会将生态恶化的影响传递至邻近区域，进而导致整个区域甚至整个生态环境的恶化。

在经济社会发展中，以牺牲环境为代价的人类短视行为也产生着负外部性。不可否认，不少地区仍然存在以牺牲环境、资源为代价的生产行为，需要采取有针对性的矫正措施。目前，我国主要采取生态补偿的方式进行矫正，通过给予生态资源提供者经济补贴，提高其收益，进而鼓励其增加具有正外部效应的生态资源供给；或者通过区域间地方政府的联合治理，集体开展生态功能的修复、重建工作，并辅以征税、停业整顿、罚款、明晰产权等制度约束来提高边际成本，引导企业行为；又或者通过给予税收优惠、审批流程优化等制度激励来鼓励正外部经济行

---

[1] 参见沈满洪、何灵巧《外部性的分类及外部性理论的演化》，《浙江大学学报》（人文社会科学版）2002年第1期。

为，使各类主体努力保护良好的生态环境。

在外部性理论的指导下，可以看到，区域内地方政府间要协同发展，不能为了自身的发展而牺牲或抑制邻域的发展机会，也不能不负责任地将环境问题、污染问题转嫁给邻域。在日常的管理中，应当借助各类鼓励性及抑制性的制度来消弭外部性，共同处理区域性公共问题。

三 协同学理论

（一）协同学理论概述

德国物理学家赫尔曼·哈肯在20世纪70年代提出协同论，该理论旨在描述各类系统发展中内在协同性规律和协同模型，研究了开放系统由无序到有序转变的共同机理，特别强调了系统内部共生共存的关系及子系统自身的协同效应和自组织特征，[①] 对区域可持续发展的内部关系调和及结构稳定具有重要指导意义，是区域可持续发展研究的主要理论基础之一。

协同学理论致力于研究非平衡态的开发系统在与外界进行充分的物质和信息交换的前提下，如何产生自组织现象，形成一定的有序结构，从而完成特定的功能行为。在对系统进行分析时，协同论指出，任何系统的稳定性都与两个变量相关，即快变量和慢变量。快变量指的是在系统受到干扰而产生不稳定时，总是使系统重新回归稳定状态的变量；慢变量指的是在系统受到干扰产生不稳定性时，总是使系统离开稳定状态走向非稳定状态的变量。快、慢两个变量相互联系、共生共存，在相互作用中形成系统的自组织现象。另外，序变量也是协同学中的一个重要变量，它被用来说明系统内子系统之间的相互联系和相互合作情况的变量。当系统中的各子系统间缺乏协作、各行其是时，系统必然呈现无序状态，只有遵照某种程序或规则运行的子系统才能呈现出系统的有序特征。可以说，掌握序变量就能够把握到子系统的微观行为并分析整个系统的发展规律。从此意义上说，序变量在实际运行中指的就是慢变量。[②]

[①] ［德］赫尔曼·哈肯：《大自然成功的奥秘：协同学》，凌复华译，上海译文出版社2001年版，第2—10页。

[②] ［美］杰拉尔德·迈耶、［美］约瑟夫·斯蒂格利茨主编：《发展经济学前沿：未来展望》，本书翻译组译，中国财政经济出版社2003年版，第185页。

因此，在系统的演变即自组织过程中，核心的序变量（或称慢变量）起着决定性的作用。

（二）在区域可持续发展中的应用

协同学理论对区域可持续发展的指导作用主要体现在两个方面：一是加深对区域可持续发展系统与内部各层级子系统间关系的认识；二是甄别区域可持续发展中自组织能力的核心序变量及对其中竞合关系的分析。

按照社会功能的分析，区域可持续发展必然涉及政治、经济、文化、社会、生态等各个方面，所有层级的系统都应持续发展。同时，由于各子系统本身也非常庞大，具有丰富的内容，也必须全面分析。如在政治子系统中，区域内各个地方政府构成其子系统，必定影响着区域持续发展的相关决策与行动。还有，经济子系统中也有三个产业子系统，要深度融合、协同发展，文化子系统中的思想道德建设和乡村传统文化、城乡文化供给也是其子系统，生态环境子系统中的农业环境问题、城乡生态保护与修复问题等，无一不需要协同发展。

甄别区域可持续发展中自组织能力的核心序变量及对其中竞合关系的分析。区域可持续发展的自组织能力主要涉及两个方面的重要内容，即横向分工协调与纵向分权协调的统一。要实现各要素的系统整体优化，取得 1+1>2 的效果，真正取得区域经济效应、社会效益、生态环境效益等多方面的共赢，必须有一个横向分工与纵向分权的综合管理过程和整体协调机制。区域由多个地方政府及政府部门组成，处理好地方政府之间的关系，突出政府管理职能，还部分职能于企业与社会，在做好资源整合的基础上为企业营造良好的营商环境，激发市场和社会的活力，进而控制和引导序变量。同时，与政府自上而下相对应，社会公众对区域可持续发展的整体决策、项目运作过程进行决策和监督，能够实现多元共治。在政府、企业、社会的协同治理中，各方力量存在结构性张力，政府过度干预，会弱化企业和社会的权力并削弱其发展能力；而缺乏政府的引导，又将失去公共利益的裁定者，使得某环节的实施对部分利益集团有所偏向。因而，持续引导和控制这个序变量，使其在良性的竞合状态下共生，才能实现各子系统的协同，推动区域整体可持续发展的效益最优。

第三节 可持续发展的要素系统

湖南民族地区可持续发展是包含多种功能要素的集合体，几乎涵盖自然、人类社会及人与自然交互行为等所有方面。面对一系列复杂且客观存在的问题，有必要构建起区域可持续发展的要素系统，清楚识别和分析各要素在系统中的地位和作用，以便更好地指导民族地区发展实践，激发区域可持续发展活力。

目前学界对区域可持续发展的内部组成要素研究基本趋于成熟，形成了不同内部构造的区域系统，其中区域 PRED 系统、区域 PREE 系统以及区域 SPERE 系统等为学者所青睐并在区域评价实践中被广泛使用。区域 PRED 系统将可持续发展视为人口、资源、环境、发展组成的复合系统。① 区域 PREE 系统则认为区域可持续发展应该包括人口、资源、环境、经济系统。② 有些学者认为可持续发展的目的物指向应是人类生存系统，并提出以社会、人口、环境、资源和经济系统为核心子系统的区域 SPERE 系统。③ 相比 PRED、PREE 以及部分学者提出的更为简单的资源、环境和经济 REE 系统，④ SPERE 系统涵盖的范围更为全面，更符合区域可持续发展的目标指向。

本书将参考 SPERE 系统的要素划分，把区域可持续发展系统划分为经济、资源、人口、生态、社会五个子系统。其中，环境要素用生态要素取代。之所以如此，是因为生态系统不仅涵盖环境保护，更增加了"两山论"生态环境观和生态宜居等方面的丰富内容。在湖南民族地区可持续发展系统中，经济子系统是核心，提供资金支持；资源子系统是

---

① 曹利军、王华东：《区域 PRED 系统可持续发展判别原理和方法》，《中国环境科学》1998 年第 S1 期。
② 王道平、梁爱华、李树丞：《区域 PREE 系统可持续发展状况的综合评价方法》，《管理工程学报》2002 年第 1 期。
③ 周德群、吴永勤：《SPERE 系统演化机理与可持续发展研究》，《数量经济技术经济研究》1999 年第 9 期。
④ 张晓军：《中国西部地区 REE 系统联合评价及发展战略选择》，《科技进步与对策》2004 年第 3 期。

基础，提供发展的物质基础；人口子系统是重要主题，各个子系统的发展最终要实现人的高质量发展；生态子系统是使命依归，是判定区域发展可持续与否的关键标志；社会子系统是重要依托，各子系统的协调发展都要依托于健全的政治体制、优质的公共服务、团结稳定的社会环境以及良善的社会伦理道德等。五个子系统密不可分的关系要求我们在实践中准确把握好各个维度的发展尺度，谋求系统的有序发展。

一　社会可持续发展

社会可持续发展概念最早出现在 20 世纪 80 年代中期，主要指实现人与自然的和谐发展，得到了国际社会的广泛认同与接受。[①] 也有学者指出，社会可持续发展是由于不可持续的生产、消费和旧的国际秩序引起的问题日益恶化而出现的一种新的社会发展方式，它主张在维护自然界所提供的资源和环境的基础上，实现社会经济文化价值观念的综合协调发展。[②] 社会可持续发展也可指个人在社会发展过程中的社会活动、人际关系、人与人之间的互动等，强调个人的发展。[③] 随着社会可持续发展逐渐为国家所重视，它开始成为国家发展的核心，并通过提升科技和教育水平、加强精神文明建设、以人为本来实现。[④] 随着社会问题越来越复杂，社会可持续发展的概念变得更加多元，社会责任的进步、社会服务的提升、社会治理的稳定成为其新内涵。

社会可持续发展的内涵随着社会发展、社会矛盾的变化而改变。原来，我国社会的主要矛盾是人民日益增长的物质文化需要同落后的社会生产之间的矛盾，因此，限制社会可持续发展的因素主要是生产力等经济要素；随着我国社会主要矛盾转化为人民日益增长的美好生活需要和不平衡不充分的发展之间的矛盾，限制社会可持续发展的因素出现多个层次，政治、文化、生活等各个方面都是社会发展关注的重点，对社会可持续发展的研究也主要针对社会中的公共服务、治理创新和精神文化

[①] 马林编著：《民族地区可持续发展论》，民族出版社 2006 年版，第 11 页。
[②] 刘贤奇、王晓红：《论社会可持续发展的理论和战略选择》，《吉林大学社会科学学报》1996 年第 6 期。
[③] Michael M. Cernea：《社会学家对可持续发展的态度》，《中国软科学》1994 年第 9 期。
[④] 鲍宗豪、张坤：《试论邓小平的中国社会可持续发展思想》，《社会科学》1998 年第 1 期。

等角度。

　　社会可持续发展在某种程度上与社会进步存在一定的共通性，社会可持续发展，不仅标示着社会进步的态势，而且意味着社会进步的"可持续性"。衡量社会进步的标准是综合性的，如生产关系、政治法律制度、科学文化水平和道德风尚等，这些也可以作为衡量社会可持续发展的标准。但具体到区域可持续发展系统而言，社会可持续发展的内涵不宜过于宽泛，而应该与经济、文化、生态、人口等子系统在同一层面，因此，本书将主要侧重于讨论区域发展中的社会性问题，如社会服务、社会治理和社会矛盾等。

　　区域可持续发展中的社会可持续发展要力求实现"社会服务不缺位、社会治理不陈旧、社会矛盾不扩大"的目标。社会服务不缺位，是实现人的全面而自由发展的重要手段，T. 奥尼尔认为可持续发展就是"在环境允许的范围内，社会和未来要给社会上所有的人提供充足的生活保障"①。这也意味着，社会可持续发展要加强和完善区域公共服务供给工作，不断改进公共服务的供给质量、提高公共服务供给水平、加强公共服务供给侧改革、补齐公共服务供给短板，增强人民群众获得感与幸福感；社会治理不陈旧，要寻求新的发展方向，世界观察研究所所长 L. R. 布朗（Lezter R. Brown）认为可持续发展是指"人口增长趋于平稳、经济稳定、政治安定、社会秩序井然的一种社会发展"②。社会秩序井然，意味着要加强和完善社会治理创新工作，建立健全区域多方面治理体系，强化社会的调控功能，积极推进社会治理与新时代有效结合，增强群众的安全感；③ 社会矛盾不扩大，是社会可持续发展最重要的条件，意味着要加强和完善社会的矛盾纠纷调解机制，促进群众的团结与进步。对于民族地区而言，各民族生活习惯有差异性，要畅通群众的表达诉求渠道，预防并及时处理群众的合理性诉求，将社会矛盾纠纷化解在最基层，最大程度地降低社会矛盾所带来的不稳定后果，确保社会的

---

　　① 马林编著：《民族地区可持续发展论》，民族出版社 2006 年版，第 11 页。
　　② ［美］莱斯特·R·布朗：《建设一个持续发展的社会》，祝友三等译，科学技术文献出版社 1984 年版。
　　③ 陈鹏：《中国社会治理 40 年：回顾与前瞻》，《北京师范大学学报》（社会科学版）2018 年第 6 期。

和谐稳定发展。

因此，区域可持续发展系统中的社会可持续发展，是指能够有效地处理好发展过程中的社会问题，通过一定的方式，对区域发展中的公共服务进行完善，提高公共服务的供给质量，确保生活服务、医疗服务、教育服务满足群众需求；社会治理的创新探索，要适应社会发展的变革需要，通过失业率、治安、安全、消费等多个标准来衡量；要加强区域内群众的团结与友善建设，确保社会长期保持有效发展的状态，高度关注居民人均可支配收入、恩格尔系数等。

二　经济可持续发展

经济子系统是区域可持续发展系统中的核心要素，发挥着重要的支撑作用，是实现可持续发展的动力基础。党的十九届五中全会深刻地阐明了可持续发展的重要性，并将其纳入"十四五"规划中："深入实施可持续发展战略，完善生态文明领域统筹协调机制，构建生态文明体系，促进经济社会发展全面绿色转型，建设人与自然和谐共生的现代化。"① 经济可持续发展，意味着经济增长是具有可持续意义的经济增长，它不仅表现在人均国内生产总值的提高，而且表现为社会和经济结构的进化。② 由此可见，经济可持续发展是一种良性的经济发展形态，主要通过实施可持续发展战略，使社会发展、经济增长得以可持续的发展模式。

从经济发展的角度来理解经济可持续发展，首要的是分析经济发展与经济增长的关系。经济增长可以简单地理解为国民财富的增加，而经济发展则是涉及多方面的均衡发展，且是一种在不断进行中的变化过程。同时，经济增长追求的是数量增长，而经济发展不仅追求数量也追求质量的提升。经济发展是以改善人民生活为最终目标，意味着人民生活水平的提高。由此可见，经济发展是包括经济增长的，二者不可相提并论。换言之，经济增长是手段，经济发展是目的，有经济增长不一定

---

① 《中共中央关于制定国民经济和社会发展第十四个五年规划和二〇三五年远景目标的建议》，人民出版社2020年版，第27—28页。

② 黄文芳：《以人为本的发展是实现经济可持续发展的有效途径》，《社会科学家》1999年第5期。

有经济发展，但是有经济发展就一定有经济增长。所以，追求经济发展不代表摒弃经济增长，而是要追求一种高质量的经济增长。一味地追求经济增长，会引发一系列的资源浪费、环境破坏以及生态恶化等问题，严重威胁人类的生存，最终会阻碍经济活动的正常开展，无法实现永续发展。即使单纯追求经济增长在短期内能够实现快速获得收益，但是长久而言对社会发展是有害的。为此，区域可持续发展要追求高质量的经济发展，而非简单的经济增长。

英国学者爱德华·巴比尔认为，经济可持续发展是"在保持自然资源的质量及其所提供服务的前提下，使经济发展的净利益增加到最大限度"，该定义强调在生态环境的承载力之内，最大限度地发展经济，实现最大化的经济净利益。① 戴维·皮尔斯等认为，经济可持续发展是指"自然资本不变前提下的经济发展，或今天的资源使用不应减少未来的实际收入"，该定义强调经济发展的代际公平，当代的经济发展不能以牺牲生态环境为代价，更不能占用后代人所应享有的资源环境。② 我国有学者认为，"可持续经济发展应该是经济发展的生态代价和社会成本最低的经济"，该定义主要强调以最小的生态环境资源消耗换取最大的经济效益。③ 也有学者认为，"经济可持续福利不断改善的同时，能保证后代人所得到的经济福利不小于当代人所享受的经济福利"，该定义的着重点在于在生态承载力范围之内最大限度发展经济，改善人类福利，同时不能挤占后代的生态环境资源。④

将经济可持续发展与具体的区域联系起来，具有更强的现实意义。区域经济可持续发展是世界经济可持续发展的一个区域缩影，要保证区域内"代际公平""代内公平"，保证在现有自然资源（包括环境）约束条件下，充分发挥区域优势，实现区域经济的持续有效增长。⑤ 可见，

---

① Edward B. Barbier, *Economics, Natural Resource Scarcity and Development: Conventional and Alternative Views*, London: Earthscan Publications, 1989.

② [英] 戴维·皮尔斯、杰瑞米·沃福德：《世界无末日——经济学·环境与可持续发展》，张世秋等译，中国财政经济出版社1996年版，第49—69页。

③ 刘思华：《关于可持续发展与可持续发展经济的几个问题》，《当代财经》1997年第6期。

④ 杨文进：《经济可持续发展论》，中国环境科学出版社2002年版，第7—8页。

⑤ 邱东、宋旭光：《可持续发展层次论》，《经济研究》1999年第2期。

经济可持续发展的核心内涵与主旨都推崇资源、环境与经济的协调发展，都着重强调经济发展要在不破坏生态环境质量和自然资源的前提下进行，既能保证满足当代人生活发展的需要，也不危及后代人生产，主要包括四项基本内容：第一是经济可持续发展的前提和关键是保护生态环境，经济活动要以生态环境承载力为基准点，要在保证自然资源和生态环境质量和数量的前提下发展经济，实现资源环境与经济建设的协调发展；第二是经济可持续发展并不意味着摒弃经济增长，而是要改变传统的经济增长方式；第三是经济可持续发展具有长远发展的意识，保证"代际公平"；第四是经济可持续发展的最终目标是提高人类生活水平和质量，推动社会的全面发展进步。

经济可持续发展的主要特征是以保护生态环境为前提，以经济增长为支撑，并以提高人类生活质量为目标，可以通过经济总量、经济产业结构、经济效益来对其进行全面的衡量。经济总量主要涉及经济增长的数量特征，可以直接反映经济发展的状况，是衡量经济可持续发展的最直接标准；而经济产业结构则主要涉及改变传统的经济增长方式来实现科学有效的经济发展，产业结构优化升级是推动区域乃至国家经济持续增长以及支撑经济转型的重要驱动力。[①] 至于经济效益，则是涉及人类整体生活水平的提升状况，是经济可持续发展的最终目标。

三　人口可持续发展

可持续发展应坚持以人为本的原则，构建人口均衡型社会，[②] 人口可持续发展是区域可持续发展必不可少的要素系统。从统计学角度考虑，人口描述人的数量、规模；人与人之间的交互活动形成社会，从社会学角度考虑，人口是一种有变化、有结构的社群概念。[③] 2017年，在国务院印发的《国家人口发展规划（2016—2030年）》中指出，2021—2030年，我国人口发展进入关键转折期，要促进人口长期均衡发

[①] 陈晋玲：《高等教育、产业结构与经济增长的VEC模型分析——基于J省的实证研究》，《教育学术月刊》2012年第3期。

[②] 张耀军：《构建"三型"社会：以人为本的可持续发展》，《人口学刊》2010年第5期。

[③] 穆光宗、茆长宝：《人口主体论——可持续发展的人口观》，《华中师范大学学报》（人文社会科学版）2015年第2期。

展，发挥人口对经济社会发展的能动作用。①

人口是可持续发展的能力主体，尤其在民族地区，人口还是文化载体、社会生活的主体。② 人口长期均衡发展是动态均衡的过程，③ 体现为外部均衡和内部均衡两个部分，人口内部均衡系统包含人口总量、人口结构、人口素质和人口分布四个方面的均衡；人口外部均衡系统主要指人口系统与经济系统、社会系统、资源环境系统的均衡发展状态。④ 人口内部均衡系统与外部均衡系统协调发展，才能促进人口可持续发展。

人口可持续发展关系到资源、生态、经济、社会等方面的发展。随着工业化和城市化的推进，人口转型与可持续发展成为农业可持续增长的有效途径，⑤ 对农业技术进步、产业发展有重要影响。人口的变化、资源的消耗和环境的健康发展之间存在紧密联系，⑥ 国家和地区制定政策法规也往往以人口发展问题为立足点和着眼点，⑦ 因而，要构建人口优化和家庭优化的政策体系。⑧

人口规模适中、结构合理、素质不断提升等三者的协调发展是人口可持续发展要素系统的基础要求。区域的人口容量是有限的，人口数量较多时，会对经济供给造成压力，对资源与生态形成潜在的危机；人口数量较少时则不利于区域的可持续发展。人口结构根据不同的属性被区分为社会构成、年龄构成、性别构成、区域构成等。人口素质主要指身体素质、文化素质、精神素质等方面，对经济增长和社会发展形成不同程度的影响，拥有大量高素质人才就可以充分利用地区优势摆脱经济落

---

① 《国务院印发〈国家人口发展规划（2016—2030 年）〉》，中华人民共和国中央人民政府，http://www.gov.cn/xinwen/2017-01/25/content_5163431.htm，最后访问日期：2023 年 8 月 21 日。
② 穆光宗、茆长宝：《人口主体论——可持续发展的人口观》，《华中师范大学学报》（人文社会科学版）2015 年第 2 期。
③ 杨宜勇、赵玉峰：《积极促进我国人口长期均衡发展研究》，《江淮论坛》2021 年第 3 期。
④ 张镨心、汪佳程、唐志红：《外部系统均衡下人口功能分区研究》，《统计与决策》2019 年第 6 期。
⑤ 杭帆、郭剑雄：《人口转型、技术进步与中国农业的可持续增长》，《西北农林科技大学学报》（社会科学版）2016 年第 1 期。
⑥ 罗平：《我国农村人口与资源、环境可持续发展的策略研究》，《农业经济问题》2020 年第 2 期。
⑦ 张车伟：《区域治理视域下人口发展策略研究》，《南京社会科学》2016 年第 4 期。
⑧ 穆光宗：《论中国的人口复兴》，《北京大学学报》（哲学社会科学版）2016 年第 6 期。

后的局面。

四 资源可持续发展

资源可持续发展是可持续发展要素系统重要的组成部分。联合国环境规划署（UNEP）指出，"所谓资源，特别是自然资源，是指在一定时间、地点的条件下能够产生经济价值的、以提高人类当前和将来福利的自然环境因素和条件"①。马克思主义认为，"劳动和自然界在一起它才是一切财富的源泉，自然界为劳动提供材料，劳动把材料转变为财富"②。可见，资源存在于自然界和人类社会中，能被我们开发利用，从而创造物质财富和精神财富。从资源二分法的角度来看，资源包括自然资源与文化资源。自然资源的可持续发展是对地区自然资源利用进行合理布局，保证生态系统的健康和完整，同时，要对资源的开发利用进行限制和保护，保证植物、动物与人在生态系统中协调发展。③ 文化资源的可持续发展，要求在开发文化资源时充分尊重历史，在规划中充分挖掘历史文化底蕴。④

虽然人类社会的发展是不断利用各种资源创造物质财富和精神财富的过程，但随着人类不断开发利用，部分资源日益枯竭、资源开发利用率低、开发不合理等问题逐渐暴露，永续利用受到挑战。因此，人们对资源要实现可持续发展的诉求越来越强烈。所谓资源可持续发展，指资源利用要代际分配合理，部门配置得当。代际分配合理是指资源的耗用速度要合理，既要着眼于满足当代人的需要，也要不影响后代人使用，使有限的资源能够满足人类的发展需求，实现经济、社会和生态综合最佳效益，是资源可持续发展的核心；⑤ 部门配置得当，要求通过科学技术的发展，提高资源利用效率，在保证资源可持续利用

---

① 戴星翼、俞厚未、董梅：《生态服务的价值实现》，科学出版社 2005 年版，第 5 页。
② 《马克思恩格斯选集》（第四卷），人民出版社 1995 年版，第 373 页。
③ 闫慧敏、杜文鹏、封志明、杨艳昭、宋晓谕：《自然资源资产负债的界定及其核算思路》，《资源科学》2018 年第 5 期。
④ 程松涛：《民族地区生态保护与经济增长的协同发展路径研究》，《技术经济与管理研究》2017 年第 9 期。
⑤ 刘玉红、杜玉申、王希庆：《解决资源代际问题的制度思考》，《经济与管理》2010 年第 1 期。

的前提下，采取有效措施，合理配置和运用资源，制止过度利用和不合理开发。① 所以，要依靠科技进步来提高资源生产率，② 坚持地区间的共建共享共赢，因地制宜开发特色资源，打通资源转化为资产的通道，发挥资源的价值。③ 实现资源的可持续发展，可再生资源的开发利用强度不能超过其再生能力，不可再生资源的开发利用不能超过发现的新增储量。④

五　生态可持续发展

生态文明建设是治国理政的重要内容。习近平总书记指出，"保护生态环境就是保护生产力，改善生态环境就是发展生产力。良好生态环境是最公平的公共产品，是最普惠的民生福祉"⑤。保护民族地区生态环境，关系到民族地区人民的根本利益。生态可持续发展，强调以平等的态度看待自然，要在尊重自然规律的前提下，保护、利用和发展自然生态，从传统的"向自然宣战""征服自然"的错误观念向"人与自然协调发展"转变；生态可持续发展要通过群众自觉自愿的生产生活方式和以生态经济、生态产业为主的新发展模式，突出人与人、人与社会、人与自然的和谐，实现代际公平、群体之间的环境公平和正义。

生态可持续发展的具体内容包括：可持续的生产方式和消费模式，即改变高能耗、高污染、低效率的发展方式，选择低消耗、少污染、高效率的生活方式，将经济开发活动控制在环境可承载的范围内，促进人与自然和谐发展；可持续的绿色经济、生态经济，即发展清洁能源和再生资源，提高资源利用率，开发和推广节约、替代、循环利用和减少污染的先进适用技术，加强农业农村技术改造和设备更新，做好生态大健康、生态大农业、生态全域旅游等几个方面的文章；生态宜居的人居环

---

① 周若雨：《四川省各市州土地资源可持续利用研究》，《国土与自然资源研究》2021年第4期。
② 程恩富、王新建：《中国可持续发展：回顾与展望》，《中州学刊》2009年第5期。
③ 王瑞军：《探索推进资源资产价值化　让资源资产优势转化为经济发展优势》，《韶关日报》2021年3月5日第1版。
④ 周宏春、宋智慧、刘云飞、张晓磊：《生态文明建设评价指标体系评析、比较与改进》，《生态经济》2019年第8期。
⑤ 《习近平关于社会主义生态文明建设论述摘编》，中央文献出版社2017年版，第4页。

境，即做好农村基础设施的建设和运营维护，确保生活方便、道路通畅，保障居民就医、就学、出行等基本公共服务，集中做好城镇、乡村垃圾集中处理工作，做好市场化运营的投融资管理，形成运维管护长效机制；可持续的生态环境，即江河湖泊等重要生态系统休养生息、恢复生机，通过实施最为严格的环境保护措施，以环境容量和生态承载力为依据确定发展方式和发展规模，充分发挥生态系统的自我修复能力以及人工修复力度，促进生态系统良性循环；可持续观念的传播，即在全社会树立和弘扬可持续生态的发展理念，推进生态环境保护得到全社会的广泛关注、共同参与和大力支持，在全社会形成热爱生态、保护环境的良好氛围，树立生态可持续发展的理念，使生态可持续发展成为每个家庭、每个公民的自觉行动，让生态可持续发展在人们的实践中变为生动的现实。

现实篇

西文版

第三章 湖南民族地区脱贫摘帽的历程与成就

湖南省委、省政府始终把加快少数民族和民族地区的经济社会发展作为全省民族工作的出发点和落脚点,在党中央的领导下,多轮次向贫困发起攻坚,终于在2020年,实现了民族地区全部脱贫摘帽。

第一节 湖南民族地区的基本状况

湖南民族地区的基本概况,包括其人口构成、地理分布、社会经济、文化宗教等。同时,民族地区地理位置偏远,社会相对封闭,在历史发展上一直滞后,但其禀赋资源又为其脱贫摘帽提供了内在的基础和条件。

一 总体状况

(一)人口构成

湖南是一个多民族省份,居住着汉族、土家族、苗族、瑶族等56个民族。据第七次全国人口普查,湖南省少数民族人口为668.52万人,占全省常住人口的10.06%。[①] 与2010年相比,各少数民族人口增加13.38万人,增长2.04%。其中,土家族、苗族人口在100万人以上。侗族、瑶族、白族人口均超过10万人,其占本民族全国人口的比重分

---

① 刘文杰:《湖南省第七次全国人口普查主要数据情况》,http://tjj.hunan.gov.cn/hntj/tjfx/tjgb/rkpc/202105/t20210519_19037320.html,最后访问日期:2023年8月20日。

别为：土家族 32.79%、苗族 23.05%、侗族 28.88%、瑶族 27.04%、白族 6.23%。此外，回族、壮族人口也超过 1 万人。①

(二) 地理分布

总体而言，湖南省各民族分布呈"大杂居、小聚居"格局。就自然位置而言，民族地区基本分布在湖南西北部、北部、西南部、南部的武陵山、雪峰山片区；就行政区划而言，14 个市州、122 个县市区均分布有少数民族。少数民族人口 100 万人以上的有湘西土家族苗族自治州、怀化市、张家界市；100 万人以下 10 万人以上的有永州市、邵阳市、常德市，其中湘西土家族苗族自治州、怀化市、张家界市、永州市、邵阳市、常德市等 6 市州，集中了全省 96.34% 的少数民族人口。

湖南民族地区主要包括 1 个民族自治州——湘西土家族苗族自治州（辖 7 县 1 市，即龙山县、永顺县、保靖县、花垣县、古丈县、凤凰县、泸溪县和吉首市）、7 个民族自治县（即城步、麻阳 2 个苗族自治县，新晃、芷江、通道 3 个侗族自治县，靖州苗族侗族自治县、江华瑶族自治县）、6 个少数民族人口超过半数的县（区）（绥宁县、会同县、沅陵县、江永县、石门县、慈利县），以及 3 个享受民族地区优惠政策待遇的县（区）（桑植县、永定区、武陵源区），84 个民族乡。民族地区占全省土地总面积的 28%。②

湘西土家族苗族自治州位于湘鄂渝黔四省市交界处，辖 7 县 1 市 115 个乡镇（街道），辖地面积 1.55 万平方千米，总人口 294.8 万人，其中以土家族、苗族为主的少数民族占 80.5%。湘西州在中国扶贫史上拥有无可替代的位置，它是习近平总书记精准扶贫重要论述的首倡地。2013 年 11 月，习近平总书记到湘西州视察，首次提出了"精准扶贫"的重要论述。湖南省、湘西州始终牢记习近平总书记的殷切嘱托，以脱贫攻坚统揽经济社会发展全局，尽锐出战、决战决胜，打赢了一场史无前例、感天动地的脱贫攻坚战，实现 8 个县市全部脱贫摘帽，1110 个贫困村全部出列，65.6 万贫困人口全部脱贫。以十八洞村为样板探索走出一条可

---

① 湖南省人民政府：《湖南概况：民族及宗教》，http://www.hunan.gov.cn/hnszf/jxxx/hngk/rkmz/rkmz.html，最后访问日期：2023 年 8 月 20 日。
② 湖南省人民政府：《湖南概况：民族及宗教》，http://www.hunan.gov.cn/hnszf/jxxx/hngk/rkmz/rkmz.html，最后访问日期：2023 年 8 月 20 日。

复制可推广的精准扶贫好路子，创造了精准脱贫的"湘西样本"。①

（三）社会经济

由于湖南民族地区地理位置偏远、山地面积广（主要分布在武陵山、雪峰山等山区）、产业基础薄弱，经济和社会发展长期滞后。历史资料显示，2015年，湖南民族地区GDP为1945.4亿元，占全省GDP比重仅为6.7%；地方财政总收入为156.4亿元，仅占全省财政总收入的3.9%；城镇居民人均可支配收入和农村居民人均可支配收入分别为18509元和6896元；贫困发生率为15.2%。地区缺乏核心增长极，产业链条不完整，没有形成较强市场竞争力的产业集群。2015年民族地区园区规模工业增加值为195.3亿元，仅占全省工业增加值的1.8%。基础设施和社会保障水平较为落后，基本养老服务补贴覆盖率为65.4%，高中阶段毛入学率为78.9%，行政村客运班线通达率为87.1%。②

而且，民族地区一直是湖南贫困发生率最高、贫困程度最深、返贫问题最大、脱贫成本最高的地方。在2017年湖南省公布的11个深度贫困县中，有10个在民族地区；549个深度贫困村中，有422个村位于民族地区。③ 民族地区具有集中连片与深度贫困并存、绝对贫困与相对贫困并存、资源贫困与能力贫困并存、文化贫困与生态贫困并存、物质贫困与精神贫困并存的特征。

（四）文化宗教

湖南民族地区历史源远流长。两宋时期，湖南就出现了瑶、苗、僚、僮、仡佬等族系复杂的少数民族，并逐渐演变成明清以来的苗、侗、瑶、土家等族，加之白族、回族、维吾尔族等的相继迁入，使其成为我国少数民族较多的省份之一。民族地区具有独特的社会风俗和生活习惯，在历史发展中，各民族之间不断地发生着文化的交流与融合。同时，在生产力尚不发达的时期，交通条件落后，受湖南多山多水的丘陵

---

① 湘西土家族苗族自治州人民政府：《湘西概况：州情介绍》，http://www.xxz.gov.cn/zjxx/xxgk_63925/zqjs/，最后访问日期：2023年8月20日。
② 湖南省统计局：《湖南省2015年国民经济和社会发展统计公报》，http://www.hunan.gov.cn/zfsj/tjgb/201604/t20160422_4832916.html，最后访问日期：2023年8月20日。
③ 湖南省乡村振兴局：《湖南确定11个深度贫困县》，http://hnsfpb.hunan.gov.cn/tslm_71160/fpyx/spzb/201711/t20171121_4740276.html，最后访问日期：2023年8月20日。

地形的影响，各民族之间的生活方式和民俗文化等又具有明显的差异，"十里不同风，百里不同俗"便是湖南民族地区文化差异的生动写照。

湖南民族地区的宗教信仰以民间宗教信仰为主，具有明显的原始宗教、民间宗教、普化宗教的特征，宗教信仰以自然崇拜、图腾崇拜、祖先崇拜和地方性的神灵崇拜为核心，缺乏统一的宗教信仰体系和宗教经典，未形成专门化的宗教制度和宗教组织。① 湘西土家族、苗族宗教信仰具有多神崇拜的特征，既保存有原始宗教以天地日月、风雨雷电、山川河流等自然物质人格化的自然神灵信仰、氏族图腾信仰和祖先信仰，又保存有以太上老君、七仙女、阎王爷、麻阳神等不再依附自然事物而成为独立主体的神灵信仰和祭祀人员职业化等特征。②

二　禀赋特点

任何地区的经济与社会的发展都要以现实土壤作为依托。现实土壤即一个地区的禀赋特点，其不仅包括自然物质基础，也包括历史文化资源，以及国家政策所赋予的政治与区位条件。这些禀赋既是束缚，更是机遇，在合理的规划与科学的利用下，便能撬动一个地区的内生动力与发展潜力。相应地，独特的自然环境、文化精神以及战略区位，成为湖南民族地区打赢脱贫攻坚战的重要前提，也是民族地区未来可持续发展的坚实保障。

（一）自然资源丰富

湖南民族地区大多是自然资源富集地，为其经济社会的可持续发展和乡村振兴战略的实施提供了丰厚的物质基础。自然资源的内涵有狭义和广义之分。狭义的自然资源是指能源、矿产等可移动可开采的资源；广义的自然资源包括土地及蕴含于其上或其下的（狭义）自然资源、环境资源、生态资源等。③ 本书从广义上对民族地区的矿产、水、气候、

---

① 唐志君：《湘西民间宗教信仰现状、问题及对策》，《吉首大学学报》（社会科学版）2000 年第 2 期。

② 李薇、李青：《湘西土家族苗族祭祀音乐文化互文性成因探究》，《民族音乐》2019 年第 5 期。

③ 张千友、王兴华：《民族地区：自然资源、经济增长与经济发展方式的转变研究——基于 2000—2009 省际面板数据的实证分析》，《中央民族大学学报》（哲学社会科学版）2011 年第 4 期。

生态资源等进行分析。

1. 矿产资源丰富，水资源丰富

湖南民族地区矿产种类多，储量大，可开采潜力高。其中，锰矿、锌矿、汞矿、铝土矿等矿产资源储量在全国名列前茅。仅湘西自治州就有锰矿保有矿石量1816万吨、锌矿保有金属量435万吨，已探明石煤钒矿五氧化二钒储量700万吨，初步探明页岩气储量4.8万亿立方米，占全省的70%，可采储量超过1.4万亿立方米，价值高达3.5万亿元，具有极大的开发潜力和经济效益。[①] 除湘西自治州，其他自治县亦各有自身的矿藏特色。例如，新晃侗族自治县的重晶石为全国特大优质矿床，城步苗族自治县的锌镉、硫铁矿、辉绿岩、滑石、碎白云母均为大型矿床。

民族地区水系发达、水资源丰富。民族地区河湖纵横、大小溪流富集，水域流域面积广阔，水能蕴藏量大，可开发量高。21世纪湖南省水利一号工程——涔天河水库扩建工程即在民族地区（江华瑶族自治县境内），该工程总投资约130亿元，搬迁移民6666户28431人，其中贫困人口4345户16694人，2016年年底大坝下闸蓄水，总库容达15.1亿立方米，电站装机20万千瓦，年平均发电4.57亿千瓦时，设计灌溉面积111.46万亩。[②]

2. 气候适宜，地形地貌多样

湖南民族地区大多位于亚热带、温带气候区，四季分明，夏无酷暑、冬少严寒，降水充沛，适宜的温度、湿度、光照等气候环境为农产品种植提供了优越条件。

湖南民族地区境内兼有山地、丘陵岗地、平原等多种地形，而山地地形又立体多样，拥有从亚热带到寒带的完整气候谱系，为农产品的差异化、多样化、特色化发展提供了良好的条件。古丈的茶叶、江永的香柚、通道的"黑老虎"、吉首的富硒猕猴桃、保靖的椪柑、靖州的茯苓、新晃的龙脑樟与侗藏红米等特色农产品，深受消费者喜爱，具有相当高

---

① 湘西土家族苗族自治州人民政府：《湘西概况：自然地域》，http://www.xxz.gov.cn/zjxx/xxgk_63925/zqjs/，最后访问日期：2023年8月20日。

② 江华瑶族自治县人民政府：《江华瑶族自治县概况》，https://yz.rednet.cn/content/2021/02/17/9000639.html，最后访问日期：2023年8月21日。

的市场知名度和认可度，商业效益可观。其中不乏国家地理标志产品，成为当地的特色标识。

3. 自然风光独特，生态环境良好

湖南民族地区动植物种类丰富，生态环境优渥，自然风光独特，这些条件不仅为全域旅游业的可持续发展提供了动力，也为民族地区乡村的生态振兴，以及人居环境的改善提供了物质保障。湘西州辖区内即有自然保护区32个，森林面积达1332万公顷，森林覆盖率70.24%，是国家重点生态功能区。同时，其峡谷风光带、喀斯特地貌形成的红石林、地下溶洞等自然风光极具特色。据2020年统计，湘西州共有旅游等级景区（点）37个，其中4A级以上景区（点）12个，全年接待国内旅游人数5533.57万人次，入境游客0.68万人次。① 2021年，湘西州荣获国家、省全域旅游品牌22个，其中国家全域旅游品牌8个，省全域旅游品牌14个。中华人民共和国文化和旅游部发布公告，正式确定湖南省湘西土家族苗族自治州矮寨·十八洞·德夯大峡谷景区为国家5A级旅游景区，湘西州实现了国家5A级旅游景区零的突破。除矮寨·十八洞·德夯大峡谷景区成功创建国家5A级旅游景区外，龙山县太平山景区、凤凰县中华大熊猫苑景区成功创建国家4A级旅游景区。凤凰县凤凰古城旅游区、永顺县芙蓉镇景区入选国家级夜间文化和旅游消费聚集区。凤凰县凤凰城老四合院入选国家乙级旅游民宿。中央宣传部、文化和旅游部、中央党史和文献研究院、国家发展改革委5月底推出"建党百年红色旅游百条精品线路"，其中，以湘西州各相关景区组成的"精准扶贫·首倡之地"精品线路入选。② 除湘西州，其他民族地区也多为国家重点生态功能保护区，森林覆盖率高，饮用水质、空气质量均列全省前列，多次获评全国绿化模范县、省级园林县城、全国最佳休闲旅游县等。

（二）文化底蕴厚重

丰富、多样、独特的民族特色文化是湖南民族地区持续发展无可替

---

① 湘西州统计局、国家统计局湘西调查队：《湘西州2020年国民经济和社会发展统计公报》，http://www.xxz.gov.cn/zfsj/tjgb_47576/202108/t20210830_1819057.html，最后访问日期：2023年8月21日。

② 李艳华、毛玮：《2021年湘西荣获国家、省全域旅游品牌22个》，https://baijiahao.baidu.com/s?id=1720376853305241859&wfr=spider&for=pc，最后访问日期：2023年8月30日。

代的重要优势,也是民族地区乡村振兴内生动力的源泉。只要在充分认识民族文化、尊重民族地区人民主体性的基础上,以妥当的方式进行保护与开发,民族文化就会成为当地脱贫致富的重要资源,而民族精神亦会成为当地可持续发展的不竭动力。①

1. 独特的民族文化

民族文化是一个民族在生产实践和社会生活中形成的具有鲜明民族特色的物质文化和精神文化的总称,反映该民族的历史发展水平。一方面,民族文化的特色集中地体现在独特的生产方式和生活方式上,包括各民族的建筑、语言、文字、习俗、服饰、节日等。例如,土家茅古斯舞,是土家族流传至今的古老表演艺术之一,展现了先民的生产劳动和生活方式,是土家文化的活化石,体现出浓郁的民族风情风貌。

另一方面,民族文化更体现为民族地区人民的精神气质和集体人格。千百年来,各民族在湖湘大地繁衍生息,他们勤劳勇敢、吃苦耐劳、乐观向上、能歌善舞,形成了既具本民族特色,体现本民族历史,反映本民族精气神,又具有"吃得苦、霸得蛮、扎硬寨、打硬仗"的湖湘文化特质的民族文化。正是这些文化特质激励着民族地区人民不懈奋斗,砥砺前行,成为民族地区脱贫攻坚的精神养分与心理能量,是民族地区经济社会可持续发展内生动力的来源。越是民族的,也就越是世界的,这些宝贵的精神文化财富也是民族地区走向世界的自信根基。

2. 丰富的文化遗产

如果丰富的自然资源为民族地区提供了生态旅游的契机,那么丰厚的文化遗产便成了民族地区文化旅游的资本。截至 2019 年,湖南拥有国家级非遗保护项目达 99 项,其中少数民族和民族地区入选 45 项;在 220 项省级非遗名录中,少数民族和民族地区入选 131 项。② 与此同时,在民族地区,历史文化名城、传统村落、民族特色村落、重点文物保护单位也比比皆是,文化旅游开发优势明显。仅湘西州而言,非物质文化

---

① 王建民:《扶贫开发与少数民族文化——以少数民族主体性讨论为核心》,《民族研究》2012 年第 3 期。

② 湖南省民宗委:《湖南代表团:推动少数民族文化繁荣兴盛》,http://mzw.hunan.gov.cn/mzw/xxgk_71281/gzdt/ywbd/201909/t20190916_10392209.html,最后访问日期:2023 年 8 月 20 日。

遗产资源遗存有3200多项。现有世界文化遗产1处（永顺县老司城）、国家重点文物保护单位13处，省保单位50处；联合国教科文组织人类非物质文化遗产代表作名录1项（苗族赶秋）、遗名录1000余项。拥有国家历史文化名城1座，国家级非遗名录26项、省级非遗名录84项、州级非遗名录244项、县市级非历史文化名镇4座，历史文化名村2个；中国传统村落82个，民间文化艺术之乡3个，省级民族民间文化艺术之乡5个；中国少数民族特色村寨18个。因文化遗产资源丰富国家级民族民俗存续状态良好，湘西州被列为全国民族民间文化保护工程综合试点单位，2010年5月，文化部批准设立"武陵山区（湘西）土家族苗族文化生态保护实验区"。①

以老司城为例，便可窥见湖南民族地区文化遗产之瑰丽，其影响力远远超过了本土范畴，而具有国际声誉。老司城又名福石城，位于永顺县城以东的灵溪河畔，是湘西土司王八百年"小朝廷"的都城，距今有八百多年的历史，是土司统治时期中国西南山区土家族的政治、经济、文化中心。老司城是迄今发现的最为完整、规模最大、历史最悠久的古代土司都城遗址，老司城土司制度是中国古代民族区域自治制度发展的活标本，被评为"2010年度全国十大考古惊世大发现"，被称为"中国的马丘比丘"。2015年，湖南永顺老司城遗址、湖北唐崖土司城遗址、贵州遵义海龙屯遗址联合代表中国土司遗产成功申报世界文化遗产项目。② 丰富的文化遗产为民族地区的文化振兴与可持续发展提供了不竭动力。

3. 深厚的红色底蕴

除了多姿多彩的民族特色文化，湖南民族地区也拥有着深厚的革命根基与红色历史。贺龙、任弼时、关向应、萧克、王震等老一辈无产阶级革命家曾在此创建了湘鄂川黔革命根据地，领导民族地区人民英勇抗争，为新中国成立做出了重大贡献，也给我们留下了宝贵的精神文化财富。湖南民族地区人民在抗日民族统一战线的感召下，以巨大的人力物

---

① 湘西土家族苗族自治州人民政府：《湘西概况：非物质文化遗产》，http：//www.xxz.gov.cn/zjxx/whlyzz/fwzwhyc/，最后访问日期：2023年8月20日。
② 湘西土家族苗族自治州人民政府：《湘西概况：世界文化遗产》，http：//www.xxz.gov.cn/zjxx/whlyzz/sjwhyc/，最后访问日期：2023年8月20日。

力支援抗战，从投身前线浴血抗敌到后方群众的后勤保障，为中华民族独立解放做出了巨大贡献。

革命先烈、各族人民在这片土地上用鲜血与生命铸就了红色文化。这份厚重的红色文化包括物质性的革命遗址、旧址、文档、文物和非物质性的红色文学作品、刊物、革命先烈的事迹等。红色文化与民族文化相互依存、相互融合，不仅使民族地区在发展文化旅游上多了一重资源种类，更让民族地区在可持续发展上多了一份精神鼓舞与文化自信，更成了民族地区走向世界的契机。以抗战名城芷江为例，1945年8月，抗日战争胜利受降在芷江举行，使其成为中华民族扬眉吐气的见证者与国际和平的标志地。通过积极开展对外和平交流活动，芷江成为全国海峡两岸交流基地、中国华侨国际文化交流基地。

（三）区位优势突出

湖南民族地区不仅具有先天的地理区位优势，也拥有后天的战略区位优势。随着民族地区交通品质的提升，以及西部大开发、"一带一路"倡议等战略的推进，其区位优势日益凸显，成为其经济社会发展的"加速器"。

1. 交通枢纽、地理要道

就地理位置而言，湖南民族地区基本位于湖南省与其他省份（鄂、渝、黔、桂、粤等）的交会处，位于我国中西部地区的交接口，具有通南达北、承东联西的地理区位条件。其南可下两广，西可进云贵，是西南地区通往沿海的重要门户，向北向东又可入中原腹地。过去，受到地形地貌和经济发展水平的限制，民族地区的交通较为滞后，无法发挥其先天的地理优势。如今，民族地区在交通上已连点成线、织线成网，逐渐从交通闭塞走向交通发达，交通区位逐渐放大民族地区的其他优势，成为民族地区彻底脱贫摘帽的先行官。

怀化自古有"黔滇门户、全楚咽喉"之称，沪昆铁路、焦柳铁路、渝怀铁路、沪昆高铁、怀邵衡铁路和在建的张吉怀客专6条干线在此交会，发挥着门户枢纽作用，联通了湘、鄂、渝、黔、桂等省，被称为中东部地区通往大西南的"桥头堡"。湘西州地处湘、鄂、渝、黔四省交界处。位于湘西与贵州铜仁交界处的铜仁—凤凰机场是中国首座跨地区命名的机场，为湘西州和周边地区的旅游开发合作提供了强大的动力，

现实篇

党的十八大以来，全州各族人民自力更生，顽强拼搏，逐步构筑起外联内通、覆盖城乡、功能完善的综合交通体系，推动湘西迈向了加快脱贫、加快发展的历史新征程。

2. 示范先导、战略前沿

除了先天的地理区位优势，湖南民族地区也是国家一系列区域协调发展重大战略的集合地，具有后天的战略区位优势。民族地区先后迎来了西部大开发、精准扶贫、"一带一路"等战略机遇，又先后成为国家承接产业转移示范区、对接融入粤港澳大湾区先行地，以及"三高四新"前沿阵地，是湖南未来发展潜力所在，在全省改革发展稳定大局中具有重要地位。

为抢抓西部大开发战略机遇，2004年，湘西地区开发战略部署实施，为民族地区发展奠定坚实基础。同时，作为精准扶贫的首倡地，湘西以精准扶贫战略为指导探索民族地区发展新路子。湘西还是"一带一路"的重要节点，融入亚欧大陆桥，向西对接"丝绸之路经济带"，从而推动大湘西、湘北区域对接新亚欧、中国—东盟经济走廊建设。2018年11月，国家发展和改革委员会印发《湘南湘西承接产业转移示范区总体方案》，湘西成为全国少数民族地区唯一一个国家级承接产业转移示范区，迎来产业转移、加快开发开放的新机遇。2020年9月，习近平总书记考察湖南，勉励湖南打造"三个高地"、践行"四新"使命，[①]为湖南民族地区发展描绘新时代的宏伟蓝图。民族地区将以地区发展联动湖南整体发展，长远对接"一带一路"、长江经济带、粤港澳大湾区、长三角一体化等国家战略，共同谱写经济社会可持续发展的新篇章。

第二节 湖南民族地区脱贫摘帽的历程

湖南省委、省政府始终把加快少数民族和民族地区的经济社会发展

---

① "三高四新"：打造"三个高地"，即着力打造国家重要先进制造业、具有核心竞争力的科技创新、内陆地区改革开放的高地；践行"四新"使命，即在推动高质量发展上闯出新路子，在构建新发展格局中展现新作为，在推动中部地区崛起和长江经济带发展中彰显新担当，奋力谱写新时代坚持和发展中国特色社会主义的湖南新篇章。

作为全省民族工作的出发点和落脚点，多轮次向贫困发起进攻。在党和各级政府以及民族地区人民的共同奋斗下，终于在2020年实现了湖南民族地区全部脱贫摘帽的巨大成就，消灭了困扰人类几千年的绝对贫困顽疾。

图3-1显示了湖南各民族地区脱贫摘帽的具体时间。2016年，张家界市武陵源区凭借着独特的世界自然资源遗产优势，大力发展旅游产业，率先实现了脱贫摘帽；2018年，发展优势相对较好的永州市江永县、湘西州州府吉首市、常德市石门县通过立足本地优势大力创新，实现脱贫摘帽；2019—2020年，是民族地区打赢脱贫攻坚战的冲刺期，在发展环境不断优化、政策体系逐渐完善、支持力度不断加大、多方主体共同努力下，湖南民族地区相继实现脱贫摘帽。

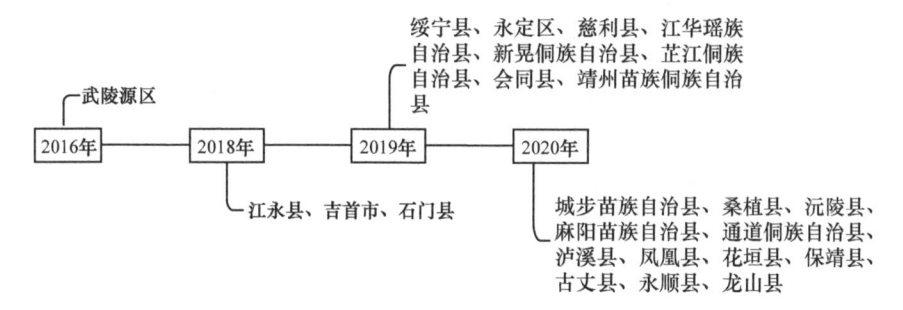

```
┌武陵源区       ┌绥宁县、永定区、慈利县、江华瑶族
│              │自治县、新晃侗族自治县、芷江侗族
│              │自治县、会同县、靖州苗族侗族自治
│              │县
┌─────┐ ┌─────┐ ┌─────┐ ┌─────┐
│2016年│ │2018年│ │2019年│ │2020年│
└─────┘ └─────┘ └─────┘ └─────┘
        │江永县、吉首市、石门县
                         │城步苗族自治县、桑植县、沅陵县、
                         │麻阳苗族自治县、通道侗族自治县、
                         │泸溪县、凤凰县、花垣县、保靖县、
                         │古丈县、永顺县、龙山县
```

图3-1 湖南各民族地区脱贫摘帽时间线

诚然，脱贫摘帽并非一朝一夕，而是持续不懈努力的结果。参考国内相关学者的研究，① 以及湖南地区的实际情况，以习近平总书记提出"精准扶贫"重要论述为界，可以将21世纪以来，湖南民族地区脱贫摘帽的历程分为两个阶段：重点聚焦阶段和精准攻坚阶段。不同阶段以不同的政策为引导，在具体措施和方式内容上也体现出不同特点，接下来的部分将对两个阶段分别进行阐述。

---

① 汪三贵、曾小溪：《从区域扶贫开发到精准扶贫——改革开放40年中国扶贫政策的演进及脱贫攻坚的难点和对策》，《农业经济问题》2018年第8期；李小云、于乐荣、唐丽霞：《新中国成立后70年的反贫困历程及减贫机制》，《中国农村经济》2019年第10期。

一 重点聚焦阶段

重点聚焦阶段的时间跨度为21世纪初到2012年，这一阶段以西部大开发战略的提出为标志，国家扶贫工作重心开始向集中连片特殊困难地区聚焦，民族地区脱贫攻坚事业的重要性与紧迫性逐渐明晰。

（一）政策方针

2000年10月，国务院出台《中共中央关于制定国民经济和社会发展第十个五年计划的建议》，将西部大开发作为一项国家战略推行实施。紧接着，2001年，国务院出台《中国农村扶贫开发纲要（2001—2010年）》，也将扶贫工作的重点投向贫困人口集中的西部，对民族地区实行特殊的优惠政策，并实施了"兴边富民"行动等一系列配套政策措施，由此正式将民族地区作为扶贫开发工作的重点，为民族地区的扶贫工作奠定了良好的基础。2011年政策接续推进，《中国农村扶贫开发纲要（2011—2020年）》出台，把集中连片特殊困难地区作为扶贫攻坚主战场，要求进一步加大民族地区等连片特困地区的扶贫力度，完善民族地区的扶贫战略与政策体系。同年，国务院批复《武陵山片区区域发展与扶贫攻坚规划（2011—2020年）》，将包括湖南民族地区在内的武陵山片区划为扶贫攻坚重点区域，明确区域发展的总体要求、空间布局、重要任务和政策措施，给湖南民族地区发展带来重大的历史机遇。

相应地，进入21世纪以来，湖南省委、省政府响应中央号召，先后出台《中共湖南省委 湖南省人民政府关于加强民族工作的决定》《湖南省人民政府关于印发〈湘西地区开发总体规划〉的通知》《湖南省省级民族工作专项补助经费管理暂行办法》《湖南省实施〈中华人民共和国民族区域自治法〉若干规定》《中共湖南省委 湖南省人民政府关于进一步加强农村教育工作的决定》等20多个民族地区优惠政策性文件，涉及经济、文化、卫生、社会等各个方面。2000年发布的《湖南省人民政府关于加快少数民族和民族地区社会经济发展若干优惠政策的通知》，为湖南民族地区经济发展和社会进步制定了一系列支持优惠政策，包括加大对民族地区的投资力度，加快民族地区交通、电力和通信建设步伐，对民族地区的贫困县和民族乡的特困村进行重点扶持，实行民族地区财税优惠政策，等等。2009年出台的《湖南省人民政府关于进一步繁荣发展少数民族文化事业的意见》中提出，要充分发挥民族文化资源优势，解放民族地区文化生产力，通过文化事业和文化产业带动民族地区经济社会的发展。这一阶段，各地也开始以县为基础，制定和实施扶贫规划，为民族地区的脱贫奠定了良好的政策基础。

（二）行动举措

在这段时期内，关系湖南民族地区脱贫最重要的两项举措是"过半县"的确立以及湘西地区开发战略的实施。

2006年，湖南省政府第84次常务会议专门对"过半县"进行了明确界定，决定"同意对少数民族人口超过50%的县视同民族自治县，在财政转移支付和扶贫开发工作等方面予以倾斜"。这意味着"过半县"作为民族工作的一个概念被湖南省委、省政府认可，"过半县"享受民族政策有了实质性的突破。

2004年，湖南省委、省政府决定实施湘西地区开发战略，使其同时享受国家西部大开发、中部崛起、民族区域自治、扶贫开发等优惠政策。这一战略将湘西土家族苗族自治州作为主战场，涵盖湘西自治州、张家界市、怀化市及邵阳市的武冈市、城步苗族自治县、洞口县、绥宁县、隆回县、新宁县和永州市的江华瑶族自治县等，共32个县市区，面积7.08万平方千米，占全省总面积的33%。该地区还是湖南少数民族人口聚居区，少数民族人口达540万人，占全省少数民族人口的96%。[①]

具体而言，湖南民族地区重点采取了以下措施。第一，将扶贫开发与农村最低生活保障有效衔接，逐步扩大扶贫资金直补规模，加大对民族贫困地区的支持投入力度。2007年的新型农村合作医疗以及2009年的农村最低生活保障制度、农村社会养老保险制度相继建立。第二，大力实施以工代赈，坚持开发式扶贫的道路，重点支持民族地区农村基础设施建设，改善农田水利建设，加大医疗教育投入，着力改善群众生产生活条件，提高了当地的生产效率；同时，通过推动贫困地区经济增长

---

① 湖南省人民政府：《湘西地区开发总体规划》，http://fgw.xxz.gov.cn/zwgk_189/fdzdgknr/ghjh/201912/t20191216_1378682.html，最后访问日期：2023年8月22日。

现实篇

也带动了贫困人口摆脱贫困。① 第三，实施整村推进开发扶贫，整合扶贫资金、各类支农资金和社会帮扶资金等资源，积极扶助贫困农户创家业，支持贫困乡村兴产业，突出支持特困乡村和贫困农民急需的建设项目。围绕整村扶贫的目标，制定和完善村级扶贫规划，通过推行整村扶贫目标管理，加强整村推进的检查验收和项目后续管理工作，促进贫困村的经济、社会、生态全面发展。此外，实施对口支援。建立省内区域协作机制，开展省直部门、省内发达地区、高校、医院、社会团体等对湘西地区对口帮扶和定点扶持工作。

二 精准攻坚阶段

精准攻坚阶段时间跨度为2013—2020年，这一阶段以习近平总书记"精准扶贫"重要论述的提出为标志，以因地制宜、分类施策的扶贫原则为指导，以扶贫模式的持续创新、扶贫方式的逐渐丰富、民族地区人民内生动力的不断激发为特点。

（一）政策方针

2013年11月，习近平总书记在湘西土家族苗族自治州花垣县双龙镇十八洞村视察，首次提出"精准扶贫"重要论述，为各族人民指明了脱贫方向，深深鼓舞了湖南民族地区脱贫致富的坚定决心。2014年1月，中共中央办公厅、国务院办公厅印发《关于创新机制扎实推进农村扶贫开发工作的意见》，对精准扶贫模式进行顶层设计，推动精准扶贫思想落地。2015年10月，习近平总书记在2015减贫与发展高层论坛上强调，中国扶贫工作将实施精准扶贫方略，着重抓六个精准，分类施策。

2015年11月，《中共中央 国务院关于打赢脱贫攻坚战的决定》正式确定，到2020年，达到我国现行标准下农村贫困人口实现脱贫、贫困县全部摘帽、解决民族地区等区域性整体贫困的目标，指出在脱贫攻坚的冲刺期，要加快推进民族地区重大基础设施项目和民生工程建设，实施少数特困地区和特困群体综合扶贫工程，加强民族特色村镇的保护和发展。2016年11月，国务院印发《"十三五"脱贫攻坚规划》，提出

---

① 汪三贵、郭子豪：《论中国的精准扶贫》，《贵州社会科学》2015年第5期。

打赢脱贫攻坚战的时间表和路线图，阐明了"十三五"时期民族地区脱贫攻坚的总体思路和主要任务。2018年6月，中共中央、国务院出台《关于打赢脱贫攻坚战三年行动的指导意见》，对脱贫任务的完成做出总体部署，要求坚持把脱贫质量放在首位，实现精准扶贫、精准脱贫，并指出脱贫攻坚期内，贫困地区乡村振兴的主要任务是脱贫攻坚，乡村振兴的相关政策要优先向贫困地区倾斜，以乡村振兴巩固脱贫攻坚成果。

根据国家相关文件精神和要求，2014年7月，湖南省制定下发《全省贫困村识别和建档立卡工作方案》，成为全国第一个出台精准识别方案的省份。2017年3月，经湖南省人民政府同意，《湖南省"十三五"少数民族事业发展规划》正式印发。这是中华人民共和国成立以来湖南省编制的第一个少数民族事业发展规划，开启了湖南以专项规划引领民族地区经济社会发展的先河，在湖南民族工作史上具有里程碑意义。2018年9月，湖南省出台了《湖南省乡村振兴战略规划（2018—2022年）》，推动脱贫攻坚与乡村振兴有机结合、相互促进。规划不仅清晰构建了乡村振兴的近景与远景目标，还明确指出了梯次推进的原则，其中，除湘西州被纳入乡村振兴引领示范区，其他民族地区大多属于脱贫攻坚区，不同区域各有其发展重点和振兴策略，为民族地区脱贫之后的可持续发展指明了方向。

这一时期，立足精准扶贫的新要求，湖南省针对民族地区的特点和民族地区脱贫攻坚的严峻形势制定和实施了一系列专门性的政策规划，包括《中共湖南省委　湖南省人民政府关于做好新形势下民族工作的实施意见》《中共湖南省委　湖南省人民政府关于深入实施西部大开发战略推进湘西土家族苗族自治州加快发展的若干意见》《大湘西地区全面建成小康社会推进工作三年行动计划》等20多个民族政策性文件，以及《湖南省"十二五"规划纲要》《湖南省农村扶贫开发实施纲要（2011—2020年）》《大湘西生态文化旅游圈旅游发展规划》等涉及民族地区的一系列规划，形成了财税、金融、产业、贸易、用地等方面的民族地区差别化政策体系。在精准扶贫思想的指导下，民族地区扶贫工作坚持因地制宜，分类施策。

（二）行动举措

以习近平总书记重要指示精神为指导，湖南脱贫攻坚进入全新阶段。作为"精准扶贫"首倡之地,湖南省探索的"四跟四走"① 产业扶贫模式和劳务协作脱贫模式,被人社部、国家乡村振兴局作为可复制可推广的经验向全国推介。在坚持民族和区域相统筹的前提下,湖南省大力发展民族地区优势产业和特色经济。遵照《湖南省"十三五"少数民族事业发展规划》及相关文件精神,民族地区深入推进了十二项任务的实施:一是加强民族地区基础设施建设,二是推进全省民族地区经济快速发展,三是推进民族地区社会事业发展,四是推进民族地区新型城镇化进程,五是加大民族贫困地区精准扶贫力度,六是加大散居少数民族工作力度,七是大力促进民族关系和谐融洽,八是推进民族地区对外开放力度,九是加强民族地区干部人才队伍建设,十是加强民族理论政策体系建设,十一是加强民族法制体系建设,十二是提高依法管理民族事务的能力。

在这一阶段,有关湖南民族地区脱贫的另一项重要举措是以"1+10+17"为主的脱贫攻坚政策支撑体系的形成与建立。虽然"1+10+17"覆盖全省范畴,但其对民族地区脱贫工作的开展与实施也起到了实质性的推动作用。其中,"1"为总纲,即省委、省政府出台的《关于深入贯彻〈中共中央国务院关于打赢脱贫攻坚战的决定〉实施意见》;"10"为保障机制,包括扶贫立法、扶贫考核、督查巡查、扶贫约束、退出机制、资金整合、人才支持、队伍建设、驻村帮扶、司法保障;"17"为行业部门支持政策,包括安全饮水、农村道路、农网改造、信息网络、文化建设、产业扶贫、易地搬迁、危房改造、教育扶贫、兜底保障、医疗保障、电商扶贫、旅游扶贫、万企帮万村、科技扶贫、金融扶贫、生态保护。政策支撑体系的建立,使湖南民族地区的扶贫事业走上了制度化的轨道。

具体而言,湖南民族地区采取了一系列的精准扶贫措施,具体如下。一是精准识别。对贫困村和贫困人口全面实行精准识别、建档立卡和动态管理,十八洞村摸索出精准识别贫困户的"七步法"② 并在民族

---

① "四跟四走":湖南探索的产业扶贫新路子,即资金跟着贫困户走、贫困户跟着能人走、能人跟着产业项目走、产业项目跟着市场走。

② "七步法":精准识别贫困户的"户主申请→投票评比→村级初审→张榜公示→乡镇审核→县级审批→入户登记"七道程序。

地区复制推广。二是精准帮扶。将上门调研和平台大数据分析结合起来，做到"一户一本台账、一户一个脱贫计划、一户一套帮扶措施"，将扶贫资源精准配置。三是精准规划。根据各地特点对地区脱贫的重点难点工作进行总体部署和责任分工，因地制宜实行脱贫方案和策略。如对居住条件恶劣、生态环境脆弱的民族实施易地扶贫搬迁；对人口较少的民族聚居的建档立卡贫困村，推进整村整族精准脱贫；对特困建档立卡贫困户和贫困村，通过扶志扶能、激发内生动力扶贫。四是多措并举。在发展扶贫产业上，注重统筹布局与因地制宜相结合；在内生动力激发上，深入开展扶贫扶志活动；在基础设施建设上，开展农村人居环境整治；在攻坚力量统筹上，形成上下齐心干、社会各界同参与的攻坚大格局。

第三节　湖南民族地区脱贫摘帽的成就

随着民族地区差别化政策的科学规划和有力推进，湖南民族地区的脱贫攻坚事业取得了历史性的成绩。在决胜脱贫攻坚战的同时，民族地区在产业发展、基础设施、城乡发展、民生福祉等方面也取得突出的成就，为民族地区可持续发展打下关键性、战略性的基础，构成民族地区可持续发展的基石与起点。

一　决战决胜脱贫攻坚，创造精准扶贫"湘西样本"

湘西州十八洞是"湘西样本"。该样本以公平公正为原点，以产业带动为基础，以党员干部为先锋，以内生动力为依托。首先是公平为本。依据相关规定，一户家庭被评为贫困户需要经过多道关卡，而识别贫困户的权力也直接交付给了彼此知根知底的村民，这样一来，就杜绝了暗箱操作。同时，坚持贫困人口并非一评定终身，而是"应进则进、应出则出"，动态调整，让宝贵的扶贫资源发挥出四两拨千斤的功效。其次是产业为基。从生态农业到农村电商，从特色种养到乡村旅游，湘西因地制宜发展扶贫产业，村有当家产业，户有增收项目，切实找准脱贫致富之路。以十八洞村为例，旅游、特色种植、养殖、苗绣等产业，撑起一方发展的四梁八柱，使曾经出名的穷疙瘩变成欣欣向荣的幸福村。再次是先锋引领。充分发挥头雁的带头作用，合党群之力，一起攻破贫困堡垒。一批村民基础好、带动能力强的优秀人才进入村（居）两委班子，在湘西州所辖各村班子成员中，产业致富带头人超过半数。最后是内生驱动。民族地区政府把激发贫困户的内生动力，提高贫困群众的自我发展能力，作为拔掉穷根、巩固脱贫效果的长效之策，不断改造贫困农户的依赖思想和守旧意识。

在上述措施的合力下，"十三五"期间，湘西州共完成8.18万人易地扶贫搬迁和10.6万户农村危房改造，40多万困难群众搬进新居，4.8万户12.2万人兜底保障对象实现应兜尽兜、应保尽保，真正做到了贫困群众住有所居、学有所教、病有所医、弱有所扶、老有所养。截止到2020年，全州实现8县市全部脱贫摘帽，1110个贫困村全部出列，65.6万贫困人口全部脱贫，群众收入大幅提高。其中，2/3以上贫困人口通过产业带动实现增收脱贫，农村贫困劳动力转移就业稳定在23万人以上，共建成228家扶贫车间，吸纳1.6万人就近就业，开发公益性岗位2.7万个，农村居民人均可支配收入达到11250元，年均增长11.1%，增速居全省前列。①

湖南其他民族地区以湘西样本为标杆，结合自身的基础，在脱贫攻坚战役中也取得了巨大成就，顺利通过了省级考核以及国家的普查验收。到2020年底，湖南51个贫困县全部摘帽，6920个贫困村全部出列，767万贫困人口摆脱贫困；建档立卡贫困户人均纯收入达到11945元；绝对贫困和区域性整体贫困全面消除。② 至此，湖南民族地区贫困县全部实现脱贫摘帽，实现民族地区"两不愁三保障"③ 目标，消除了绝对贫困和区域性整体贫困的千年顽疾。

---

① 《2021年湘西土家族苗族自治州人民政府工作报告》，http://www.xxz.gov.cn/zzf/zfgzbg/202107/t20210707_1805878.html，最后访问日期：2023年8月22日。
② 李志林、奉永成、周月桂、邓晶琎、黄婷婷：《精准扶贫，三湘壮歌——湖南打赢脱贫攻坚纪实》，《湖南日报》2021年2月25日第1、3版。
③ "两不愁三保障"："两不愁"是指稳定实现农村贫困人口不愁吃、不愁穿；"三保障"是指保障其义务教育、基本医疗和住房安全，是农村贫困人口脱贫的基本要求和核心指标。

二 产业体系初步建立，民族品牌逐渐形成

产业扶贫是开发式扶贫的核心，在实践过程中，湖南创造性蹚出了"资金跟着穷人走、穷人跟着能人走、能人跟着产业项目走、产业项目跟着市场走"的"四跟四走"产业扶贫新路子，受到国家乡村振兴局重点推介。民族地区在产业扶贫"四跟四走"的指导下，依托自身的资源与环境基础，逐步建立起具有地区特色的产业体系，同时，也涌现出一批驰名省内外的特色品牌。

（一）特色农业

民族地区特色农业提质增效，涌现出一批农业示范区、农业科技园、农产品优势区。在民族县中，花垣、古丈先后获批国家级出口食品农产品质量安全示范区，永顺入选国家农村一二三产业融合发展先导区创建名单，保靖入选第四批中国特色农产品优势区，龙山获批省级农业科技园，通道培育出国家级示范农业专业合作社。与此同时，各民族地区大力实施农产品仓储保鲜冷链设施建设项目，建立农产品信息平台、县级营运中心和农特产品体验馆，农产品销售网络日臻完善。

在此基础上，民族地区特色农产品品牌影响力不断扩大。"芷江鸭"列入全国名特优新农产品名录，"张家界莓茶""芷江白蜡""洞溪七姊妹辣椒""江永香芋""江永香姜""张家界大鲵""新晃黄牛肉""石门土鸡""桑植魔芋"等一大批特色农产品获评国家农产品地理标志，"十八洞黄金茶""城步奶业""桑植白茶""古丈毛尖""湘西香伴"等民族品牌市场占有率稳步提升，民族地区已经初步形成了"一县一业""一乡一特""一村一品"的农业产业格局。

（二）新型工业

民族地区新型工业持续发力，承接产业转移示范区稳步推进。2016—2020年，湘西州以产业"四区"为载体，大力推进承接产业转移示范区建设，州辖区内9个工业园区全部纳入《中国开发区审核公告目录》，泸溪高新区、湘西高新区获批省级高新区，泸溪高性能复合新材料特色产业园是湖南省首批授牌的两个特色产业园之一，园区专业化水

平不断提升。① 与此同时，民族地区在招商引资方面取得新突破，先后引进一大批优质企业落户，累计招商到位资金逐年增长，省外境内资金增速、项目落地率均居全省前列。

（三）现代服务业

现代服务业快速发展，县乡物流网络基本形成。民族地区依托优质的自然生态基础以及丰富的历史文化遗产，大力发展生态旅游、文化旅游，逐渐形成一系列国字号生态文化旅游品牌，凤凰国家全域旅游示范区通过国家验收，湘西州一举成为全国十大旅游热点地区。旅游业的发展不仅带动当地餐饮、娱乐、住宿、批发零售等其他行业发展，更提高了民族地区服务业的整体水平和服务质量。

除旅游业，房地产行业、信息产业、金融业、商贸物流业、电子商务呈现出蓬勃发展的势头。通过整合县内电商平台和物流企业，组建新供销商贸物流平台，开设村级服务网点，对接乡村日常购买与农产品销售，民族地区逐渐形成了便捷高效的城乡商贸物流体系。多个民族县获批国家级电子商务进农村综合示范县，民族地区县乡村物流体系基本形成。

三 基础设施统筹推进，发展环境不断优化

民族地区大多位于偏远山区，基础设施落后，严重制约当地经济发展。在脱贫摘帽的过程中，民族地区政府采取一系列措施，使当地基础设施条件得到一定程度的改善。基础设施的改善不仅优化了民族地区的经济社会发展环境，也便捷了民族地区人民的日常生活。

（一）交通条件改善

交通是一个地区发展的基本前提，各类资源的流通都依赖便捷的交通。在脱贫摘帽的过程中，民族地区格外注重交通条件的改善。通过建设"外通内联、通村畅乡、客车到村、安全便捷"的交通运输网络，大力提升城乡客货运输服务水平。通过大力开展既有交通提质改造工程，健全农村公路管养机制。积极推进农村公路道路窄路加宽、

---

① 《2021年湘西土家族苗族自治州人民政府工作报告》，http://www.xxz.gov.cn/zzf/zfgzbg/202107/t20210707_1805878.html，最后访问日期：2023年8月22日。

重要县乡道改造、自然村道硬化改造等一系列项目，民族地区基本实现公共交通面貌的换新。"十三五"期间，龙永高速、永吉高速、张花高速三条连接线、国省干线公路、农村公路、城市路网等一批项目建成通车。

至 2020 年年底，湘西州通车里程达 13326 千米，其中铁路里程 192 千米，公路通车里程 13134 千米，高速公路通车里程 482 千米，实现了县县通高速公路和二级路、乡乡通水泥沥青路、村村道路硬化。湘西州州府吉首市成为全国 18 个高速公路枢纽城市之一，全州已融入重庆、桂林、贵阳"4 小时经济圈"，2021 年 12 月，张吉怀高铁开通，全州融入长沙"2 小时经济圈"，迈入"高铁时代"，随着湘西机场的加快建设，湘西即将迈入"航空时代"。交通运输的跨越发展，不仅彻底破解了制约湘西经济社会发展的瓶颈，更改变了贫困群众的思想观念，成为全州精准脱贫的"先行官"和"加速器"。①

（二）水利设施提升

湖南民族地区水系发达，河湖纵横，一直以来，各州县都十分重视水利设施的建设与维护。民族地区通过整治堤防，极大地提高了防洪防旱整体能力。各州县对病险水库水闸进行除险加固，改造堤防，建立防洪保护圈、建设抗旱应急水源，开展坡耕地治理等一大批防洪、供水、灌溉、生态工程。目前，各民族县城防洪标准已达二十年一遇，民族乡防洪标准达到十年一遇。

民族地区还积极落实河长制，完善河流治理的相关机制。民族地区严格执行河长制，全面构建以党政领导负责制为核心的责任体系和镇、村（社区）两级河长组织体系。湘西州全州的 799 条河流、687 座水库实现河长全覆盖，与此同时，全面取缔河流和水库网箱养殖，拆除网箱 3 万多口，水域环境得到根本改善。②

（三）能源与信息网络建立

在脱贫摘帽的过程中，民族地区也逐渐对当地的能源与信息基础设

---

① 湘西土家族苗族自治州人民政府：《湘西概况：破解交通瓶颈》，http://www.xxz.gov.cn/zjxx/kfcxzz/pjjtpj/，最后访问日期：2023 年 8 月 20 日。

② 《2021 年湘西土家族苗族自治州人民政府工作报告》，http://www.xxz.gov.cn/zzf/zfgzbg/202107/t20210707_1805878.html，最后访问日期：2023 年 8 月 22 日。

施进行了改善。通过积极推进"三覆盖一提升"①农网改造升级工程，扩建或改造变电站，民族地区逐渐形成以 220 千伏为骨干、110 千伏全覆盖、35 千伏为补充的电网体系，农网改造基本完成，供电能力和供电可靠性大幅提升，居民生活和生产用电得到切实保障。

随着"气化湖南"工程的推进，民族地区已基本实现天然气县县通，能源结构进一步改善。同时，民族地区不断推进沼气、太阳能等清洁能源的建设，农村能源服务体系初步建立并不断完善。如湘西黑塘村利用气候和环境优势，发展葡萄产业，引进能源智慧管控系统，在降低人工成本的同时，节约了电、水、肥资源，把能源服务平台使用范围从城镇第二、三产业向广大农村地区第一产业扩展。

民族地区的网络条件也在不断改善。民族地区在尚无 4G 基站的行政村开展补盲建设，并引导通信企业加大面向民族贫困地区和贫困群众的优惠力度，满足群众多样化多层次的文化信息需求。目前，民族地区已经实现 4G 网络全覆盖，5G 基站正加快布局建设，数字乡村建设取得明显成效，乡村振兴内生动力被进一步激发。

四 城乡发展同频共振，区域面貌焕然一新

民族地区通过统筹推进城乡一体发展，着力建设"四宜"②城镇和美丽乡村，使当地的物质面貌与精神文化面貌都焕然一新。

（一）生态环境治理初见成效

民族地区稳步推进生态保护和修复工作，在坚决打赢精准脱贫攻坚战的同时，坚决打好污染防治攻坚战。

首先是对工业污染进行集中整治，使一大批露天矿山、河道垃圾、城镇黑臭水体、园区污水等得到整治，重污染企业基本完成搬迁改造。

其次是加强河湖管理。为筑牢湖南"一湖三山四水"③的生态保护屏障，民族地区把尊重自然、顺应自然、保护自然的理念贯穿到江河湖

---

① "三覆盖一提升"：小城镇中心村、贫困村、电网未改造村电网改造全覆盖，全面提升全省农村电网整体水平。
② "四宜"：宜业、宜居、宜乐、宜游。
③ "一湖三山四水"："一湖"即洞庭湖；"三山"指武陵—雪峰山、南岭山区、罗霄—幕阜山区；"四水"指湘江、资江、沅江、澧水。

库管理保护与开发利用全过程。通过系统治理，强化规划约束，确保社会经济发展与水资源、水生态、水环境承载能力相协调。通过促进江河湖库休养生息，维护江河湖库生态功能，努力实现民族地区人与自然、人与水的和谐相处。

最后是森林保护卓有成效。目前，民族地区森林覆盖率超过55%，其中15个州县覆盖率超过70%。[1] 其中，湘西州为国家森林城市，被国家林草局誉为全国绿色发展的典范城市。城步苗族自治县内的湖南南山国家公园，是中国首批、湖南省首个国家公园体制试点区，建设有高山森林沼泽湿地生态系统和水域生态系统保护工程等生态项目。

（二）人居环境显著提升

民族地区把农村人居环境整治工作与坚决打好脱贫攻坚战、实施乡村振兴战略结合起来，全面推进农村人居环境整治，建设美丽宜居乡村。通过开展农村厕所革命、农村"空心房"整治，推进农村清爽工程，建设垃圾中转站，改造农村危房与农贸市场，整治马路市场等一系列措施，民族地区农村人居环境得到整体改善。如从2018年到2020年，湘西州完成改厕18万口，全州51万农户完成30.2万口，卫生厕所普及率由2017年的45.34%增加到51%。新建（改造）乡镇公厕148座；2021年新建农村公厕57座。湘西全州省级美丽乡村示范授牌村达到40个，已有172个村成功入选中国传统村落名录，成功申报成为国家支持的10个传统村落集中连片保护利用示范市（州）之一，村寨绿化率达到36.39%，创建州级"秀美村庄"600个，全州村庄绿化覆盖率达到30%以上，70%以上的村庄达到绿色村庄标准。[2]

与此同时，民族地区城镇品质也在加快提升。城市综合体、城市公园、城市广场等休闲娱乐场所得以改造提质；城区污水、生活垃圾无害化处理基本实现全覆盖；地下综合管廊、路网、停车位、公厕、海绵城市等基础设施及配套设施进一步完善；老旧小区改造、棚户区改造、保障性住房建设等也在持续加快推进。民族地区城镇人口显著增长，基本

---

[1] 数据来源：湖南24个民族县（市区）的《国民经济与社会发展统计公报》（2018—2020）。

[2] 《州农业农村局对州政协十二届六次会议第48号提案的答复》，http://jyta.xxz.gov.cn/zhengxieweiyuantian/10885.html，最后访问日期：2023年10月20日。

建成具有民族特色、山区特征、时代特点的新型城镇体系。

(三) 精神文化风貌焕然一新

随着城乡一体化的推进,民族地区的物理面貌得到改善。同时,随着文化设施的完善、文化活动的开展以及文化遗产的传承,当地的精神面貌也焕然一新。一大批文化活动室、文化广场、图书室、戏台等设施落户民族地区,广播电视也基本实现村村通,百姓大舞台等活动持续开展,民族地区人民的休闲娱乐有了更多选择,文化生活更加丰富,文化氛围有了显著改善。

在脱贫攻坚的过程中,民族地区充分利用本土文化资源,加强古城、古镇、古村落、古民居的科学保护与利用,加强非物质文化遗产和非遗技艺的传承,申报创建了一批中国传统村落、中国少数民族特色村寨以及美丽乡村精品村。通过这些举措,民族地区不仅留住了历史文脉、保持了民族特色,也进一步提升了民族地区人民的文化自信。

民族地区的乡风文明也有所改善。通过开展文明家庭、清洁家庭等评比活动,营造人人参与的良好氛围,使清洁文明观念深入人心。通过创新乡村环境治理的体制机制,如成立村环境卫生理事会、居民参与制定村规民约等,把清洁家庭创建与乡风文明建设有机结合起来,激发广大居民参与卫生环境治理的自发性和自觉性,促进文明风尚的养成,营造崇德向善的新风尚,增强人民的幸福感和获得感。

五 民生事业全力推进,民生福祉全面改善

在脱贫攻坚的过程中,民族地区全力推进民生事业建设,社会福利保障体系基本建立,人民生活幸福指数不断攀升。

(一) 社会保障全面加强

"社会保障兜底一批"是脱贫攻坚"五个一批"[①]的重要组成,民族地区不断提高用于民生保障的财政支出,城乡居民基本医疗保险财政补助、优抚、基本养老金等标准不断提高。在湘西州,城、乡低保标准

---

① 脱贫攻坚"五个一批":发展生产脱贫一批、易地搬迁脱贫一批、生态补偿脱贫一批、发展教育脱贫一批、社会保障兜底一批。

分别由 2015 年的 330 元/月、2640 元/年提高到 2020 年的 580 元/月、4200 元/年。① 民族地区多举措综合保障农村贫困人口看病就医，不断加大健康扶贫财政投入，"三提高、两补贴、一减免、一兜底"② 等多重保障措施全面落实，防止农村贫困人口因病返贫、因病致贫现象的发生。

民族地区积极推进公租房建设，实施棚户区、老旧小区改造，为中低收入城镇居民提供安全宜居的住房。通过提质改造敬老院，新建未成年人保护中心，为特殊群体提供住房保障。此外，民族地区也通过加强临时救助、残疾人补贴、退役军人服务补贴等措施，通过启动社会救助和实施保障标准与物价上涨挂钩联动机制，使当地困难群众的基本生活得到有力保障。

（二）稳定就业取得成效

民族地区坚持促进就业与脱贫攻坚协调推进，突出脱贫攻坚总旋律，锚定就业脱贫总目标。湘西州是国务院开展劳务协作脱贫的试点地区，在脱贫攻坚的过程中探索出具有湘西特色的就业脱贫经验。自 2016 年至 2020 年，湘西州新增农村劳动力转移就业 14.06 万人，新增贫困劳动力转移就业 6.42 万人，城镇新增就业 11.92 万人，失业人员再就业 5.54 万人，就业困难人员再就业 5.54 万人。③

在稳定就业的过程中，就业方面的"五个一批"措施取得明显成效。第一，劳务协作转移就业一批。通过深入推进劳务协作，积极拓宽劳务输出渠道，建立省外、省内、州内和县内四级沟通协调对接机制，有组织地向长三角、珠三角和长株潭等地区转移建档立卡贫困劳动力。第二，创新创业带动就业一批。如湘西州 12 个创新创业孵化基地全面

---

① 《2021 年湘西土家族苗族自治州人民政府工作报告》，http://www.xxz.gov.cn/zzf/zfgzbg/202107/t20210707_1805878.html，最后访问日期：2023 年 8 月 22 日。

② "三提高、两补贴、一减免、一兜底"："三提高"指提高基本医疗保障水平、提高大病保险保障水平、提高救助标准；"两补贴"指对农村贫困人口参加城乡居民医保，其保费由县财政补贴，开展"扶贫特惠保"；"一减免"是指患 9 种大病者实际医疗费用，经由基本医疗保险等各类保险以及医疗救助基金等渠道支付后，个人自负部分由定点医院给予 50% 的减免；"一兜底"是指农村贫困人口通过基本医保、大病保险、医疗救助、商业保险赔付等综合补偿及定点医院减免后，剩余合规自负医药费个人支付仍有困难的，实行政府兜底保障，减轻或免除个人负担。

③ 杨继东、龙兴昌：《拓宽就业路 敲开幸福门——5 年来全州就业工作聚焦》，《团结报》2021 年 9 月 24 日第 12 版。

扩容提质，其中武陵山片区湘西创新创业孵化基地被人社部确定为国家级创业孵化基地，直接带动就业5000多人。第三，打造扶贫车间吸纳一批。湘西州还将就业扶贫车间建设作为促进贫困劳动力就近就地就业的重要方式，帮助贫困劳动力与企业实现"点对点"对接。第四，发展文创产业带动一批。湘西州通过发展文创产业，支持惹巴妹、山谷居民、七绣坊等本土优秀文创企业，吸纳就业2万多人，其中妇女1.9万人，建档立卡劳动力1.1万人，探索出湘西妇女居家就业增收的新路子。第五，开发公岗就地安置一批。统筹开发人社扶贫农村公益性岗位，优先聘用就业困难的贫困劳动力，保障了困难群体的基本生活。[1]

（三）社会事业稳步推进

湖南民族地区按质按量完成省定民生任务，办成一大批群众直接受益的民生实事。首先是教育事业的推进。民族地区坚持教育优先发展，办学条件显著改善，教育质量不断提升。其中，湘西州教育投入占GDP的比重稳定在8%左右，8县市全部通过国家义务教育基本均衡督导评估。[2] 乡村小规模学校、农村寄宿制学校、中等职业院校等一批建设项目落地民族地区，不同层次教育体系初步完成，保障了民族地区人民多元化的教育需求，顺应了人才差异化的培养趋势。与此同时，随着多媒体教学的全面普及，网络联校"互动课堂"实现基本覆盖，其中，新晃"云课堂"教学经验还被央视新闻联播等多家中央、省市媒体报道，充分展现了新技术对民族地区教育的促进作用。

其次是卫生事业在不断发展。民族地区积极探索综合医疗改革新路径，整合医疗资源，建立医共体，组建公立医疗集团。2017年，湘西州泸溪县人民医院医疗命运共同体医院在兴隆场镇中心卫生院正式揭牌成立，成为湖南省首个医疗命运共同体单位；2018年，湘西州人民政府又与中国医药集团签署了战略合作，双方将在医疗、养老、养生等健康领域开展全方位的合作，共同推动湘西州医疗卫生事业和中医药产业持续健康发展。除湘西州，2021年，通道县公立医疗集团揭牌成立，为当地

---

[1] 湘西州人力资源和社会保障局：《湘西州："五个一批"助推就业扶贫》，http://rst.hunan.gov.cn/rst/rst042/201909/t20190902_10074343.html，最后访问日期：2023年10月20日。

[2] 《2021年湘西土家族苗族自治州人民政府工作报告》，http://www.xxz.gov.cn/zzf/zfgzbg/202107/t20210707_1805878.html，最后访问日期：2023年8月22日。

医疗资源的合理配置以及优质医疗资源的下沉提供了保障。此外，民族地区村卫生室标准化建设基本完成，乡镇卫生院基本实现两名全科医生覆盖。通过这些改革，民族地区重大疫情防控和公共卫生应急管理体系得以强化，基本实现了小病不出乡、大病不出县，一定程度上缓解了看病难、看病贵问题。

最后是文化体育事业也在发展。民族地区公共文化服务体系建设得到加强，精神文明建设不断深入，公民思想道德水平全面提升。与此同时，民族地区体育设施基本覆盖城乡社区，全民健身意识明显增强，民族地区人民参加体育锻炼的频率有所提高。社会事业的推进，提升了民族地区人民生活的幸福度，也激励着民族地区人民在可持续发展的道路上不断前行。

第四章　湖南民族地区可持续发展的现状评估

民族地区的可持续发展是一个由经济子系统、社会子系统、人口子系统、资源子系统和环境子系统构成的复杂系统，其功能并不是各要素的简单总和，各个子系统之间相互依存、相互影响、相互联系、相互作用，通过一个或多个变量相互作用，形成具有特定功能的有机整体。因此，民族地区可持续发展的实质就是各个子系统的协同发展，通过构建可持续发展的指标并进行测量能够评估民族地区当前的发展是否具有可持续性。

第一节　方法与数据来源

可持续发展是全人类共同追求和探索的一种社会经济发展模式。国内外研究机构和学者针对如何评价国家和区域可持续发展水平形成了不同看法，从20世纪末以静态的、定性的评估方法为主，逐渐发展到21世纪以定量研究方法为基础的多种评价方式。总体而言，可持续发展的评估方法可分为动态模型法、综合评价法两大类。动态模型法主要是通过系统分析寻找出事物发展的因果关系与相互作用，在明确因果关系的基础上建立数学模型，然后通过计算机模拟预测系统的各种行为。例如"GIS与遥感"[①]、STIRPAT模型[②]、一般

[①] 苏文亮、李文龙、朱亚莉、蔡栋、余翠、许静、魏巍：《基于能值生态足迹模型的青海地区可持续发展评估》，《草业科学》2019年第5期。

[②] 王德录、高标：《区域生态足迹与经济增长演进关系及其社会经济动因》，《水土保持研究》2016年第5期。

均衡模型①、灰色系统关联②、人工神经网络法③等方法均基于这一基本原理。综合评价法是运用多个指标对多个参评单位进行评价的方法，其基本思想是将多个指标转化为一个能够反映综合情况的指标来进行评价。常见的综合评价法包括模糊综合评判法（FSE）④、脆弱性评价方法⑤、数据包络分析法（DEA）⑥、指标评价法⑦、综合指数评价法等。其中，层次分析法（AHP）作为模糊综合评价的一种具体方法，由于可操性强、综合度高，在人文社科领域得到较快发展。本书也采用层次分析法对湖南民族地区可持续发展现状进行评价，邀请多位专家对指标进行打分，进而构建判别矩阵，使得各个指标的权重在主观基础上得以量化。参与评分的专家包括乡村治理、社区治理、城乡建设、旅游规划等方面的学者以及相关政府部门代表。

一　指标体系的构建

（一）构建的基本原则

评价民族地区可持续发展的指标体系的设计，需要以区域可持续发展相关理论为指导，遵循指标体系设计的基本原则，具体包括以下六点。

1. 理论性原则

指标体系的设计，应紧密围绕民族地区可持续发展问题的核心——在保证经济效益、生活质量、人口发展和文化传承的前提下，使能源和自然资源的消耗以及污染最小化，使之既能满足民族地区当前的现实需

---

① 孔昊、彭本荣、刘容子、张平：《气候变化对中国海洋经济可持续发展的影响》，《海洋环境科学》2018年第1期。

② 陈作志、林昭进、邱永松：《广东省渔业资源可持续利用评价》，《应用生态学报》2010年第1期。

③ 李双成：《中国可持续发展水平区域差异的人工神经网络判定》，《经济地理》2001年第5期。

④ 纪崑、曾五一：《多目标多层次模糊优选综合评价法的应用研究——区域可持续发展评价问题》，《山西财经大学学报》2006年第5期。

⑤ 李鹤、张平宇、程叶青：《脆弱性的概念及其评价方法》，《地理科学进展》2008年第2期。

⑥ 张建清、张岚、王嵩、范斐：《基于DPSIR-DEA模型的区域可持续发展效率测度及分析》，《中国人口·资源与环境》2017年第11期。

⑦ J. Wu, et al., "Sustainability Indicators and Indicts", *Handbook of Sustainable Management*, Vol. 3, 2011, pp. 65-86.

要，又能满足未来可持续发展的需要。

2. 系统性原则

与民族地区可持续发展系统相对应，指标体系的设计，应使所选用的指标形成一个具有层次性和内在联系的指标系统，它可以分为若干个小系统，小系统又可分解为若干个子系统。指标体系应分出层次，并在此基础上将指标分类，这样才会使指标体系结构清晰，便于使用。不能缺失反映民族地区可持续发展系统的某一个方面的指标，也不能存在游离于系统之外的独立的指标。

3. 科学性原则

指标体系的设计，需紧密结合湖南民族地区的现实情况。指标体系设计中，指标的选择、权重的确定、数据的标准化处理、输入与输出指标的综合生成等，需以科学的理论为依据。

4. 可比性原则

指标体系设计中，需使选用的各个指标在不同民族地区、不同年份之间具有可比性，使得指标体系既可应用于同一时期不同民族地区可持续发展状态的比较评价，也可应用于同一地区不同时期可持续发展状态的比较评价。

5. 代表性原则

指标体系设计中，指标的选择需具有代表性。民族地区可持续发展系统是一个包括多个方面、涉及众多因素的复杂系统，不可能也没必要将涉及的所有因素都作为指标放入指标体系中，选入指标体系的指标应能很好地代表其他因素。

6. 可操作性原则

指标体系的设计，需充分考虑指标数据的可得性、数据标准化处理的难易程度，考虑应用指标体系进行民族地区可持续发展评价的可操作性，做到复杂性和简易性的统一。

（二）指标体系的确立

在借鉴已有研究的基础上，结合湖南民族地区发展现状来构建可持续发展指标体系。综合评价指标体系包括四个层面，分别为目标层、系统层、准则层和指标层。目标层刻画湖南民族地区可持续发展这一总目标。系统层涵盖经济、社会、资源、人口和生态五个子系统，具体指标如下。

经济子系统涉及经济总量、经济结构和经济效益三个方面。其中，经济总量用地区生产总值（GDP）、社会消费品零售总额、引进境内省外资金、固定资产投资总额4个指标来衡量；经济结构可以通过三次产业占GDP比重来反映；经济效益通过地区生产总值增速、人均地区生产总值、农林牧渔增加值、工业增加值和旅游总收入指标进行衡量。其中，第一产业占GDP比重为负向指标。

社会子系统以生活质量、社会保障和社会治理为准则取向。生活质量层面的评价指标包括城乡居民人均可支配收入、城乡居民人均消费性支出和恩格尔系数；社会保障层面选取每万人口拥有执业（助理）医师数、每万人口拥有医疗机构床位数、城乡居民基本医疗保险人数、城乡居民基本养老保险人数、城市居民最低生活保障人数和农村居民最低生活保障人数等指标；社会治理层面涉及的指标有居民消费价格指数（CPI）、年末城镇登记失业率、刑事案件犯罪率和各类生产经营性安全事故发生率。其中，恩格尔系数、居民消费价格指数、年末城镇登记失业率、刑事案件犯罪率和各类生产经营性安全事故发生率为负向指标。

资源子系统包括自然资源、文化资源和资源利用。自然资源由人均耕地面积、森林覆盖率、人均森林蓄积量和全年平均降水量等指标体现；文化资源选取文化遗产保护名录数量这一指标来衡量；资源利用可以分为人均全年用水量、人均全年用电量、粮食单产和万元GDP能耗变动率等指标。人均全年用水量、人均全年用电量和万元GDP能耗变动率三项指标为负向指标。

人口子系统涉及人口规模、人口结构和人口素质三项基本准则。人口规模通过常住人口总数和从业人员数来反映；人口结构体现为老龄化程度和城镇化率两方面的内容；人口素质主要由九年义务教育完成率、高中毛入学率、人均受教育年限和受教育程度等指标来衡量。其中，老龄化程度为负向指标。

生态子系统涵盖了生态人居和生态治理两方面的内涵。生态人居包括城镇人均绿地面积、每万户移动电话用户数、每万户互联网宽带接入用户数和人均公路总里程等指标；生态治理通过空气优良率、饮用水源水质达标率、城镇污水处理率和城镇生活垃圾无害化处理率等指标来衡量。上述指标均为正向指标。

指标体系及其具体内容如表4-1所示。

表 4-1　　　　　　　湖南民族地区可持续发展指标体系

系统层	准则层	指标层	指标方向
经济子系统	经济总量	地区生产总值（万元）	+
		社会消费品零售总额（万元）	+
		引进境内省外资金（万元）	+
		固定资产投资总额（万元）	+
	经济结构	第一产业占 GDP 比重（%）	−
		第二产业占 GDP 比重（%）	+
		第三产业占 GDP 比重（%）	+
	经济效益	地区生产总值增速（%）	+
		人均地区生产总值（元）	+
		农林牧渔增加值（万元）	+
		工业增加值（万元）	+
		旅游总收入（万元）	+
社会子系统	生活质量	城乡居民人均可支配收入（元）	+
		城乡居民人均消费性支出（元）	+
		恩格尔系数（%）	−
	社会保障	每万人口拥有执业（助理）医师数（人）	+
		每万人口拥有医疗机构床位数（张）	+
		城乡居民基本医疗保险人数（人）	+
		城乡居民基本养老保险人数（人）	+
		城市居民最低生活保障人数（人）	+
		农村居民最低生活保障人数（人）	+
	社会治理	居民消费价格指数（CPI）	−
		年末城镇登记失业率（%）	−
		刑事案件犯罪率（%）	−
		各类生产经营性安全事故发生率（%）	−
资源子系统	自然资源	人均耕地面积（亩）	+
		森林覆盖率（%）	+
		人均森林蓄积量（m³）	+
		全年平均降水量（mm）	+
	文化资源	文化遗产保护名录数量（个）	+

续表

系统层	准则层	指标层	指标方向
资源子系统	资源利用	人均全年用水量（m³）	−
		人均全年用电量（kW·h）	−
		粮食单产（kg/亩）	+
		万元GDP能耗变动率（%）	−
人口子系统	人口规模	常住人口总数（人）	+
		从业人员数（人）	+
	人口结构	老龄化程度（%）	−
		城镇化率（%）	+
	人口素质	九年义务教育完成率（%）	+
		高中毛入学率（%）	+
		人均受教育年限（年）	+
		受教育程度	+
生态子系统	生态人居	城镇人均绿地面积（m²）	+
		每万户移动电话用户数（户）	+
		每万户互联网宽带接入用户数（户）	+
		人均公路总里程（m）	+
	生态治理	空气优良率（%）	+
		饮用水源水质达标率（%）	+
		城镇污水处理率（%）	+
		城镇生活垃圾无害化处理率（%）	+

二 指标权重的计算

（一）数据标准化

为消除指标量纲对评价结果造成的误差，通过式（4-1）、式（4-2）分别对原始数据中的正向指标和负向指标进行无量纲化处理：

$$X_{ij} = (x_{ij} - \min x_{ij}) / (\max x_{ij} - \min x_{ij}) \quad (4-1)$$

$$X_{ij} = (\max x_{ij} - x_{ij}) / (\max x_{ij} - \min x_{ij}) \quad (4-2)$$

其中，X_{ij}表示经过标准化处理后的数据，x_{ij}表示i地区第j项指标的原始数据，$\max x_{ij}$表示研究样本中的最大值，$\min x_{ij}$表示研究样本中的最小值。

（二）构造判断矩阵

以每个非指标层元素为准则，让决策者将准则层的所有下层元素进行两两相对重要性比较，并用1—9级比率标度（见表4-2）对比较结果予以赋值，构建出层次判断矩阵。

表4-2　　　　　　　　1—9级比率标度方法表

分值	定义
1	i 因素与 j 因素同样重要
3	i 因素稍微重要于 j 因素
5	i 因素明显重要于 j 因素
7	i 因素强烈重要于 j 因素
9	i 因素极端重要于 j 因素
2、4、6、8	i 与 j 两因素重要性比较结果处于以上结果的中间
倒数	j 与 i 两因素重要性比较结果是 i 与 j 两因素重要性比较

（三）指标权重的计算

基于层次判断矩阵计算层次单排序权重。对矩阵每个行元素进行求和，再求其几何平均值 $\overline{w}_i$：

$$\overline{w}_i = \sqrt[n]{\prod_{j=1}^{n} x_{ij}} \tag{4-3}$$

运用归一化方法对 wi 进行计算：

$$w_i = \frac{\overline{w}_i}{\sum_{i=1}^{n} \overline{w}_i} \tag{4-4}$$

计算判断矩阵的最大特征值 λ_{max}：

$$\lambda_{max} = \sum_{i=1}^{n} \frac{(X\omega)_i}{n\omega_i} \tag{4-5}$$

$(X\omega)_i$ 为向量 $X\omega$ 的第 i 个元素。

（四）一致性检验

计算出 λ_{max} 后，可以计算 CI，进行一致性检验，公式如下：

$$CI = \frac{\lambda_{max} - n}{n - 1} \tag{4-6}$$

（五）计算相对一致性指标

在上述赋值中，n 是判断矩阵的阶数，根据表4-3可以查出相应的随机一致性指标 RI，再计算比值 RI/CI，若 $RI/CI<1.0$，则说明判断矩阵满足了一致性要求。若结果大于0，则返回上一步骤，重新进行判断，通过上述计算公式和过程，得出新的判断矩阵。

表4-3　　　　　　　　　随机一致性指标

n	1	2	3	4	5	6	7	8	9	10	11	12	13	14
RI	0	0	0.58	0.90	1.12	1.24	1.32	1.41	1.45	1.49	1.51	1.54	1.56	1.58

三　评价模型的构建

（一）评价等级的划分

参考已有研究对可持续发展阶段的划分标准，[①] 可将其分为可持续发展前期阶段、可持续发展初期阶段、基本可持续发展阶段以及实现可持续发展阶段四个阶段。邀请多位相关领域专家对目前湖南民族地区经济、社会、资源、人口和生态五个子系统的可持续发展状态进行评价判断，整理如表4-4所示。

表4-4　　　　　湖南民族地区可持续发展专家评价

评价因素	可持续发展前期阶段	可持续发展初期阶段	基本可持续发展阶段	实现可持续发展阶段
经济子系统	1	7	9	3
社会子系统	2	7	8	3
资源子系统	2	6	8	4
人口子系统	3	9	6	2
生态子系统	1	4	8	7

（二）模糊积分法的模型

运用模糊积分法对湖南民族地区可持续发展现状进行评价，依据前

[①] 谷秀兰、张玉靖、龙方：《河南省乡村旅游可持续发展阶段研究》，《安徽农学通报》（上半月刊）2012年第1期。

文权重计算方法，构造权重矩阵 A，对表 4-4 中的数值进行无量纲化处理后得到矩阵 B，利用式（4-7）计算可以得出矩阵 C，对矩阵 C 进行归一化处理得到矩阵 C′。对可持续发展的 4 个阶段分别赋值为 0.05、0.35、0.65、0.95，由此构建可持续发展阶段矩阵 D =（0.05　0.35　0.65　0.95）。通过对矩阵 C′和矩阵 D 的转置矩阵相乘，得出评分 R。

$$A = (a_{ij})_{m \times s},\ B = (b_{ij})_{s \times n}$$

$$C = A \times B = (c_{ij})_{mn},\ 其中，c_{ij} = \max\{(a_{ik} \wedge b_{kj}) \mid 1 \leq k \leq s\} \quad (4-7)$$

$$C' = (b'_1, b'_2, \cdots, b'_n),\ 其中，b'_i = \frac{b_i}{\sum_{i=1}^{m} b_i} \quad (4-8)$$

四　数据来源

数据来源于湖南省 24 个民族县（市区）《2020 年国民经济与社会发展统计公报》，人口系统中部分数据来源于各民族县（市区）《第七次全国人口普查公报》。

第二节　结果与分析

一　指标权重的结果分析

邀请 20 位专家对表 4-1 中的 5 个子系统及 14 项准则进行打分，并利用 SPSSAU 软件对各判断矩阵进行一致性检验，结果均显示 CR<0.1，表明通过一致性检验，权重合理。通过 Excel 计算出综合权重值，详见表 4-5。

表 4-5　　　　湖南民族地区可持续发展评价指标权重

目标层	系统层	准则层		综合权重
湖南民族地区可持续发展评价	经济子系统（16%）	经济总量	41.67%	6.67%
		经济结构	25.00%	4.00%
		经济效益	33.33%	5.33%

续表

目标层	系统层	准则层		综合权重
湖南民族地区可持续发展评价	社会子系统（16%）	生活质量	42.86%	6.86%
		社会保障	35.71%	5.71%
		社会治理	21.43%	3.43%
	资源子系统（28%）	自然资源	42.86%	12.00%
		文化资源	33.33%	9.33%
		资源利用	23.81%	6.67%
	人口子系统（8%）	人口规模	46.67%	3.73%
		人口结构	33.33%	2.67%
		人口素质	20.00%	1.60%
	生态子系统（32%）	生态人居	61.54%	19.69%
		生态治理	38.46%	12.31%

从系统层的五个方面来看，生态子系统和资源子系统的权重值较高，分别为32%和28%。这表明，近年来湖南民族地区在生态建设和资源开发与保护工作上卓有成效。与之相反，经济子系统（16%）和社会子系统（16%）的权重值相对较低。人口子系统（8%）的权重值最低，揭示当前湖南民族地区在经济和社会发展水平上与可持续发展的要求仍有差距，人口制约尤其是人口素质提升的不足和老龄化问题可能是阻碍民族地区可持续发展的重要因素。

从经济子系统来看，经济总量和经济效益的权重值较高，分别为6.67%和5.33%，但是经济结构的权重值只占到4.00%。这说明湖南民族地区近年来的经济发展水平有所提升，国家和湖南省加大了对民族地区特别是乡村建设的政策扶持力度，培育出一大批具有本土特色的产业，实现了较好收益。但是，产业链不完善、品牌建设滞后等问题同样存在，需要优化产业结构，向产业价值链高端迈进。

从社会子系统来看，生活质量的权重值较高，为6.86%，其次是社会保障，权重值达到5.71%。湖南民族地区居民生活水平的上升可能在一定程度上得益于我国脱贫攻坚工作的开展，偏远落后、禀赋不足地区的人民直接受惠于国家政策的支持，摆脱了绝对贫困的局面。然而，社会治理的权重值只有3.43%。社会治理水平同样会影响一个地区居民的生活状况，良好的社会秩序是实现可持续发展的重要基础。

从资源子系统来看，自然资源的权重值较高，其次是文化资源，分别为12.00%、9.33%，但是资源利用的权重值相对较低，为6.67%。湖南民族地区水资源、矿产资源、植被资源比较丰厚，自然资源优势显著。同时，湖南长久以来形成了独特的湖湘文化和浓厚的历史底蕴，同时也酝酿出了多元独特的民族特色文化，例如湘西文化。如何发挥资源优势、利用好资源深刻影响着可持续发展的水平和进程，因此需要提升资源利用效能。

从人口子系统来看，各项准则的权重值均相对较低，其中人口规模和人口结构的权重值分别为3.73%和2.67%，人口素质的权重值仅为1.60%。这反映出，湖南民族地区也呈现出一定的老龄化趋势，除了低生育意愿，在民族农村地区和经济薄弱地区，农村青壮年劳动力外流、留守老人增多也对人口结构造成了负面影响。与此同时，学历层次偏低、人口素质相对较低也是突出问题，湖南民族地区需要完善教育扶持政策，提升当地人口的教育水平。

从生态子系统看，生态人居和生态治理均具有较高权重值，分别为19.69%和12.31%。这说明，近年来湖南民族地区生态系统逐步得到优化，人居环境和自然环境均实现了提质。特别是乡村振兴战略实施以来，民族农村地区通过厕所革命、村居硬件的改造，改善了居住环境，而对矿产开采等活动的限制则延缓了生态恶化的步伐。

二 综合评价

本书从经济子系统、社会子系统、资源子系统、人口子系统和生态子系统五个方面来评价可持续发展，五个子系统权重分别为0.16、0.16、0.28、0.08和0.32，构建权重矩阵 $A=(0.16\ 0.16\ 0.28\ 0.08\ 0.32)$。根据表4-4湖南民族地区可持续发展专家评价结果及上述模糊积分模型，可计算得到湖南民族地区可持续发展的综合得分为0.5519。

$$A = (0.16\ 0.16\ 0.28\ 0.08\ 0.32)$$

$$B = \begin{bmatrix} 0.05 & 0.35 & 0.45 & 0.15 \\ 0.1 & 0.35 & 0.4 & 0.15 \\ 0.1 & 0.3 & 0.4 & 0.2 \\ 0.15 & 0.45 & 0.3 & 0.1 \\ 0.05 & 0.2 & 0.4 & 0.35 \end{bmatrix}$$

$$C = A \times B = (0.1 \quad 0.28 \quad 0.32 \quad 0.32)$$

$$R = (0.098 \quad 0.275 \quad 0.314 \quad 0.314) \begin{pmatrix} 0.05 \\ 0.35 \\ 0.65 \\ 0.95 \end{pmatrix} = 0.603 \quad (4-9)$$

在综合评价中，综合得分范围在［0，1］区间，可持续发展四个阶段区间可等距离划分为［0，可持续发展前期阶段0.25）、［0.25，可持续发展初期阶段0.5）、［0.5，基本可持续发展阶段0.75）、［0.75，实现可持续发展阶段1］。湖南民族地区可持续发展评价的综合得分为0.603，说明当前湖南民族地区处于基本可持续发展阶段，与实现可持续发展还有一定差距，应当合理配置区域内的各种资源要素，以最少的资源成本获得最大的福利总量，最终促进民族地区可持续协调发展。

三　分地区评价

从表4-6湖南省内各民族地区可持续发展评价的综合得分来看，吉首市（5.88%）、永定区（5.86%）、会同县（5.43%）、江华县（5.08%）、武陵源区（5.02%）的可持续发展水平最高，其余地区在可持续发展的各个方面均存在明显短板，提升空间很大。其中，江永县（2.92%）、泸溪县（3.15%）、永顺县（3.20%）、凤凰县（3.22%）、花垣县（3.34%）、麻阳县（3.38%）等地评分偏低，无论在经济子系统、社会子系统、资源子系统、人口子系统还是在生态子系统上，都需要积极解决其中存在的问题，促进地区建设的可持续发展。

从经济子系统单项指标排名来看，在经济总量上，石门县、永定区、吉首市、慈利县、沅陵县评分较高，经济发展水平相对较高，而古丈县、通道县、城步县、武陵源区等地则需要进一步释放经济活力；在经济结构上，江永县、江华县、沅陵县等地区的第三产业发展不足，而武陵源区、永定区、桑植县、会同县、凤凰县、吉首市、慈利县等地的第三产业的经济拉动作用则更为明显，这可能与当地的旅游资源丰富有关；在经济效益上，花垣县、通道县、石门县等地实现了较高的经济增速，武陵源区等地则表现出经济增长步伐的放缓。

从社会子系统单项指标排名来看，在生活质量上，吉首市、武陵源区、永定区、石门县等地居民的生活水平相对较高，但是古丈县、永顺县、桑植县、城步县、新晃县、麻阳县、通道县则需要进一步提升民生福祉水平；在社会保障上，古丈县、麻阳县、会同县在医疗卫生等方面的保障力度需要提升，而吉首市、花垣县、凤凰县、石门县则具有更高的社会保障水平；在社会治理上，古丈县、通道县、龙山县、永顺县、吉首市、花垣县等大多数地区都需要着力提升治理能力和水平。

从资源子系统单项指标排名来看，武陵源区、城步县、龙山县、永定区、桑植县等地区的自然资源和文化资源评分相对较高，发展禀赋更好，新晃县、江永县、麻阳县则需要积极解决资源困境，寻找自身发展特色；在资源利用上，绥宁县、芷江县、通道县、会同县、靖州县相对发挥了自身资源优势，而古丈县需要重点挖掘自身资源优势，合理利用资源。

从人口子系统单项指标排名来看，慈利县、石门县、永定区、沅陵县、龙山县等地的常住人口规模较大，古丈县、武陵源区则规模较小；在人口结构上，不同地区均存在程度各异的老龄化趋势，其中石门县、慈利县、芷江县、沅陵县、桑植县的老龄化程度处于较高水平；在人口素质上，武陵源区、永定区、吉首市等地人口受教育程度相对较高，但大部分地区需要提高当地人口文化知识技能水平，教育方面的问题是各民族地区可持续发展进程中的通病。

从生态子系统单项指标排名来看，在生态人居上，古丈县和会同县的人居生态相对更为理想，沅陵县、江永县、绥宁县、武陵源区、靖州县、花垣县等地则需要进一步优化人居生态环境；在生态治理上，各地区均做出不同程度的努力，尤其是新晃县、芷江县、绥宁县、石门县等地，在城镇污水治理等工作中取得明显成就，城步县、凤凰县、永顺县等地则需要进一步提升城乡生态环境治理能力和水平。

表4-6 湖南省各民族地区可持续发展评价综合得分 （单位：%）

地区\指标	龙山县	永顺县	保靖县	花垣县	古丈县	凤凰县	泸溪县	吉首市	通道县	新晃县	芷江县	靖州县	麻阳县	会同县	沅陵县	城步县	绥宁县	江华县	江永县	石门县	慈利县	桑植县	永定区	武陵源区
经济总量	3.17	3.17	3.17	3.17	1.59	3.17	3.17	7.93	1.59	3.17	3.17	3.17	3.17	3.17	6.34	1.59	3.17	4.70	3.59	14.03	6.34	3.17	9.51	1.59
经济结构	4.00	4.00	2.67	4.00	2.67	6.67	2.67	5.33	4.00	4.00	2.67	2.67	2.67	6.67	1.33	4.00	2.67	1.33	1.33	2.67	5.33	6.67	8.00	12.00
经济效益	4.07	2.91	4.65	5.23	2.91	2.91	4.07	2.91	5.23	4.65	5.23	4.65	5.23	4.65	5.23	4.65	4.07	5.23	4.65	5.23	3.49	4.07	3.49	0.58
生活质量	3.23	1.61	3.23	3.23	1.61	3.23	3.23	14.52	1.61	1.61	3.23	4.84	1.61	3.23	3.23	1.61	3.23	4.84	3.23	6.45	4.84	1.61	8.07	12.90
社会保障	3.30	4.40	2.20	9.89	1.10	7.69	3.30	9.89	2.20	3.30	3.30	2.20	1.10	1.10	5.50	2.20	3.30	4.40	3.30	6.59	4.40	4.40	5.50	5.50
社会治理	1.11	1.11	2.22	1.11	1.11	4.44	3.33	1.11	1.11	2.22	5.56	3.33	7.78	4.44	7.78	5.56	4.44	10.00	3.33	6.67	5.56	5.56	5.56	5.56
自然资源	3.51	4.39	3.51	0.88	4.39	0.88	1.75	4.39	5.26	3.51	3.51	5.26	3.51	4.39	5.26	6.14	5.26	3.51	3.51	4.39	3.51	4.39	4.39	7.90
文化资源	11.69	1.30	5.20	5.20	2.60	5.20	3.90	3.90	2.60	1.30	6.49	2.60	1.30	2.60	1.30	6.49	3.90	2.60	1.30	2.60	6.49	6.49	6.49	6.49
资源利用	3.33	4.17	3.33	2.50	0.83	1.67	3.33	4.17	6.67	2.50	6.67	5.83	4.17	6.67	4.17	3.33	7.50	5.00	3.33	5.00	3.33	4.17	4.17	4.17
人口规模	6.36	5.46	2.73	2.73	0.91	4.55	2.73	5.46	2.73	2.73	3.64	2.73	3.64	3.64	7.27	2.73	3.64	5.46	2.73	7.27	8.18	4.55	7.27	0.91
人口结构	4.93	4.93	3.52	5.64	3.52	4.93	3.52	6.34	4.93	3.52	2.82	4.93	3.52	3.52	2.93	4.93	3.52	5.64	4.93	0.70	1.40	3.49	5.59	6.29
人口素质	2.00	2.00	2.00	2.00	6.00	2.00	2.00	18.00	4.00	2.00	2.00	4.00	4.00	6.00	4.00	2.00	2.00	2.00	2.00	4.00	4.00	4.00	12.00	10.00
生态人居	4.95	3.75	6.25	1.25	7.50	2.50	2.50	5.00	4.67	5.00	3.75	1.25	3.75	11.25	1.25	6.25	1.25	6.25	1.25	1.27	6.25	6.25	6.25	1.25
生态治理	4.00	2.00	4.67	4.67	4.67	4.67	4.67	4.67	4.67	4.67	6.00	4.67	4.67	4.67	4.67	0.67	5.33	4.67	4.67	4.67	4.67	3.33	3.33	4.67
综合得分	4.64	3.20	4.15	3.34	3.68	3.22	3.15	5.88	3.75	3.65	3.44	3.38	3.79	5.43	3.79	4.08	3.79	5.08	2.92	4.65	4.89	4.63	5.86	5.02

第五章 湖南民族地区可持续发展的SWOT分析

SWOT 是一种被广泛应用的战略分析方法，S 代表优势（Strength），W 代表劣势（Weakness），O 代表机会（Opportunity），T 代表挑战（Threat），其中，S、W 是内部因素；O、T 是外部因素。本章将对民族地区可持续发展环境进行系统分析，从整体上评估民族地区可持续发展的优势与劣势、面临的机遇及挑战，以准确衡量民族地区可持续发展的内部条件与外部环境，为民族地区可持续发展策略提供现实依据。

第一节 可持续发展的优势

湖南民族地区的可持续发展具有一定的优势，主要有以下两点。一是资源优势，民族地区多处于湖南与其他省交界的区域，且多为山区，拥有得天独厚的自然资源条件，其特有的民族文化资源，能较好地发展当地的旅游产业。二是时代优势，在民族地区未全面脱贫之前，长期的帮扶政策与民族地区群众的积极发展，使民族地区在产业、经济、文化、基础设施等多方面都取得了一定的成绩，为可持续发展奠定了基础。

一 资源优势

（一）自然资源优势

湖南民族地区由于其特殊的地理位置，拥有得天独厚的自然资源。同时，相较于其他地区城市化进程中可能出现的对自然资源的破坏，民族地区由于经济发展相对落后，城市化进程速度较慢，自然资源得到了较好的保存。

湖南民族地区是微生物发酵带、土壤富硒带、植物群落亚麻酸带的集中区，其独特的温度、湿度、光照等气候环境非常适宜农、林、牧、副、渔业的发展。同时，此地区还有较为富集的工业资源，能源资源和冶金矿产储量较大。湘西州的锰矿、锌矿、石煤钒矿、页岩气等，其他民族地区的煤炭、锰、钒、铜、硫、磷、水泥灰岩等矿产资源的储量都非常丰富。

这些地区的水能资源较为丰富，澧水、沅江、资水等湖南境内较大的水系，都处于民族地区集中的湖南西部地区。例如，沅陵县水能蕴藏量居全省首位，境内有沅水、酉水两大水系，水系以沅水为主干，呈树枝状，纳大小溪河910条，总长3888.55千米。[①] 水电生产是湖南民族地区重要的支柱产业，对经济发展发挥着重要的支撑作用。民族地区依靠丰富的自然资源，发展出很多具有特色的旅游景点，例如，湘西土家族苗族自治州的矮寨奇观旅游区、被誉为"南方的呼伦贝尔"的邵阳市城步苗族自治县的南山牧场、闻名世界的张家界等都在民族地区。民族地区的森林覆盖率高，生态环境良好，开发生态+旅游模式具有优势。

总之，湖南民族地区的自然资源，如矿产、自然风光、动植物等资源都很丰富，能够为经济社会持续发展提供物质基础和资源保障。

(二) 文化资源优势

湖南是多民族大省，境内有土家族、苗族、侗族、瑶族、回族、维吾尔族、白族等多个民族聚居，在悠久的历史长河中留下了丰富的文化资源，创造了灿烂的人类文明，语言、建筑、服装、节庆、歌舞等都散发着民族风情的魅力。民族地区的历史文物古迹保存良好、门类齐全、特色鲜明、可利用价值高。这些文化资源可以被开发，从而转变为民族地区可持续发展的优势，在非物质文化方面，可以将其开发为特色的旅游节等，而在民族性文化方面，可以将其开发为特色的文化旅游景点。

民族地区非物质文化遗产种类丰富，如神话、传说、歌谣、鼓舞、

---

① 沅陵县人民政府：《走进沅陵：环境资源》，http://www.yuanling.gov.cn/yuanling/c108825/singleArticle2020.shtml，最后访问日期：2023年8月22日。

织锦、刺绣、蜡染等。民俗节庆影响较大，如吉首市的苗族鼓文化节，已成为湖南省文化旅游节庆品牌之一；泸溪县的浦市中元祈福节，被定为湖南国际旅游节的重要子活动之一；城步县的六月六山歌节，已成为全省四大民族节庆品牌之一。农业文化遗产特色鲜明，例如，保靖黄金寨古茶园与茶文化系统、永顺油茶林农复合系统、花垣子腊贡米复合种养系统，以及新晃侗藏红米种植系统，等等。这些宝贵的农业文化遗产对带动民族地区农民就业增收和传承农业文明都具有重要作用，成为拉动民族地区社会经济全面发展的重要引擎。文化资源也产生了很多旅游景点，如湘西西南部的凤凰古城、怀化市通道侗族自治县的上湘侗寨、靖州县的地笋苗寨等。

此外，民族地区至今仍保留着许多民族风情浓郁、原生态的民族村寨。目前全省共有9019个少数民族特色村镇，其中具有保护和开发价值的达2000多个，进入各县（市、区）少数民族特色村镇项目库的有1000多个，进入各市（州）少数民族特色村镇项目库的有500多个，进入国家少数民族特色村镇项目库的有300多个，它们是少数民族和民族地区加快发展的重要资源和全面建成小康社会的重要依托。①

二　时代优势

（一）产业发展有一定基础

湖南民族地区十分重视产业的发展，着力通过优惠政策的实行，推动产业发展来实现民族地区的经济增长。早在2000年，湖南省为加快民族地区社会经济发展，实行了若干优惠政策，通过政策带动民族地区经济的发展。②"十三五"期间，湖南省政府通过一系列土地政策、环保政策、财政金融政策、产业政策、管理政策，有效地支持和促进了民族地区产业园区建设发展。③

---

① 湖南省民族宗教事务委员会：《湖南省民宗委关于对省人大十三届一次会议第1275号提案的答复意见》，http://mzw.hunan.gov.cn/mzw/jytabl/201809/t20180912_5093434.html，最后访问日期：2023年8月22日。

② 湖南省人民政府：《湖南省人民政府关于加快少数民族和民族地区社会经济发展若干优惠政策的通知》，http://code.fabao365.com/law_397180.html，最后访问日期：2023年8月22日。

③ 湖南省人民政府办公厅：《关于支持加快民族地区产业园区建设发展的若干政策》，http://www.hunan.gov.cn/zqt/zcsd/201603/t20160308_13650475.html，最后访问日期：2023年8月22日。

在"十三五"期间,湘西州建成农产品加工企业1000家,房地产业、信息产业、金融业、商贸物流业、电子商务业蓬勃发展,邮电业务总量年均增长83.5%,电子商务交易额年均增长36%,房地产开发投资年均增长21.1%;① 张家界的旅游业也取得重大突破,仅武陵源区就累计接待游客1.2亿人次,实现旅游总收入1077亿元,一次进山人数达1853万人,较"十二五"时期分别增长45.4%、97.2%、10.7%。② 湖南民族地区十分重视高新技术产业的发展,每年都会在高新技术产业上增加投资,具体情况见表5-1。

表5-1 　　湖南民族地区高新技术产业增加值情况(2020年)

地名	高新技术产业增加值(万元)	地名	高新技术产业增加值(万元)
绥宁县	130089	芷江县	110292
城步县	19695	靖州县	117791
石门县	445179	通道县	55300
永定区	146132	吉首市	293673
武陵源区	4349	泸溪县	64304
慈利县	57587	凤凰县	3592
桑植县	23117	花垣县	55267
江永县	44785	保靖县	26121
江华县	352219	古丈县	7351
沅陵县	332523	永顺县	12269
会同县	43246	龙山县	24145
麻阳县	100083	新晃县	85307

注:数据来源于各县市2020年《国民经济和社会发展统计公报》。

(二)基础设施瓶颈有一定缓解

民族地区可持续发展离不开基础设施建设的助推。基础设施是经济

---

① 《2021年湘西土家族苗族自治州人民政府工作报告》,http://www.xxz.gov.cn/zzf/zfgzbg/202107/t20210707_1805878.html,最后访问日期:2023年8月22日。
② 彭磊、梅叶、汪小华:《武陵源区第七届人民代表大会第五次会议开幕》,https:/baijiahao.baidu.com/s?id=1687211270670419865&wfr=spider&for=pc,最后访问日期:2023年8月22日。

社会发展的基石，具有战略性、基础性和先导性作用，目前以数字基础设施为代表的"新基建"正在蓬勃兴起，拥有广阔发展空间。民族地区除传统基础设施建设，正抓住关键环节大力推进"新基建"，能在一定程度上缓解基础设施瓶颈。

在"十三五"期间，湘西自治州公路通车总里程达到1.3万千米，新增高速公路118千米、干线公路583千米，完成农村公路提质改造1254千米、自然村通水泥（沥青）路2271千米、生命防护工程5424千米；新扩建或改造500千伏变电站1座、220千伏变电站5座、110千伏变电站9座、35千伏变电站20座，全州形成以220千伏为骨干、110千伏全覆盖、35千伏为补充的电网体系，农网改造全部完成，供电能力和供电可靠性大幅提升。①新晃侗族自治县完成242国道扶罗至贡溪平伦坳段改造工程，洞坪至波洲、禾滩至中寨公路建设有序推进；新建、改造渠道196条，溪坝48座，维修加固山塘14座；实施高效节水灌溉2225亩，完成高标准农田建设2.17万亩；实施土地开发项目，新增耕地1914亩，农用地3205亩，城乡建设用地异地交易收入2.4亿元。②江华瑶族自治县的涔天河水库库区道路复建完成，S349升级改造成二级公路，新建成沱涔一级公路，G207江华段成为全省"最美公路"，"对外大畅通、对内大循环"的交通格局基本形成。涔天河水库扩建枢纽工程竣工投产、灌区工程有序推进，新建清江水库投入使用，涔天河水厂一期供水惠及17万余人。建成五小水利561处，灌溉效率得到提高。农村饮水安全巩固提升工程深入实施，人畜饮水安全得到保障。高标准农田建设初具规模，农业机械化作业广泛应用。农网改造任务全面完成，行政村电力质量明显提升。农村互联网基本普及，5G建设稳步开展。③

（三）民生事业建设有一定进展

民生事业的目标是增进民生福祉，改善人民生活品质，包括就业、

---

① 《2021年湘西土家族苗族自治州人民政府工作报告》，http://www.xxz.gov.cn/zzf/zfgzbg/202107/t20210707_1805878.html，最后访问日期：2023年8月22日。
② 《2021年新晃侗族自治县政府工作报告》，http://www.xinhuang.gov.cn/xinhuang/c112193/202102/99a198f6b88844518e80f8846ae24d0f.shtml，最后访问日期：2023年8月22日。
③ 《2021年江华瑶族自治县政府工作报告》，http://www.jh.gov.cn/jh/zfgzbg/202110/26c01c8f80cc46b682d828fe12b6d2fb.shtml，最后访问日期：2023年12月4日。

收入、教育、文化体育、健康、养老和社保等方面。湖南民族地区民生事业建设取得了一定的成就，部分具体情况如表 5-2 所示。

表 5-2　　湖南民族地区部分民生事业建设情况（2020 年）　　单位：%

地名	城镇污水处理率	公办幼儿园在园幼儿占比	基本医疗保险覆盖率	地名	城镇污水处理率	公办幼儿园在园幼儿占比	基本医疗保险覆盖率
绥宁县	95	53	96	芷江县	68	59	96
城步县	97	49	96	靖州县	85	47	97
石门县	97	52	95	通道县	80	56	105
永定区	87	28	95	吉首市	93	45	95
武陵源区	89	60	95	泸溪县	71	53	99
慈利县	93	62	96	凤凰县	82	53	104
桑植县	88	42	104	花垣县	82	50	101
江永县	69	51	106	保靖县	86	50	95
江华县	80	52	108	古丈县	85	33	95
沅陵县	83	40	96	永顺县	86	41	108
会同县	95	51	97	龙山县	91	18	110
麻阳县	97	43	99	新晃县	77	55	97

注：数据来源于《湖南统计年鉴 2021》。

在"十三五"期间，湘西自治州财政累计用于民生支出 1045 亿元，为"十二五"时期的 1.8 倍，每年民生支出占财政总支出的 65% 以上。社会保障全面加强，全州转移就业稳定在 86 万人左右，城镇调查失业率稳定在省定任务以内。城、乡低保标准分别由 2015 年的 330 元/月、2640 元/年提高到 580 元/月、4200 元/年。累计建设公租房 7.83 万套，改造棚户区 13.2 万户，实施老旧小区改造 104 个，为 26.8 万中低收入城镇居民提供了安全宜居住房。[①] 会同县新增城镇就业 2328 人、农村劳动力转移就业 2928 人，其中新增贫困劳动力转移就业 2197 人，实现零就业家庭动态清零。持续加大乡镇、村转移支付力度，乡镇机关事业单位工作人员待遇提高 20%。城乡居民基本医疗保险参保率达 96.7%，实

---

① 《2021 年湘西土家族苗族自治州人民政府工作报告》，http://www.xxz.gov.cn/zzf/zfgzbg/202107/t20210707_1805878.html，最后访问日期：2023 年 8 月 22 日。

现大病保险和重特大疾病医疗救助全覆盖。城乡低保、特困供养、临时救助、残疾人保障等政策全面落实,发放救济救助资金5411.6万元。①通道侗族自治县民生支出占比达81%,26项省、市重点民生实事全面完成。新增城镇就业1510人、农村转移劳动力就业2081人。城乡医疗保险参保覆盖法定人群,住院报销1.5亿元。发放养老金2.8亿元、城乡低保金2546万元。改造敬老院5所。②

第二节 可持续发展的劣势

一 经济发展整体状况欠佳

近年来,湖南民族地区经济稳步发展且整体态势向好,但同全国经济发展平均水平,尤其是和发达地区相比,甚至是与其他省的民族地区相比,都处于相对落后的状态,整体状况欠佳。

(一)经济发展水平相对落后

与全国其他省份的民族地区相比,湖南民族地区经济发展相对落后,生产总值相距甚远。2020年,黔东南苗族侗族自治州地区生产总值1191.52亿元,比上年增长4.5%;③黔西南布依族苗族自治州地区生产总值1353.40亿元,比上年增长4.7%;④大理白族自治州地区生产总值1484.0亿元,比上年增长2.0%。⑤而湘西土家族苗族自治州2020年的地区生产总值为725.11亿元,比上年增长2.2%;⑥湖南民族地区(湘

---

① 《2021年会同县政府工作报告》,http://www.huitong.gov.cn/huitong/c117588/202101/94fd537d5a18492491416fef1f439aa8.shtml,最后访问日期:2023年8月22日。
② 《2021年通道侗族自治县政府工作报告》,http://www.tongdao.gov.cn/tongdao/c101170/202101/17abbfff8e2e4e5d91f066b9256770f9.shtml,最后访问日期:2023年8月22日。
③ 《2021年黔东南苗族侗族自治州人民政府工作报告》,http://www.qdn.gov.cn/zwgk_5871642/zfgzbg_5872133/202110/t20211008_70752261.html,最后访问日期:2023年8月22日。
④ 《2021年黔西南布依族苗族自治州人民政府工作报告》,http://www.qxn.gov.cn/zwgk/zjbg/zzfgzbg/202104/t20210414_67793855.html,最后访问日期:2023年8月22日。
⑤ 《2021年大理白族自治州人民政府工作报告》,http://www.dali.gov.cn/dlrmzf/c101526/202102/083bdfdc85164954a7dfcd5b9e1c0b27.shtml,最后访问日期:2023年8月22日。
⑥ 《2021年湘西土家族苗族自治州人民政府工作报告》,http://www.xxz.gov.cn/zzf/zfgzbg/202107/t20210707_1805878.html,最后访问日期:2023年8月22日。

西州、16县）生产总产值2654.695亿元，相比而言，差距较为明显。同时，与省内其他地区相比，湖南民族地区的经济产业发展也相对落后。① 经济发展水平差距的存在，不仅会影响到民族团结进步的发展，更会影响民族地区的社会稳定与内生积极性。同时，民族地区的经济落后，还会造成一定程度的矛盾和社会冲突，不利于民族地区经济社会的全面发展。

（二）产业结构不尽合理

自脱贫攻坚以来，湖南民族地区第一产业的比重明显下降，第三产业的比重整体上升。在民族地区的24个县中，除龙山县、永顺县、古丈县、沅陵县、江永县、慈利县、桑植县、武陵源区等八个县（区），其他县（区）第一、二、三产业占GDP的比重均为第三产业占比最高，第一产业占比最低（见表5-3）。湖南民族地区的产业结构层次仍然偏低，第三产业占GDP比重虽然整体上居于首位，但是只有会同县（71.7%）、永定区（73%）和武陵源区（91.5%）具备明显优势，其余地区占比较低。可以说，湖南民族地区存在产业结构不尽合理的问题，普遍呈现第一产业发展不强、第二产业发展不平衡，以及第三产业发展不优的格局。

表5-3　　　　湖南民族地区产业结构及运行情况（2020年）　　　（单位:%）

地名	第一产业占GDP比重	第二产业占GDP比重	第三产业占GDP比重	地名	第一产业占GDP比重	第二产业占GDP比重	第三产业占GDP比重
绥宁县	24.30	26.30	49.40	芷江县	22.94	26.30	50.76
城步县	22.08	23.65	54.27	靖州县	20.08	28.39	51.53
石门县	16.61	35.26	48.13	通道县	16.46	28.87	54.66
永定区	10.90	16.10	73.00	吉首市	4.40	36.10	59.50
武陵源区	5.40	3.10	91.50	泸溪县	15.92	35.60	48.48
慈利县	21.18	18.15	60.67	凤凰县	14.01	19.43	66.56
桑植县	16.00	15.70	68.30	花垣县	12.60	33.70	53.70
江永县	32.67	24.15	43.18	保靖县	15.62	36.58	47.80

① 数据来源于湖南24个民族县（市区）的2021年政府工作报告。

续表

地名	第一产业占GDP比重	第二产业占GDP比重	第三产业占GDP比重	地名	第一产业占GDP比重	第二产业占GDP比重	第三产业占GDP比重
江华县	22.60	34.30	43.10	古丈县	25.47	22.01	52.52
沅陵县	17.28	43.51	39.21	永顺县	25.42	16.82	57.76
会同县	13.80	14.50	71.70	龙山县	26.26	19.35	54.39
麻阳县	23.04	29.07	47.88	新晃县	16.98	28.73	54.29

注：数据来源于湖南24个民族县（市区）《2020年国民经济和社会发展统计公报》。

民族地区的特色产业仍以农业为主，工业化水平相对较低。已有工业的种类以矿产资源采掘开发为主，高端制造业发展缓慢；农副产品加工业所占比重较小，对特色农产品的精深加工不足，品牌知名度和规模效应难以形成。在第三产业方面，虽然民族地区已经凭借自身的旅游资源和民族文化优势，大力发展文化旅游产业，一定程度上提升了服务业的比重，但是，民族地区的第三产业仍然是以传统的商业、服务业为主，新兴的金融保险、信息、咨询、科技等领域的产业还较为落后，远不能满足现代化经济社会发展的需要。

（三）产业同质发展问题突出

湖南部分民族地区缺乏发展理念和风险意识，在产业发展上盲目跟风、随大流，导致同质发展现象突出。同质竞争容易造成产品滞销，引发商品价格下跌，造成无效供给、资源浪费、项目亏损、劳民伤财等弊端。对于湖南民族地区而言，旅游业是产业发展的重要一环，也是实现经济增长的关键领域。然而，民族地区有些景区和旅游品牌互相模仿，缺乏专属的本土特色。比如，凤凰古城旅游开发早、国内外知名度高，是区域游客引流的强力泵，而近年来州内边城茶峒、浦市古镇、芙蓉古镇等景区的开发建设大多直接以凤凰古城为模板，忽视挖掘自身特色。缺乏"差异化吸引力"的旅游产业，既不能延长已有市场的停留链，更遑论与其他省份的古城古镇景区竞争。

二 公共服务供给相对不足

由于湖南民族地区的经济与社会发展程度不高，而公共服务的质量与地方经济实力又有一定的正相关关系,所以,民族地区的公共服务供给整体上呈现相对不足的状态。

(一) 社会保障体系仍未健全

湖南民族地区的社会保障标准、保障对象和范围等相对模糊,对弱势群体,如老人、残疾人、留守儿童等的社会保障措施不完善,基本生活、教育、医疗等保障服务的政策落实执行绩效有待提高。脱贫摘帽后,民族地区还存在一定的返贫风险,特别是因病返贫、因灾返贫风险较大,相应的社会保障体系亟须完善。同时,尽管在最近几年,湖南民族地区的公共卫生体系经受住了考验,但仍存在短板和不足,尤其是公共卫生安全宣传教育工作的频率较低,群众健康意识和观念还处于较低水平,还需要进一步增强风险防范意识,做好监测预警工作,增强救治和服务能力,切实保障人民生命财产安全。

(二) 技能培训服务频率不高

民族地区青壮年劳动力和骨干人才流失,从根本上制约了当地经济建设与发展的步伐。技能培训成为高质量劳动力的重要来源,还能提升民族地区的整体文化素质和生产技能水平。而湖南民族地区在技能培训方面的服务频率不高,难以满足地区可持续发展的需要。当前,湖南民族地区有很多劳动力在外务工,多从事劳动密集型工作,技术含量低,收入普遍不高。当地政府聘请专业技术人才指导的频率较低,也缺乏由政府主导、社会参与的技能培训服务,"互联网+教育"的线上线下平台普及率不高。

(三) 教育事业发展相对滞后

教育事业的发展进步是地区发展的重要推动力,然而,民族地区的经济条件严重限制了其教育事业的发展,教育水平与其他地区相比还存在一定的差距。民族地区的部分学生难以享受到公平、高质量的教育,极易诱发代际贫困现象,也会阻碍区域可持续发展。教育事业的发展不足,也体现在教育基础设施建设相对滞后、符合民族地区需要的民族学校不多、基础教育学校师资力量短缺、当地高校毕业生在本地就业意愿弱等方面。

三 发展所需人力资源缺乏

(一) 人才短缺形势严峻

湖南民族地区发展面临着人才缺乏问题,无论是农村发展急需的经营管理人才、农业科技创新人才、非遗传承人、新乡贤，还是致富能手、田秀才、土专家、乡村工匠等实用型人才都严重缺乏，成为可持续发展的主要障碍。深谙民族地区文化底蕴，又具备一定现代化知识和技能的人才少，经济发展存在用工难、人才供需市场不畅等弊端。人才结构不均衡，专业技术人才大多集中在"70后、80后"，"90后"后备力量不充分。而且，民族地区在发展平台、就业环境、福利待遇、公共服务水平等方面的吸引力和竞争力都相对薄弱，高水平人才"引不进""留不住"的问题突出，甚至在多地出现过，公务员和事业单位招聘过程中，在降低开考比例的前提下，仍有较多岗位因报考人数不足而取消的情况。

（二）人才培养能力薄弱

民族地区的基础教育水平不高。有些学生的家长教育观念落后，不重视基础教育，导致学生自主学习的热情低，再加上师资力量薄弱、办学条件艰苦、高水平教师流失严重等问题，使得基础教育水平难以提升。职业教育人才培养能力有限，从职业教育机构数和接受教育人数可窥一斑。如2019年，新晃县仅有职业中专1所，在校学生仅1110人，[①] 而同省的湘潭县有中等职业教育学校5所，在校学生达4810人。[②]

四 资源开发利用效率不高

（一）自然资源开发存在局限性

民族地区的自然资源转化率低，优势资源开发深度不够。由于民族地区发展经济建设起步晚，基础设施建设及相关资源开发建设相对落后，且面临着技术、人力资本、创新能力等要素的限制，故自然资源开发存在较多的局限。如湘西州已发现矿种45种，已探明资源储量的矿种有38种，但是大多无法转化为资产。具有资源优势的地区已建立起一批具有一定基础的民族产业，如湘西州的黄金茶和猕猴桃、通道县

[①] 《新晃侗族自治县2019年国民经济和社会发展统计公报》，http://www.xinhuang.gov.cn/xinhuang/c112177/202003/5b38b1dee6df496cade8d9ea6211ef5e.shtml，最后访问日期：2023年8月22日。

[②] 《湘潭县2019年国民经济和社会发展统计公报》，http://www.xtx.gov.cn/9435/19102/content_858731.html，最后访问日期：2023年8月22日。

的"黑老虎"、麻阳县的冰糖橙等，但是整体而言，民族地区资源开发未形成完整的产业链条，开发程度低、特色不足、品质不高，市场竞争力不强。

(二) 文化资源有待深度挖掘

湖南民族地区文化资源分散，地区资源整合效益差。各县市之间缺乏有效合作，各自为政、各行其是的现象较为严重，缺乏民族地区整体的规划和整合，呈现出资源好、整合弱、效益差的状态。尽管某些文化品牌，如凤凰古城、武陵源景区等的知名度很高，但因为区域整体形象没有建立，所以难以发挥辐射效应。同时，民族地区的非物质文化遗产面临传承困境。非物质文化遗产的制作费时费力，如泸溪县的踏虎凿花、芷江县的沅州石雕等需要长时间的练习，对年轻人的吸引力严重不足，经济效益相对较差。尽管民族地区非物质文化遗产很多，但是长此以往，有些传统文化就会出现断层，面临"人走艺走、人亡艺绝"的危险境地。

五 生态环境问题依旧突出

(一) 环境综合治理难度大

民族地区许多县、乡属于革命老区、边远地区，环境整治问题多、难度大。农业生产过程中产生的污染、农业基础设施建设和环境管理之后产生的生活污染以及乡镇企业布局不合理、治理措施不得力产生的工业污染等问题十分突出，历史遗留问题多，"硬骨头"难啃。民族地区的"一拆二改三清四化"工作推动不顺畅，空心房的清理涉及多方利益的沟通与协调，改造厕所与禽畜养殖粪污处理设施投入大，农村垃圾堆放时间长，无害化处理存在技术难题。而且，环境整治工作缺乏细化标准、畅销机制不够健全，如污水处理投资大，运行成本高，在实践中尚缺乏高效的模式，各乡、各村工作细化落实欠到位，群众动员不充分。

(二) 生态环保意识亟待提升

环保意识的强弱决定着环境保护行动的落实成效是否够好。湖南民族地区环境保护的重点和难点都集中在农村，是生态文明建设的关键落脚点。而农村往往是生产技术较落后的地区，不仅科学文化水平不高，还缺乏环境保护意识。受传统生产生活方式的影响，农民养成了一些污染环境和破坏生态的不良生产生活习惯，对于"什么是环保，为什么要环保，怎样才能环保"缺乏充分的认识和认知，垃圾主要集中堆放在坑塘、河岸、河道、废弃地、村道路旁等地点，皆为露天无序堆放，就近倾倒垃圾、焚烧垃圾的行为多，主动进行垃圾分类、爱护环境的少，自我约束能力弱。

（三）环境监管力度有待加强

有效保护生态环境除了要靠人民群众的自觉性和主动性，也离不开外在约束力的有效监督。在环境监管方面，湖南民族地区仍然存在明显漏洞，突出体现在监管时效、能力以及手段方式等多方面不足。不少企业的污染行为是在污染程度较为严重后才被环境执法人员发现，对其破坏环境行为的打击力度也较低，难以形成强有力的约束力和震慑力。同时，环境监管手段单一化，主要以执法人员的现场检查为主，尚未大规模采用网络化和信息化监控手段，群众等社会力量的监督体系也不健全。

第三节 可持续发展面临的机遇

一 走上了正确的发展道路

2021年8月，习近平总书记在中央民族工作会议上提出："回顾党的百年历程，党的民族工作取得的最大成就，就是走出了一条中国特色解决民族问题的正确道路。"[1] 习近平总书记的重要讲话，是对党的民族工作实践的最新总结，为民族地区的持续发展提供了努力的方向。

正确的发展道路提供了有利的发展环境。党和国家高度重视民族地区发展问题，新中国成立后，党确立了以民族平等、民族团结、民族区域自治、各民族共同繁荣为主要内容的民族理论和民族政策基本框架，形成了民族工作的一系列基本制度和政策。改革开放以来特别是党的十八大以来，以习近平同志为核心的党中央因应国内国际形势的发展变化，不断丰富和发展党的民族理论和民族政策，就民族工作做出一系列

---

[1] 《习近平谈治国理政》（第四卷），外文出版社2022年版，第243页。

重大决策部署。① 习近平总书记多次深入民族地区调研，强调脱贫、全面小康、现代化，一个民族也不能少。在党中央的全面领导下，民族地区在经济、政治、文化、社会和生态文明建设等方面取得前所未有的巨大进步和伟大成就。习近平总书记还要求，脱贫摘帽后，要推动各民族共同走向社会主义现代化，完善差别化区域支持政策，支持民族地区全面深化改革开放，提升自我发展能力，让民族地区迎来可持续发展的良好环境。

二 迎来战略实施的机遇期

民族地区是国家乡村振兴战略的重点关注对象。党的十九大首次提出乡村振兴战略，实施乡村振兴战略是全面建设社会主义现代化国家的重大历史任务，是新时代"三农"工作的总抓手。乡村振兴是一个长期的过程，各地区发展不平衡，刚脱贫的地区仍处在乡村振兴发育发展的初级阶段，需要先巩固脱贫攻坚成果。中共中央、国务院发布的《关于实现巩固拓展脱贫攻坚成果同乡村振兴有效衔接的意见》中指出，"要做好巩固拓展脱贫攻坚成果同乡村振兴有效衔接，脱贫攻坚目标任务完成后，设立 5 年过渡期，在过渡期要保持主要帮扶政策总体稳定"。② 湖南省委、省政府落实中央意见要求，在《关于实现巩固拓展脱贫攻坚成果同乡村振兴有效衔接的实施意见》中提出："集中支持一批乡村振兴重点帮扶县。支持革命老区、民族地区巩固脱贫攻坚成果和乡村振兴，将基础条件相对较差、巩固脱贫成果任务相对较重的脱贫县确定为省级乡村振兴重点帮扶县，从财政、金融、土地、人才、基础设施、公共服务等方面给予支持，增强其区域发展能力。"③ 民族地区作为乡村振兴最薄弱的地方，在推进乡村振兴战略中，会得到国家和湖南的特殊帮扶，发展机遇大。

---

① 尤权：《做好新时代党的民族工作的科学指引——学习贯彻习近平总书记在中央民族工作会议上的重要讲话精神》，《求是》2021 年第 21 期。
② 《中共中央 国务院关于实现巩固拓展脱贫攻坚成果同乡村振兴有效衔接的意见》，http://www.gov.cn/xinwen/2021-03/22/content_5594969.htm，最后访问日期：2023 年 5 月 3 日。
③ 《中共湖南省委 湖南省人民政府关于实现巩固拓展脱贫攻坚成果同乡村振兴有效衔接的实施意见》，http://www.hunan.gov.cn/hnyw/sy/hnyw1/202106/t20210603_19418481.html，最后访问日期：2023 年 8 月 20 日。

民族地区一直是国家和湖南区域发展的重点。国家实施新一轮西部大开发、"一带一路"、中部崛起、长江经济带发展战略,加快推进西部陆海新通道建设、粤港澳大湾区建设、成渝地区双城经济圈建设,为湖南民族地区融入区域协调发展提供了良好发展机遇。2021年以来,湖南省"三高四新"战略深入实施,中国(湖南)自贸区加快建设,"一带一部"战略深入推进,"一核两副三带四区"战略推进实施,湘南湘西承接产业转移示范区建设不断推进,使民族地区在产业发展、基础设施建设、生态环境保护和社会事业建设等方面得到更多的政策倾斜和资金支持,民族地区迎来产业转型升级加快、经济社会高质量发展的历史机遇期。

三 新发展阶段带来新发展机遇

2021年是"十四五"开局之年。"十四五"时期是我国全面建成小康社会、实现第一个百年奋斗目标之后,顺势而上开启全面建设社会主义现代化国家新征程、向第二个百年奋斗目标进军的第一个五年。立足新发展阶段、贯彻新发展理念、构建新发展格局,为民族地区可持续发展提供了难得的契机。

进入新发展阶段,我国社会主义现代化建设迈进新征程,更加注重高质量发展,当今世界正经历百年未有之大变局,以5G、人工智能、云计算、大数据、新能源、数字经济、共享经济等为代表的新一轮科技革命和产业变革深入推进,将催生新产业、新业态、新模式、新产品,带来产业升级新动力,对民族地区产业发展和战略布局产生积极而深刻的影响。"要坚持把发展经济着力点放在实体经济上,坚定不移建设制造强国、质量强国、网络强国、数字中国,推进产业基础高级化、产业链现代化,提高经济质量效益和核心竞争力"的战略部署将有力地促进民族地区现代产业体系的发展,壮大其发展新动能。[①]

新型工农城乡关系的推进为民族地区可持续发展奠定坚实基础。在

[①] 《中华人民共和国国民经济和社会发展第十四个五年规划和2035年远景目标纲要》,https://www.ndrc.gov.cn/xxgk/zcfb/ghwb/202103/t20210323_1270124.html,最后访问日期:2023年5月3日。

乡村振兴过程中，国家要求强化以工补农、以城带乡，推动形成工农互促、城乡互补、协调发展、共同繁荣的新型工农城乡关系，加快农业农村现代化。乡村振兴和新型城镇化协同推进，既是消费提振的"加速器"，也是投资扩张的"催化剂"，将为湖南民族地区生产生活、就业保障、基础设施建设和公共服务供给等发展需求创造更好条件。

第四节 可持续发展面临的挑战

一 优势产业发展竞争激烈

文化旅游是湖南民族地区的优势产业，在"十三五"期间取得了巨大进步。如文化旅游业表现最为突出的湘西州，全年接待国内外游客量从2015年的3362.41万人次增加到2019年的5746.93万人次，旅游收入也从216.97亿元增加到530.1亿元，接待人次增长70%、旅游综合收入增长145%。① 但是，文化旅游业面临的竞争也十分激烈。

全国旅游行业的竞争都十分激烈，各地都在利用自身资源发展旅游业。与湖南民族地区较为知名的凤凰古城等同质的旅游产品不在少数，同类旅游景区的建设风格大同小异，都以特色的民族风情为主要风格。如云贵地区的文化旅游与湖南民族地区在营销方式上严重同质，而且其整体营销模式比湖南更早。贵州依托中国（深圳）国际文化产业博览交易会等重要场合，不断扩大其民族文化品牌影响力，仅2020年就在第十六届现场签约达344.18亿元。② 另外，国家文化大数据体系建设在贵州试点，给贵州文化产业带来一系列政策、资金、人才，使贵州的文化旅游业井喷式发展，对湖南民族地区文化旅游业发展造成较大压力。

---

① 李孟河、彭业忠：《辉煌"十三五" 奋进新湖南：奔向幸福新生活》，https://baijiahao.baidu.com/s?id=1681536045835169653&wfr=spider&for=pc，最后访问日期：2023年5月3日。

② 陈鹏、彭典：《现场签约344.18亿元！云上文博会贵州分会场启幕》，https://mp.weixin.qq.com/s?__biz=MzA5MDEwNzA4MQ==&mid=2658859869&idx=1&sn=f6827ef75abab6c6ffb136998e51a075&chksm=8b9ee6fbbce96fede1a77594fd0429076ffa03b0af6da6067b58ebce278be61d9255dfa425ef#rd，最后访问日期：2023年5月3日。

在湖南省内，民族地区旅游业的竞争同样十分激烈。多数民族县市区推出古镇、古村落、苗寨等相同的旅游品牌，特色不足。同时，游客的品质追求越来越高，个性追求越来越鲜明，对旅游的安全度、舒适度、创意与文化特色和切身体验程度等都有更高要求，这种多样化的需求也给旅游业带来新一轮的竞争。湖南民族地区的文化旅游产品开发滞后、内涵不足、附加值低，较难满足不同层次游客多样化、个性化、差异化的需求。尽管著名如张家界、衡山、凤凰古城等景区，若不能根据游客实际需求而及时改变自身的发展策略，也会在旅游竞争市场中处于被动。

二　生态保护与经济发展的矛盾

党的十八大以来，随着我国污染防治力度的增强，生态环境明显改善。当前，保护绿水青山更成为经济社会发展过程中必须遵循的原则。湖南民族地区的发展，不仅面临经济增长的压力，也面临生态环境保护的难题，而经济发展与生态环境保护之间也存在一定的张力。

民族地区的生态环境较为脆弱，造成有些工业产业的发展受限。资源开发类产业被限制得最为严格。为落实绿水青山就是金山银山的政策要求，湖南对自然保护区、风景名胜区、森林公园等多类型保护区限制开发，而民族地区森林覆盖率高，多数处于这些保护区域，其区域内的大多数自然资源尤其是矿产资源的开发受到极大限制。湖南民族地区旅游业的发展迅速，已经出现旅游资源开发与保护之间的矛盾。旅游业的发展促进了经济发展，带来收入的增加，但是旅游资源开发也给生态环境保护造成极大压力：一是由于资金和技术的限制，旅游资源开发在一定程度上很难完全达到预期效果，不可避免地对资源有所破坏；二是为追求最大化利益而出现"超负荷"接待游客的现象，导致景区环境拥挤嘈杂，良好文化氛围遭受损毁。

当前，为实现区域发展，湖南民族地区一方面在推进产业结构优化升级；另一方面又承接发达地区的产业转移。而承接的产业以低端制造业为主，可能带来高耗能、环境污染等危及生态环境问题，增加环境风险。因此，如何平衡环境保护和经济产业发展，是湖南民族地区在实现产业可持续发展过程中必然面临的问题。

三 人才竞争力不足

在人力资源市场化背景下，人口跨区域流动、人才争夺战越来越频繁。湖南民族地区显然不具备竞争优势，不能吸引人才进入，甚至出现大量人才外流。同时，较之其他地区，民族地区人口的素质整体偏低，第一学历为大专、中专的偏多，而本科、研究生层次的极少，人力资源存量较低。

湖南民族地区大多位于山村，经济发展相对落后、自然条件恶劣、公共基础设施薄弱、生活条件较为贫困。农村中的青壮年劳动力为改善经济状况，一般选择外出务工，从而造成留守儿童和留守老人数量的增加、农村空心化现象严重，地区也因缺少青壮年劳动力而遇到可持续发展困境。湖南民族地区常住人口比例有不同程度的下降。据第七次人口普查数据，湘西州全州常住人口为 2488105 人，与 2010 年第六次全国人口普查的 2549558 人相比，减少 61453 人，下降 2.41%；15—59 岁常住人口的比重下降 5.75 个百分点。[①] 劳动力的流失让民族地区经济发展缺乏活力，影响其可持续发展。而留守的老人、妇女，参与社会治理的积极性和能力较低，短期内难以提升乡村治理能力和治理水平。

而今，人才流动基本呈现出向科技水平高、环境条件好、研究经费充足、待遇高、发展机会多的区域流动的趋势。湖南民族地区激励措施不健全，在资金、技术服务、创业环境和风险保障方面缺乏有力的支撑。在人才管理方面，民族地区相应的管理制度落后，当地基层人员普遍面临工作量大、责任大的双重压力，而现有人才评价机制还不健全，职称晋升名额少，难以调动人才积极性。

---

① 田宏贵、贾宁：《湘西州第七次全国人口普查主要数据公布》，《团结报》2021 年 6 月 22 日。

战略篇

第三部

第六章 湖南民族地区可持续发展的整体安排

第一节 指导思想

以习近平新时代中国特色社会主义思想为指导,全面贯彻党的二十大和二十届二中全会精神,深入贯彻落实中央民族工作会议精神,完整准确全面把握和贯彻习近平总书记关于加强和改进民族工作的重要思想,紧紧围绕国家乡村振兴战略、湖南"三高四新"战略,以铸牢中华民族共同体意识为主线,坚持和加强党对民族工作的全面领导,坚持以人民为中心,充分发挥湖南民族地区自然资源、生态资源、历史文化资源的优势,不断推进区域协调发展、城乡融合发展,实现基本公共服务城乡均等、产业结构优化升级、生态环境优美宜居、人才创新创造活力旺盛、乡村文化繁荣昌盛、人民生活幸福安康。

第二节 基本原则

一 坚持党对民族工作的全面领导

坚定不移地把党的政治领导、思想领导、组织领导贯穿到民族工作的各方面和全过程,深刻认识"两个确立"的重大意义,切实增强"四个意识",坚定"四个自信",坚决做到"两个维护",坚定不移走中国特色解决民族问题的正确道路,认真履行守护民族团结生命线的政治责任，努力构建起维护祖国统一和民族团结的坚固长城。

二 坚持以人民为中心

牢固树立以人为本的核心理念，充分尊重民族地区人民意愿，切实发挥民族地区人民在区域可持续发展中的主体性，保障各族人民平等享有权利、平等履行义务。把维护民族地区的根本利益、促进湖南民族地区人民共同富裕作为出发点和落脚点，促进民族地区人民持续增收，不断提升民族地区人民获得感、幸福感、安全感。

三 坚持人与自然和谐共生

牢固树立绿水青山就是金山银山的理念，坚持节约优先、保护优先、自然恢复为主的方针，统筹山水林湖草系统治理，严守生态保护红线，以绿色发展引领湖南民族地区可持续发展。

四 坚持因地制宜、优势互补

准确把握湖南民族地区的共同点与差异性，做好顶层设计，以民族地区整体利益谋划发展，注重从上至下，规划先行，突出重点，体现特色，结合实际，因地制宜，资源共享，优势互补；既尽力而为，又量力而行，不搞层层加码，不搞形式主义和"一刀切"。

五 坚持党建引领、多元共治

构建党建引领的促进湖南民族地区可持续发展的多元主体共治格局。坚持党建引领，不断强化党组织的领导力、组织力、号召力；强化政府统筹，营造有利于民族地区协调发展的良好环境；发挥市场力量，使之成为推动民族地区可持续发展的主力军和突击队，促进生产要素在更大范围内有序流动和优化配置；激励社会力量，使之在社会服务、妇女儿童教育、养老及残障服务等方面发挥积极作用，完善政府购买社会服务的配套制度。

第三节 主要内容

一 构筑优势互补的现代产业体系

引导产业合理布局。根据民族地区产业基础、承载能力和发展潜力,结合民族地区功能定位,统筹产业布局,推动差异化协同发展,打造特色专属发展板块。要着力打造特色农业产业带,根据民族地区自然资源禀赋和产业基础,大力发展粮油、畜禽、食用菌、茶叶、中药材等重点产业,集中力量打造优势产业带,做优品质、做强品牌,积极提升产品附加价值,积极构建现代农业产业体系、生产体系和经营体系。要构建全域旅游发展模式,打造"神秘湘西""桃花源"等标志性文旅品牌,深入实施文旅融合,形成完整产业链条,同时,要充分利用张家界武陵源、常德桃源、永州江华发展全域旅游的优势,突出生态资源、文化资源等诸多优势,大胆创新开发全域旅游开发模式,先试先行,为推出民族地区全域旅游整体线路打下坚实基础。

推进三产融合发展。创新市场化运作政策,推动民族地区产业一体化发展。充分发挥龙头企业跨域配置资源的作用,强化产业跨县、市(州)合作,推进省内各民族地区优质企业在项目投资、产业配套、技术创新、成果转化等方面加强合作,促进产业协同发展。要立足自身比较优势,加快各民族地区内部在制造业、服务业和现代农业等方面的统筹协同,推动发展养老、疗养、康养等产业。要鼓励金融创新,加强资本市场合作,探索设立产业投资基金,加快推进区域合作项目建设。要深化和社会力量合作,引进专业全域旅游开发团队,共同谋划,打造跨县、市(州)的湖南民族地区旅游精品线路,持续扩大影响力。要建立现代物流体系、与产业发展配套的服务体系以及信息共享机制,实现信息互通、资源共享。

二 打造优美宜居的乡村生态环境

做好生态修复与保育工作。要推进土地综合整治和生态修复,加强森林、草原、湿地等的保护和修复,开展荒漠化、石漠化、水土流失综合治理，改善乡村生态环境。要管护重点生态区域，加快重点生态功能区生态保护和建设项目实施，加强生态监管，保护好区域内重点野生动植物资源。要实施新一轮退耕还林还草，改善耕地生态。要构建民族地区防护林体系，突出重点、规模治理、整体推进。

加快农业农村环境综合治理。要加强农业面源污染治理，推进农业投入品减量化、生产清洁化、废弃物资源化、产业模式生态化。要继续推进农村环境综合整治，以民族地区水源地周边为重点，推进新一轮农村环境连片整治，完善农村生活垃圾"村收集、镇转运、县处理"模式，鼓励就地资源化。要综合治理农村水系，因地制宜推广卫生厕所和简便易行的垃圾分类，持续改善农村人居环境。要推进农村污水处理统一规划、建设和管理，继续实施农村清洁工程，开展河道清淤疏浚。

三 统筹推进城乡一体化协调发展

努力破除城乡二元结构，缩小城乡差距，提升社会保障水平，积极扩大就业。改革以户籍制度为核心的城乡二元体制，实现劳动力城乡之间、区域之间的自由流动，不断推动农民享有与城市均等的基本公共服务，缩小城乡间的人均收入差距。

结合区域交通、城镇、产业布局，对接周边大城市发展，以铁路、干线公路等为轴带，推进以县城为重要载体的城镇化建设。要建立健全引导城市产业、消费、要素向农村流动的政策体系，推动资源型产品开发、农业初级产品加工和一些劳动密集型产业更多地布局到广大农村，降低生产成本、增加农村就业机会、活跃农村经济。要大力实施主城区带动战略，发挥主城区基础好、吸引力强等优势，大力发展优质产业，吸引农村人口转移落户。要提升县域综合服务功能，充分发挥落户成本低等优势，打造成农业转移人口市民化的重要平台。要加大现代农业和农业补贴力度，切实提高农民收入，同时加强农村教育、医疗、养老、文化、体育等公共服务水平，提升民族地区生活质量。

四 建设民主化法治化的社会治理体系

明确促进民族地区可持续发展的社会治理主体的责任，不断完善党委领导、政府负责、民主协商、社会协同、公众参与、法治保障、科技支撑的社会治理体系,充分发挥党政组织、自治组织、市场组织、社会组织的职责作用,使各主体能各尽其能、各尽其责。

引导企业和社会组织参与民族地区可持续发展,提升治理效能。可制定企业和社会组织参与社会治理工作的相关政策和规划,设立社会组织专项发展资金,建立社会组织培育平台,实施政府财政性资金扶持社会组织开展公益服务项目,通过委托、承包、采购等方式,引导企业和社会组织积极参与社会治理。

在民族县、乡镇街道层面成立协商委员会,规范协商程序,把涉及社区和群众切身利益的重要事项(特别是生态补偿、环境卫生、基础设施建设、社区安全、违法建筑等社区管理难点问题),作为社区协商治理的重点,反复讨论,增进民族群众的参与感、获得感、幸福感和安全感。

五 完善相关政策体系和保障措施

建立健全湖南民族地区可持续发展的政策体系,保障规划目标和重点任务的完成。要完善相关法律法规和标准,研究制定或修订耕地质量保护、农业环境监测、人居环境污染防治等法律法规,强化法制保障。要建立健全可持续发展长效机制,强化资源开发约束机制,研究制定资源开发与可持续发展协调评价办法,强化可持续发展预警与调控机制。要制定新兴生态行业市场准入标准,完善市场机制,确保优化营商环境。要加大执法和监督力度,健全执法队伍,整合执法力量,改善执法条件。要落实资源保护、环境治理和生态保护相关法律法规,加强民族地区跨行政区资源环境合作执法,依法严惩农业环境污染行为,健全重大环境事件和污染事故责任追究制度和损害赔偿制度。

完善扶持政策,持续加大投入力度。要健全民族地区可持续发展投入保障体系,推动投资方向由生产领域向生产与生态并重转变。要充分发挥市场配置资源的决定性作用,鼓励引导金融资本、社会资本投向农业资源利用、环境治理和生态保护等领域。要完善财政激励政策,落实税收政策,推行政府购买服务、成立农村环保合作社等方式,引导各方关注民族地区可持续发展。

加强组织领导,建立部门协调机制。要建立由民族地区有关部门参加的区域可持续发展部门协调机制，加强组织领导和沟通协调，明确工作职责和任务分工。各市（州）要围绕规划目标任务，统筹谋划，抓紧制定地方可持续发展规划，积极推动重大政策和重大工程项目的实施，确保规划落到实处。要完善政绩考核评价体系，创新民族地区可持续发展的评价指标体系，将耕地红线、资源利用与节约、环境治理、生态保护等各个方面纳入政府考核范围，为民族地区可持续发展提供保障。

第七章　湖南民族地区社会可持续发展

社会可持续发展战略要瞄准"社会矛盾不扩大、社会服务不缺位、社会治理不落后"的目标。其中，社会矛盾不扩大，是社会可持续发展最重要的基石，对于民族地区而言，要铸牢中华民族共同体意识，将社会矛盾纠纷化解在最基层；社会服务不缺位，是通过公共服务的供给侧改革实现人的自由而全面的发展；社会治理不落后，是通过有效创新，保障社会可持续发展稳定向前，社会秩序井然。

第一节　以铸牢中华民族共同体意识为主线

中央民族工作会议强调，铸牢中华民族共同体意识是新时代党的民族工作的"纲"，所有工作要向此聚焦。党的十九大报告中明确指出，深化民族团结进步教育、铸牢中华民族共同体意识是促进各族人民共同团结奋斗、共同繁荣发展的重要前提。铸牢中华民族共同体意识，坚决贯彻落实中央民族工作会议精神，中共中央办公厅、国务院办公厅印发的《关于全面深入持久开展民族团结进步创建工作铸牢中华民族共同体意识的意见》[1]、湖南省《关于全面深入持久开展民族团结进步创建工作铸牢中华民族共同体意识的实施方案》[2] 等方案，是促进民族地区社会

---

[1] 《关于全面深入持久开展民族团结进步创建工作铸牢中华民族共同体意识的意见》，http://www.gov.cn/zhengce/2019-10/23/content_5444047.htm，最后访问日期：2023年8月20日。

[2] 中共湖南省委统战部：《关于全面深入持久开展民族团结进步创建工作铸牢中华民族共同体意识的实施方案》，https://www.hnswtzb.org/content/2019/09/02/6281957.html，最后访问日期：2023年8月20日。

整合与社会凝聚，进一步促进民族地区各族人民、各社会阶层之间交往交流的方式，更是民族文化融合的桥梁，是调动和组织各社会阶层参与民族地区发展建设的重要途径。

湖南民族地区的中华民族共同体意识建设，需要坚持中国共产党的全面领导，坚持和完善民族区域自治制度，促进民族团结进步创建，坚持民族事务治理法治化。

一 坚持党对民族工作的全面领导

坚持中国共产党的全面领导，为铸牢中华民族共同体意识提供根本保证，是做好新时代党的民族工作的根本保障。习近平总书记强调，"要始终坚持党的领导，完善党的领导制度，纵向要到底，横向要到边。要坚持走中国特色解决民族问题的正确道路，全面深入持久开展民族团结进步创建，打牢中华民族共同体思想基础"[1]。

中国共产党的领导是中国特色社会主义最本质的特征，是中国特色社会主义制度的最大优势。坚持党对民族团结进步事业的领导，是由中国特色社会主义的本质属性决定的。我国是统一的多民族国家，民族团结是各族人民的生命线。民族团结可以促进国家的和谐稳定，实现国家治理的可持续发展，确保各民族人民的幸福生活。习近平总书记指出，"民族工作能不能做好，最根本的一条是党的领导是不是坚强有力。中国共产党的领导是民族工作成功的根本保证，也是各民族大团结的根本保证。没有坚强有力的政治领导，一个多民族国家要实现团结统一是不可想象的。只要我们牢牢坚持中国共产党的领导，就没有任何人任何政治势力可以挑拨我们的民族关系，我们的民族团结统一在政治上就有充分保障"[2]。中国共产党成立100多年以来，一直都非常重视民族团结工作。"在抗日战争时期，中国共产党提出了一系列适合中国国情的民族理论、方针和政策，广泛动员全国各少数民族参加到抗日斗争中来。中

---

[1] 《共享民族复兴的伟大荣光——习近平总书记关于民族团结进步重要论述综述》，《人民日报》2021年8月25日第1、3版。

[2] 《共享民族复兴的伟大荣光——习近平总书记关于民族团结进步重要论述综述》，《人民日报》2021年8月25日第1、3版。

国共产党成为各少数民族参加抗日斗争的组织者和领导核心"①，始终能根据国情及民族地区的实际情况，与时俱进地调整相关政策，带领全国各族人民走出一条中国特色的民族发展道路，使全国各民族共同实现全面小康。当前，"中国特色社会主义进入新时代，中华民族迎来了历史上最好的发展时期。同时，面对复杂的国内外形势，我们更要团结一致、凝聚力量，确保中国发展的巨轮胜利前进"②，而这离不开党的全面领导。

加强和完善党对新时代民族工作的全面领导，必须强化党委主体责任，必须推动形成新时代党的民族工作格局，必须加强干部人才队伍建设，必须夯实基层基础。各级党委要把做好民族工作作为重大政治责任，把党的领导贯穿民族工作全过程；要凝聚各方力量、汇聚各方智慧，推动形成党委统一领导、政府依法管理、统战部门牵头协调、民族工作部门履职尽责、各部门通力合作、全社会共同参与的工作格局；要确保民族地区各级领导权掌握在忠诚干净勇于担当的干部手中，重视培养和用好少数民族干部，对政治过硬、敢于担当的优秀少数民族干部要充分信任、委以重任；要加强民族地区基层政权建设，强化基层民族工作机构建设和民族工作力量，确保基层民族工作有效运转，党的民族理论和民族政策到基层有人懂、民族工作在基层有人抓。③

二 坚持民族区域自治制度

坚持民族区域自治制度，为铸牢中华民族共同体意识提供制度保障。民族区域自治制度是我国的一项基本政治制度，规定在各少数民族聚居的地方实行区域自治，设立自治机关，行使自治权。民族区域自治制度有效地将民族自治与区域自治结合起来，是中国共产党长期探索形成的解决国内民族问题、维护民族平等团结的基本政治制度，是国家制

---

① 陈夕：《中国共产党与少数民族的抗日斗争》，《人民日报》2005年8月22日第9版。
② 《共享民族复兴的伟大荣光——习近平总书记关于民族团结进步重要论述综述》，《人民日报》2021年8月25日第1、3版。
③ 《加强和完善党对民族工作的全面领导——论学习贯彻习近平总书记中央民族工作会议重要讲话精神》，《中国民族报》2021年10月19日第1版。

度体系和治理体系的重要组成部分。

习近平总书记指出,"要认真总结民族区域自治的理论和实践经验,坚持和完善这一制度,促进民族团结融合,促进各民族像石榴籽一样紧紧抱在一起"①。民族区域自治制度保障民族地区各民族的平等与团结,有利于民族地区发展经济、改善民生。"加强民族团结,根本在于坚持和完善民族区域自治制度。要高举各民族大团结旗帜,全面贯彻党的民族政策,使民族区域自治制度这一理论根源越扎越深、实践根基越打越牢。"②

民族区域自治制度能有效促进湖南民族地区与其他地区的协调发展,推动民族地区经济社会发展。在民族团结的基础上,民族地区要充分利用法律保障好自治权,解决好发展过程中存在的相关问题。同时,民族区域自治也需要关注各民族之间的和谐发展,坚持将民族特色与区域特色相结合,共同处民族地区的经济问题、民生问题。

可持续发展是民族地区发展的核心问题,要保障民族地区经济社会发展,需要在民族区域自治制度的框架下,准确把握当前国家主要矛盾变化的大背景,巩固拓展脱贫攻坚成果与乡村振兴有效衔接,调动民族地区各方面的积极性,认真解决好民族地区群众最关心、最直接、最现实的问题,促进所有成员享受到社会进步的成果,增强其幸福感、安全感和获得感。

三 促进民族团结进步创建

民族团结是各族人民的生命线。铸牢中华民族共同体意识,就要紧紧守护这条生命线,像爱护自己的眼睛一样爱护民族团结,像珍视自己的生命一样珍视民族团结。民族团结是国家发展进步的基石。根基不牢,地动山摇。同心共济、团结一心,中华民族就安如磐石、坚不可摧。祖国统一、边疆巩固、民族团结、社会稳定,才能确保国家长治久

---

① 《让各民族手足相亲守望相助——以习近平同志为核心的党中央关心少数民族和民族工作纪实》,https://baijiahao.baidu.com/s?id=164574942079 4082259&wfr=spider&for=pc,最后访问日期:2023 年 8 月 20 日。
② 《共享民族复兴的伟大荣光——习近平总书记关于民族团结进步重要论述综述》,《人民日报》2021 年 8 月 25 日第 1、3 版。

安和中华民族繁荣昌盛。①

要开展文化认同教育以促进民族团结创建。通过党史教育，引导各族群众树立正确的国家观、历史观、文化观和宗教观；通过学校的思想政治教育，强化各族学生的爱国热情；通过社会主义核心价值观教育，使各族群众爱国、爱党、爱中华文化、爱中华民族的意识不断增强；通过民族交流交融历史的教育，引导各族群众一起向未来，深刻认识中华民族共同体的重要价值。②

要开展文化交流活动以促进民族团结创建。可以支持举办民俗节庆活动，开展民族团结进步创建互观互检、基层干部群众参观考察、省际边界民族地区协作交流、民族联谊等活动，通过活动有意识地输出民族团结进步的思想文化，引导各民族成员主动相互交流，相互之间成为朋友，成为合作伙伴，共同来发展民族地区。湖南还可加强重点新闻网站政务新媒体建设，加快网络评论体系和网络人才队伍建设，健全网络舆情管控引导机制，建设好网上民族共同家园，鼓励高等院校创办民族间交往交流交融平台，支持市州、县市区创建民族地区流动人口服务工作站，支持株洲、湘潭、衡阳、张家界、娄底、郴州、岳阳等市创建民族地区流动人口服务管理示范城市。

四 坚持民族事务治理法治化

坚持民族事务治理法治化，确保各族公民在法律面前人人平等。要全面贯彻落实民族区域自治法，健全民族工作法律法规体系，依法保障各民族合法权益。"只有树立对法律的信仰，各族群众自觉按法律办事，民族团结才有保障，民族关系才会牢固。"③

将铸牢中华民族共同体意识工作与治理法治化工作相结合，是推进民族地区持续发展中不可缺少的一环。习近平总书记指出："要积极推

---

① 《铸牢中华民族共同体意识系列评论（九）：民族团结是各族人民的生命线》，https://m.thepaper.cn/baijiahao_9414245，最后访问日期：2023年8月23日。

② 《铸牢中华民族共同体意识——论学习贯彻习近平总书记在中央第七次西藏工作座谈会上重要讲话》，《人民日报》2020年9月1日第2版。

③ 《共享民族复兴的伟大荣光——习近平总书记关于民族团结进步重要论述综述》，《人民日报》2021年8月25日第1、3版。

进全面依法治国，营造公平有序的经济发展法治环境，把加快民族地区发展、维护少数民族群众合法权益纳入法治化轨道，依法管控边境秩序、维护边境地区安全稳定。各级党政机关和每一位领导干部、每一位工作人员都要增强法治观念、法律意识，坚持有法必依，善于运用法治方式开展工作，让人民群众在日常生产生活中都能感受到公平正义。"①

民族事务治理法治化，可从三个方面来实施，具体如下。

一是健全与完善民族地区法律法规体系。法律法规的出台是一项复杂工程，要结合湖南实际，全面贯彻落实党和国家民族政策、铸牢中华民族共同体意识等政策要求。要立法先行，深入开展立法调研，做好《湖南省实施〈中华人民共和国民族区域自治法〉的若干规定》修改工作，加快研究制定《湖南省促进民族团结进步条例》和湖南省《关于加强和改进新形势下城市民族工作的实施意见》等专门法规，从法律规范上指导和保障民族地区的可持续发展。

二是要确保民族法治体系实施高效。法律实施的目的是全面彻底地落实法律规定，提高法律的实际效用。要广泛宣传党和国家出台的民族政策和法律法规，加大政策法律法规的普及力度，采取相应措施推出便于民族地区群众理解、易于接受的普法产品，不断提高普法成效。要尊重法律的执行结果，加大党委政府专项督查、各级人大执法检查、相关部门联合督查的工作力度，推动民族政策法规精准有效实施。要按照"区别情况、准确把握、积极完善、稳妥实施"的要求，开展民族政策法规实施情况分类评估，形成年度评估报告，充分运用评估成果，加大督办整改、责任追究力度。

三是要依法妥善处理影响民族团结的问题。要坚持法律面前各民族一律平等的宪法原则，依法保障各民族群众的合法权益，防止针对特定民族的歧视性做法。坚持在法治轨道上处理涉及民族因素的问题和案（事）件，严格区分不同性质的矛盾，坚持是什么问题就按什么问题处理。

---

① 《共享民族复兴的伟大荣光——习近平总书记关于民族团结进步重要论述综述》，《人民日报》2021年8月25日第1、3版。

第二节　以公共服务供给侧结构性改革为突破口

湖南民族地区多为原来的贫困地区，经济社会发展相对于省内其他地区略显落后，而公共服务的质量与地方经济实力呈现出一定的正相关关系。进入新时代后，民族地区群众日益增长的美好生活需要对公共服务供给的种类和质量提出了更高的要求，相对落后的经济发展使得相关公共服务领域，如医疗、教育、养老等服务业发展相对滞后，需要不断变革以适应新需求。

在湖南民族地区，政府在教育及社会保障等方面的供给总量难以满足民族地区群众不断增长的实际需求，部分地区九年义务教育率未达到100%。从公共服务的供给质量来看，在生活保障等领域也未达到群众预期标准；从公共服务的供给均衡程度来看，民族地区城乡之间、乡镇之间的供给也不均衡，农村最低生活保障人数的下降幅度远远低于城市，城市在社会保障、公共服务方面投入的力度和取得的成效明显高于农村；从公共服务的供需关系来看，部分民族地区的供需关系错位，未将群众的需求当作供给目标，反而只是瞄准上级政府的指标；从公共服务的供给主体来看，民族地区呈现出主体单一化现象，主要由政府供给，社会组织、企业组织等参与的情况较少，公共服务供给效率低下（见表7-1）。

表7-1　　　　　　　湖南湘西州部分公共服务状况　　　　　　单位：人，%

	龙山县	永顺县	保靖县	花垣县	古丈县	凤凰县	泸溪县	吉首市
2020年常住人口①	476439	413470	238792	249238	108798	351619	240937	408812
九年义务教育完成率	97.4	100	99.39	100	97.68	99.64	100	97.1
每10万人中拥有大专及以上学历者	6510	5994	6092	5781	8941	6578	6485	19948

---

① 湘西州统计局、湘西州第七次全国人口普查领导小组办公室：《湘西州第七次全国人口普查主要数据公报》，http://www.xxz.gov.cn/zfsj/tjgb_47576/202107/t20210708_1806259.html，最后访问日期：2023年8月23日。

续表

	龙山县	永顺县	保靖县	花垣县	古丈县	凤凰县	泸溪县	吉首市
城市居民最低生活保障人数	4092	6600	5024	2869	3075	3267	53061	2923
2019年城市居民最低生活保障人数	5208	6613	/	3681	/	/	54013	3024
农村居民最低生活保障人数	15290	46600	25239	16299	9052	19985	199835	9978
2019年农村居民最低生活保障人数	14063	46621	/	16228	/	/	225612	9616

注：数据来源于上述8个县市2020年和2019年《国民经济和社会发展统计公报》。

要破解公共服务供给同群众日益增长的美好生活需要之间的矛盾，就需要不断增加公共服务的有效供给，推进公共服务供给侧改革。为了实现民族地区的可持续发展，首先需要明白公共服务供给侧结构性改革的内涵，它意味着从公共服务的有效供给出发，创新供给模式和供给机制，推进结构调整，提高供给质量，有效满足社会需求。① 就湖南民族地区而言，群众的社会需求已转变为对美好生活的追求，涉及物质、精神等多个方面。从公共服务的供给侧进行改革，能够解决好发展不平衡不充分的问题，为民族地区可持续发展奠定基础。

针对湖南民族地区公共服务供给的现状，进行公共服务供给侧结构性改革，需要增加公共服务产品和服务供给，提高供给结构对需求变化的适应性和灵活性。以公共服务供给侧结构性改革为基础，应当以优化公共资源配置为首要思路，提升公共服务供给资源的规模和类型，注重有效资源的供给，解决好公共服务供给的不均衡及瞄准问题。同时，要针对民族地区群众的需要，提升公共服务供给质量，重视多元主体供给的方式，提升供给效率，还要完善公共服务的法律制度建设，为公共服务有效供给提供保障。

---

① 张楠迪扬：《中国城市基层基本公共服务供给模式：特点、趋势与反思》，《公共管理与政策评论》2018年第1期。

一　优化公共服务资源配置

在2017年湖南省公布的11个深度贫困县中，有10个在民族地区，而公共服务的总量及质量在很大程度上和地方的经济状况息息相关。因此，较贫困的民族地区的公共服务资源相对不足、分布不均。

一是民族地区公共服务供给总量相对不足。特别是在基础教育、医疗卫生、文化服务等方面，供给总量难以满足民族地区群众的实际需求。在文化供给方面，部分民族地区的县、村设立的公益书屋数量仍较少，有些地方即使有书屋，但是书屋的图书数量太少，实际发挥的作用有限；在某些地方，民族特色文化活动也较少。在教育供给方面，尽管民族地区群众拥有自身独特的语言，但目前十分缺乏具备普通话和民族语言双语教学的老师。同时，民族地区的教育水平和其他地区仍有很大差距。在医疗服务方面，由于民族地区财政投入有限，医院、村卫生室、优秀的医务人员数量均较少。

二是民族地区公共服务的供给质量不高。部分民族地区政府提供的公共服务未达到行业标准，所引进的公共服务也缺乏对供给质量的考虑。比如，虽然湖南省对民族地区的就业工作十分重视，从就业培训、就业服务、创业服务等多角度推进就业工作，但所提供的就业信息中岗位少且更新不及时，后续的保障并未落实。民族地区创业孵化基地建设相对滞后，"双创"支撑平台也有待优化；相关职业院校、园区、企业的主体作用未能较好发挥，公共实训基地还需加强建设，职业技能提升行动还不丰富，就业技能培训、岗位技能提升培训和创业培训都需要加强。总之，公共就业服务平台建设水平还不高，未全面推进"互联网+公共就业服务"，没有构建起覆盖全民、贯穿全程、辐射全城、便捷高效的公共就业服务体系。

三是民族地区公共服务供给不均衡。首先是县城与农村的公共服务供给不均衡。由于具有较好的经济基础且人员密集，县城公共服务资源占有的比例相应较大，一定程度上影响到农村公共服务的供给。因此，民族地区农村群众享受到的公共服务质量比之县城具有一定的差距。其次是一般乡镇与民族乡镇之间公共服务供给的不均衡。由于湖南地区民族乡镇的村民存在杂居、散居的特征，相关产业的发展与一般乡镇之间存在差异，加之民族乡镇交通不便利，基层政府需要耗费更大的公共服务成本，造成民族乡镇公共服务供给不足。

优化公共服务的均衡配置，要从各个方面进行改革。在基础教育供给方面，需要完善学前教育公共服务体系，优化学前教育布局，增加城镇普惠性学前教育资源供给，推动义务教育优质均衡发展；要优化城乡义务教育学校规划布局，推进学校标准化建设，持续改善农村学校办学条件，全面提高义务教育质量，确保到2025年义务教育巩固率稳定在98%以上；要继续实施家庭经济困难学生资助政策和农村义务教育学生营养改善计划，对低保、特困救助供养、残疾、孤儿等特困学生以及脱贫人口中的易返贫家庭学生优先落实教育资助。在民族发展过程中，"要充分考虑不同民族、不同地区的实际，统筹城乡建设布局规划和公共服务资源配置，完善政策举措，营造环境氛围，逐步实现各民族在空间、文化、经济、社会、心理等方面的全方位嵌入"。[①] 对于民族地区特征造成的公共服务资源配置不均衡问题，各级政府应当结合实际，采用更加灵活的公共服务供给与管理模式，通过互联互通公共服务基础设施等方式，破除城乡二元结构的壁垒，实现区域公共服务一体化及均等化，提高公共服务共建能力和共享水平，朝着精细化管理方向发展，由"大水漫灌"向"定向滴灌"转型，在不均衡的公共服务资源配置环境下，实现供给的稳定增长与供给结构的优化。

各级政府应建立"公共服务进步"的政绩观，进步要比水平更重要，公共服务水平反映的是政府在过去较长一段时期的成绩和积累，而公共服务进步则是政府短期与当期的政绩，把公共服务进步作为衡量地方政府发展政绩的核心指标，有助于推动地方公共服务加快发展，有助于推动政府从关注经济增长向关注民生导向转型，更好地实现民族地区的有效发展。

二 瞄准民族地区群众自身的需求

不同区域之间、不同民族的民族群众对于公共服务的需求存在一定

---

① 《促进各民族广泛交往交流交融——论学习贯彻习近平总书记中央民族工作会议重要讲话精神》，《中国民族报》2021年9月17日第2版。

的差别。马斯洛需求层次理论中提到，人的基本需要在得到满足后会追求更高等级的需要。群众的需求也是多层次、有变化的。当我国进入新时代后，湖南民族地区群众的温饱问题已经得到解决，他们对美好生活的需要变得日益广泛，不仅对物质文化生活提出了更高要求，而且在民主法治、公平正义、安全和谐等公共服务方面的需求也不断增长。公共服务是否优质，最主要的衡量标准就是是否达到群众的预期。整体而言，民族地区要结合群众合理需求明确公共服务发展的重点。民族地区地方政府既要重视公共服务的改进，也要通过公共服务满意度调查找出公共服务的"短板"，从而进行必要的、及时的调整。比如，那些经济相对发达的民族县或乡镇，在改善公共服务供给覆盖水平的同时，要注重辖区居民日益增长的高质量公共服务需求；而相对欠发达的民族县或乡镇，应当提高民生财政投入的使用效率，逐步提升弱势民族群众均等获得公共服务的机会，提高各类公共服务的供给水平。

以民族群众的公共服务需求为导向，民族地区政府应当明确如下问题。提供什么类型的公共服务？以何种形式提供公共服务？如何评价民族群众公共服务的"获得感""幸福感""安全感"？当前，民族地区公共服务供给的主要形式是政府自上而下的供给，政府自主地结合当地实际进行决策，一般较少考虑群众的多维需求，从而在一定程度上造成公共服务供给的不合理，导致供需"错位"，即公共服务的供给与民族地区群众的真实需求脱节。比如，民族地区中的凤凰县等在"十三五"期间较好地完成了易地扶贫搬迁任务，也完善了农村公路等基础设施，使得民族群众更加聚集，但聚集后的群众又衍生出更多的社交，对文化服务有了更高的需求，而上级政府当时只设立了民族地区搬迁等专项补贴和指标，没有考虑文化广场、农家书屋、村活动中心等公共服务。政府自上而下的供给模式，使得民族群众的需求偏好难以"上达"，不能反映到政府实际政策制定当中，造成公共服务供需"错位"。[①] 因此，政府要真正了解民族群众的真实需求，必须让他们真正地参与公共服务的决策。一方面，要增加需求反馈的有效渠道，不但要使传统的信访、意见箱、问政电话等形式变得畅通，还要利用好互联网、微博、微信等网络

[①] 张邦辉、李丹姣、蒋杰：《政府向社会组织购买公共服务中的公众需求表达机制探究》，《改革》2020年第5期。

新媒体平台，形成新型的需求反馈连接模式，增加政府与民族群众的沟通交流，建立常态化的双向沟通机制。同时，政府各部门（如信访、网信等部门）要积极听取群众反映的需求，分类登记，协调相关部门予以满足。另一方面，要及时有效回应民族群众的需求。民族群众提出的合理化公共服务诉求，政府一定要认真地研究，并有规划地落实；对于那些一时难以解决的问题，要予以说明，及时答复，在需求落实时要全程公示，从而促进民族群众参与公共服务决策的积极性。

脱贫攻坚战取得胜利后，民族群众最重要的公共服务需求就体现在不返贫上。而导致返贫的因素主要体现在疾病和灾难，因病致贫和因灾致贫在湖南民族地区是比较常见的。满足民族群众的健康需求，就要将健康中国战略在城乡同步推进，继续实施健康湖南行动，织牢公共卫生防护网，提供全方位全周期的健康服务。同时，要完善民族地区公共卫生服务体系，加强公共卫生服务机构建设，拓展基本公共卫生服务项目内容，推进基本公共卫生服务均等化；要加快发展省域医联体，促进优质医疗资源区域均衡布局；要提升民族地区医疗服务能力，加大市州综合医院支持力度，建设一批省级区域医疗中心。从湖南全省来看，要确保到 2025 年，县域内和基层医疗卫生机构就诊率分别达到 90%以上、70%以上，实现"大病不出县、小病不出乡"的目标。

三　实现公共服务的多元主体供给

政府掌握着绝大多数的公共资源，是绝对的公共服务供给主体，但单一的供给主体会因为缺乏竞争而导致供给绩效降低、服务质量下降。因此，民族地区公共服务的供给也需要由多元主体共同完成。社会组织（包括群众自治组织）能够以其专业能力而承担更多的社会性职能；企业组织，在通过产业发展从而带动地区发展、促进民族群众就近就地就业方面发挥重要作用。多元主体协同供给公共服务，将各自的优势充分发挥出来——政府充分发挥其动员能力，科层制的效率优势；企业充分发挥其市场灵敏度，促进资源配置的公平性；社会组织充分发挥其专业能力，更准确地满足民族群众需求——才能提高公共服务供给的效率和公平度。

在具体的公共服务供给过程中，政府、社会组织和企业三方可能都会有参与,也需要加强政府、社会组织和企业、民族群众之间的协同。社会组织是多元供给中的重要参与者,政府通过委托、购买、合作入股等方式,引入社会组织参与公共服务供给,通过市场化竞争来降低供给成本。社会组织提供的公共服务多种多样,能够满足多元化的社会需求,并有效地促进民族群体的广泛参与,特别是对于服务业更具针对性,从而和政府的优势互补。企业组织是多元供给的必要参与者,遵循市场机制,其对于利润的追求,能更好地将效率贯彻始终,并有效压缩成本。当然,有效的监管必不可少,企业要坚守公益底线,将利润率控制在合理的范围之内。① 从根本上来说,要提高民族地区公共服务供给的质量,需要逐步将公共服务市场化,政府在多元供给主体中要扮演好合作供给的主导者,负责公共服务发展规划和合作供给制度的制定等。多元主体的合作协同,是指在各主体间形成公共责任、合作意识,使各主体在公共服务高效供给时能够彼此配合、自我控制,当然,各主体也要加强协同供给公共服务资源交互与协同能力的培养。

四 完善公共服务的监督与问责机制

实现民族地区的可持续发展,必须对公共服务供给中的资源配置过程进行严格监督,对公共服务供给效果进行有效问责。从某种意义上来说,监督和问责机制可以使政府或各主体所提供的公共服务,都符合法律法规的规定,保障公共服务的供给质量,避免各主体为了自身利益而影响公共服务质量,并营造公平合理、良性竞争的公共服务供给环境。

目前,湖南省已初步构建起公共服务领域监督机制,但仍缺乏必要的法律法规保障,还有些关系需要理顺。民族地区现有的公共服务监督机制不能仅限于政府内部,只采取自上而下的方式,那样其覆盖面和实效性均有限。要加强纪检监察机关的监督,使其在监督中发挥主导作用,同时发挥其他监督主体的作用,增强监督的主动性,实施全过程监督。要避免各类监督主体可能出现的问题,如政府自身的职能监督、工作监督经常会出现监督者与被监督者同为一体、自我监督的情况,进而

---

① 苗红培:《多元主体合作供给:基本公共服务供给侧改革的路径》,《山东大学学报》(哲学社会科学版) 2019 年第 4 期。

影响监督效果；人大、政协的专题质询、评议建议等监督方式的强制力较低；司法机关的监督只限于其有限的法律责任；媒体、社会公众等外部力量的监督有可能面临多重压力和阻力，实际作用发挥有限。公共服务供给的监督除了要这些监督主体合理发挥其职能外，还需要各主体间协同配合。同时，要加大对公共服务供给中履职不力情况的问责力度，以实际的行动来保障公共服务供给质量。对于在公共服务供给过程中相互间推诿、扯皮的事件，要果断问责，确立监督机构应有的权威，强化监督机制的整体效能。可通过定期协商机制，增强各监督主体间的联系，尤其要重视人民群众和社会舆论的力量，通过协商民主不断加强社会各界的监督与问责意识。

第三节　以社会治理创新为主线

湖南各民族的分布状态也是"大杂居、小聚集、交错杂居"的特点，其社会结构也很复杂，内部的不同群体，尤其是不同民族之间在观念、利益、行动等各方面都有一定的差异，会增加地方治理的难度。同时，民族地区各社会阶层之间的联系、互动较少，尤其是新的社会阶层人士的参与还大有空间。在此背景下，要实现民族地区社会有效治理，不同民族群体、不同阶级群体之间的价值共识、发展共识、行动共识还有待加强。在脱贫攻坚阶段，民族地区的社会治理事务很多是由派驻干部、帮扶单位来承担，大幅提升了当地的社会治理水平，但是如果不能有效帮扶和锻炼本土干部，民族地区持续发展就会缺少后劲。因此，为加强民族地区社会治理的有效性，提升民族地区社会治理能力，实现民族地区社会可持续发展的目标，需要在民族地区不断推进社会治理创新，要根据不同地区、不同民族实际，突出区域化和精准性，针对特定地区、特殊问题、特别事项制定实施差别化区域支持政策。

民族地区的社会治理创新，能够优化社会治理体系、提升社会治理能力，促进国家治理现代化。脱贫攻坚之后，民族地区的社会治理要改变原来帮扶干部包办社会治理事务的"代劳型"治理形式，要改变本土干部的依赖习惯，增强他们的治理自主性和自主能力。同时，要改变民族群众习惯的"有求必应"式治理状态，培养他们参与治理的能力。针对民族地区目前社会治理的现状，需要通过党建引领的方式，构建多元治理模式，重视社会组织的参与，培养优秀的人才为社会治理创新服务，以形成高质量的综合性社会治理体系。

一　构建党建引领共建共治共享的治理格局

加强基层党的建设、巩固党的执政基础，是贯穿社会治理和基层建设的一条红线。对于湖南民族地区的社会治理来说，要充分发挥共产党员的先锋模范作用，使他们成为民族地区社会治理创新的带头者、监督者和责任者。基层党组织要引领社会治理创新，推动基层政府切实转变为真正的服务者角色，同社会组织、企业组织和民族群众一起治理社会公共事务、承担社会责任，形成符合地方特色的党建引领社会治理新模式。共建共治共享的社会治理模式，要求以基层党组织为核心，政府、自治组织、社会组织、企业组织和民族群众协同合作，各司其职，既履行好自身的职责，又相互配合、协商处理公共事务。

在强化基层党建引领的基础上，通过干群合作、政社合作，在民族地区社会治理薄弱环节（如乡村社区），组织发动群众通过互助合作参与社会共治，实现村庄内部治理力量在党建引领下的有序、有力参与，破解民族地区社会治理乏力困境。例如，贵州省台江县长滩村的"十户一体"抱团管理模式、湖南省湘西州吉首市隘口村的"互助五兴"村民合作模式，都是民族地区在党建引领下发动农民合作社、民族群众参与村庄共治的良好探索，通过村民互助合作凝聚和拓展了环境治理、生产活动、学习教育、基础设施管护等乡村治理事务的行动力量，对于提升民族地区社会治理能力具有借鉴意义。

共建即多主体共同参与社会建设。民族地区的县委、县政府可以通过政策规划安排社会建设的目标与内容，县属各部门具体牵头落实社会建设任务，企业组织和社会组织等通过筹集资源推动社会建设，县乡村三级干部实施具体的建设工程任务，民族群众可直接参加社会建设。共治即多主体共同参与社会治理。民族群众是社会治理的真正主体，参与权是其中最重要的一项权利。社会治理必须真实反映民族群众对美好生活的向往，这建立在保障民族群众参与权利的基础之上。在共治目标要求下，民族地区的党委和政府要通过正面引领、典型示范、荣誉激励等方式，动员和激励民族群众从被动参与变为主动参与，保障不同群体和个人在参与社会治理过程中既能够彼此协商互动，又能够与政府、企事业单位和社会组织等主体主动沟通、协商一致，从而真正实现其自我管理、自我服务、自我教育和自我监督的社会治理新局面。共享即多主体共同享有社会治理成果。长期以来，因为民族地区的经济发展相对落后，诸多改革发展的成果难以让广大民族群众共享。新的发展格局下，民族群众成为社会治理的重要参与主体，在其参与过程中，能够及时有效地获知公共事务治理的决策过程，从而保障其能够公平地享用社会发展成果。

二 加强社会治理人才队伍建设

社会治理创新离不开人才的支撑。高素质专业化的人才队伍是社会治理的主体，这也是目前湖南民族地区社会治理中的短板，加强社会治理人才队伍建设正当其时。加强社会治理人才队伍建设的重点在于培育民族地区发展的认同感，完善人才队伍的领导机制，做好有针对性的基层干部培养和培训工作。要坚持新时代好干部标准，努力建设一支维护党的集中统一领导态度特别坚决、明辨大是大非立场特别清醒、铸牢中华民族共同体意识行动特别坚定、热爱各族群众感情特别真挚的民族地区干部队伍，确保各级领导权掌握在忠诚干净勇于担当的干部手中。要更加重视、关心、爱护在条件艰苦地区工作的一线干部，吸引更多优秀人才。要重视培养和用好少数民族干部，对政治过硬、敢于担当的优秀少数民族干部要充分信任、委以重任。[①]

对于原本生活在民族地区的人而言，民族地区就是他们自身生活的家园，他们了解民族地区，对民族地区充满着情感和依恋。而初来乍到的来自其他地区的帮扶人员和工作人员，包括部分政府部门、企业组织、社会组织和新入职的大学毕业生，可能没有太多的民族认同感、归属感与责任感，会直接影响其参与社会治理的动力，因此要强化人才队

---

① 《加强和完善党对民族工作的全面领导——论学习贯彻习近平总书记中央民族工作会议重要讲话》，《人民日报》2021年9月1日第1版。

伍的社会认同感，促使其积极参与社会治理。目前，民族地区引进了大量人才参与社会治理，需要建立专门服务人才的工作部门，提高对于人才参与社会治理的关注度和重视程度。可以建立健全科学的考核评价指标体系，将社会治理人才队伍建设的工作实绩纳入政府和有关部门的考核指标体系，对下沉到基层工作并取得突出成绩的人才，要给予提拔重用，形成良性机制。要合理满足外来人才的实际需求，提供相应的便利，同时，要培育具有治理能力的本土人才，为民族地区的社会治理建设"造血"。要通过发挥不同主体间的优势差异性，通过相关资源的互补协调，弥补各自的劣势，充分发挥出最佳的整体效用。

针对民族地区的基层干部，一方面，可考虑建立新进公务员"入村培养"制度，要求公务员入职前必须到村级组织锻炼一年以上，入村锻炼期间，享受公务员工资和相应补贴。同时，加强村干部年轻化和专业化建设，在现有政策的基础上，强化基层干部的教育培训力度，提升基层干部能力素养，通过各类政策吸引年轻人返乡创业，参与社会治理，充实基层干部队伍。另一方面，围绕社会治理人才短缺问题，建立依托互联网信息技术的"线上帮扶"平台，组建专门的社会治理帮扶联系站，通过网络会议、视讯通话等现代化方式，建立起帮扶干部和基层干部之间的常态化远程联系，促进帮扶干部异地提供适合远程指导的服务，为社会治理提供决策参考和智力支撑，以信息化手段延续社会治理"对口帮扶"的实际作用。脱贫攻坚的实践证明，有产业经验、专业知识的干部往往能带领村民们进行有效的发展，形成聚拢化、规模化的效应，在民族地区的社会持续发展中同样如此，因此，针对民族地区的基层干部，要加强相关专业知识的培养，提升其社会治理能力，促进社会治理的创新与发展。同时要定期举办民族地区各级领导干部、帮扶干部和村支两委能力提升培训班。坚持从严管理监督，加大考察考核力度，多渠道多角度考察识别干部。

三 促进民族地区社会组织参与治理创新

社会治理能力的提升需要社会组织积极参与，社会组织对于民族地区社会治理方式的多元化和社会治理效能的提升具有重要意义。从民族地区发展的情况来看，民族区域自治制度发挥了非常重要的作用，社会组织在社会治理创新过程中积极弥补政府职能的不足，与政府合作共同供给公共服务。社会组织参与的最重要作用是利用其贴近民族群众、了解民族群众需求的优势，提供专业化的公共服务。因此，要充分发挥湖南民族地区社会组织服务社会治理的作用，政府应该加强对社会组织的引导，激发社会组织的活力，鼓励社会组织参与社会治理的过程，同时要规范好社会组织的行为，提升社会组织治理能力。

民族地区社会组织社会治理能力的增强与提升主要涉及以下三点。首先，要积极转变政府职能，加强业务主管部门对社会组织的帮扶和培育职能，对民族地区社区服务组织、乡村社会组织及其人员进行系统化、专业化的培训，以提升其组织成员的专业素质和专业水平，同时要健全和完善社会组织的相关制度，如联络制度、走访制度等，针对不同类型的社会组织要实行不同的政策标准，构建新型的政社关系。其次，要根据民族地区的特点完善社会组织的相关法律法规体系，使得社会组织的建立和运行有法可依、有章可循，更好地保障社会组织的权益、促进社会组织的发展。更重要的是，民族地区要通过法律法规来重点扶持公益与服务型社会组织的发展，以更好地满足民族群众的整体利益。比如，各种维护民族群众权益的消费者协会、民族弱势群体权益保障组织、保护历史人文生态环境的自然或生物保护协会、民族文化遗产保护性组织，高度重视扶持这些组织，是坚持以人民为中心、维护国家和社会稳定有序运行的重要条件。而且，这种类型的社会组织能够推动个人与集体之间关系的良性协调发展，进而促进社会的可持续发展。最后，要将社会组织的制度体系建设与民族地区的现实发展相结合。由于民族地区民族的多样性，不同民族特征的社会组织可能难以得到其他民族群众的认同，而且，没有民族特征的社会组织也可能因为民族风俗或习惯的差异而不被认同。因此，要使相关安排制度化，并在民族地区广泛宣传与普及，夯实民族群众的认同基础；要建立社会组织信息公开制度，向社会公布组织的制度体系，全面透明化，吸引民族群众主动去感知和了解，同时要加强社会组织与民族群众的有序交流，建立促进社会组织成员在民族地区与其他组织成员以及民族群众双向流动的制度，增强民族群众对社会组织的信任感。

促进社会组织参与民族地区社会治理，也有必要对其实施有效的监管。随着我国进入第二个百年奋斗目标的关键历史时期，民族地区社会组织的发展也进入一个新的阶段，党和政府在规范其发展的基础上，还必须对其设立与运行的各个环节依法监管。特别是在民族地区，社会组织从事的各类公益性或互益性事务都与民族群众的切身利益和地区发展密切相关，稍有违规必然会产生严重后果，对区域的持续发展造成影响，并最终影响到人民的利益和社会的发展进步。因此，要调动各类主体，包括企业、民族群众积极参与对社会组织的监管过程，从各个方面监管社会组织，促进其规范有效运行，充分发挥其专业能力以满足民族群众利益需求并促进社会和谐有序发展。

第八章　湖南民族地区经济可持续发展

经济可持续发展战略是在一定时期内对社会经济的发展方式、速度、质量及重点等多方面的重要选择、目标规划以及运行策略。经济可持续发展战略在确定地区发展目标的基础上，指明未来发展的长远计划和方向，也在一定程度上明确社会经济发展所必需的资源和能力，其直接目的就是要解决好当前地区社会经济发展中存在的问题与不足，最终是实现地区经济和社会的整体可持续发展。湖南民族地区要摆脱当前经济发展的困境，实现快速、稳定且可持续的经济增长，必须有与之相适应的经济可持续发展战略。

经济可持续发展战略需要在充分把握地区发展的基础上，准确识别地区经济稳定持续发展的主攻方向，制定出符合地区实际的、满足可持续目标要求以及有益于人民美好生活需要的发展道路。依据湖南民族地区经济发展的特点，应从产业发展出发，探索经济可持续发展的路径方法。经济总量的提升离不开地区产业发展的支撑，产业发展是一个地区经济发展的重要基础。产业结构的优化与调整不仅能够直接提高生产效率，实现经济快速增长，更重要的是能转变传统的经济生产方式，实现绿色、健康、协调发展，极大地推动地区整体可持续发展。产业的快速发展与结构优化在促进居民收入提高与地区整体发展的同时，还能够优化一二三产业的合理布局，满足人民对美好生活的需要，极大地改善民族群众的生产生活质量，实现可持续发展的最终目标。

民族地区经济可持续发展的有效路径，从产业视角出发，可主要在农业、旅游业以及工业等三大板块发力。农业处于关键位置，是经济发展不可忽视的基础和重要组成部分。随着时代的发展，结合生态振兴、"绿水青山就是金山银山"的战略理念，民族地区非常有必要以特色农业产业培育为基础,打造农业特色品牌,提升农产品品质,实现第一产业的优化升级。湖南民族地区具有得天独厚的禀赋优势,不仅拥有优美迷人的自然景色,也蕴含独特魅力的民族文化,具备发展旅游业的天然优势。因此,湖南民族地区的经济可持续发展要紧紧抓住旅游业的天然优势,以文化旅游产业提质为抓手,推动产业融合发展,实现产业高质量发展。除此之外,工业虽然在湖南民族地区发展中相对较弱,但是经济可持续发展离不开工业的支撑,湖南民族地区要以现代工业产业高质量打造为突破口,补齐经济发展的短板,全面推动经济整体可持续发展。

第一节　融入湖南经济发展大格局

2021年3月发布的《湖南省国民经济和社会发展第十四个五年规划和二〇三五年远景目标纲要》提出,要着力建设区域协调发展的现代化新湖南,要立足"一带一部",主动对接融入国家区域战略布局,整体优化区域格局,促进区域优势互补、协调发展,在推动中部地区崛起和长江经济带发展中彰显新担当。这是新时期湖南省发展的重大战略布局,明确了未来的发展规划和目标,是指引全省经济社会发展的行动指南。民族地区的发展相对落后,要积极融入全省经济发展大格局,紧扣全省发展大目标,紧跟全省发展步伐,抢抓发展机遇,在全省发展大格局中找到适合经济可持续发展之路,借助全省的整体力量实现跨越式发展。

一　抓紧湖南区域发展规划的重大机遇

改革开放以来,湖南一直高度重视区域协调发展,先后提出建设"五区一廊",抓好"一点一线""抓两头带中间"等一系列重大区域发展战略,对推动全省经济社会又好又快发展起到重要作用。但由于历史原因及多种要素限制,湖南区域发展不平衡的问题依旧存在,尤其是民族地区长期处于较为落后的地位。"十四五"期间,湖南将全面实施区域发展战略,为民族地区经济发展,加快发展步伐,提供重要的指引作用。

湖南是基于国家整体发展规划和战略部署来寻求自身发展路径的，通过协调不同区域之间的发展，全面解决发展的不平衡、不充分问题。同时，湖南省进一步结合自身具体实际情况和发展需求，制定科学合理的区域发展战略。推动中部地区高质量发展，是新时代国家的重大决策部署。为此，湖南提出要发挥"一带一部"的区位优势，全面实施"三高四新"战略，突出先进制造业的支撑功能，彰显高科技产业的引领作用，着力推动全省的高水平开放，注重区域之间、城乡之间、行业之间的协调发展，加强与国家重大战略的对接。以"三个高地"为引领，在全省形成"一核两副三带四区"的协调发展新格局，将长株潭打造成为全国重要增长极。加强岳阳、常德与湖北的对接，加强怀化与重庆、成都的对接，加强邵阳、永州、郴州与粤港澳大湾区、北部湾的对接，加强衡阳与江西的对接。构建湘赣边区域合作示范区，现阶段以交通物流、红色文化为突破口，倾力打造"湘赣红"区域合作品牌。①

湖南省在结合自身区位优势的基础上，有效地发挥周边地区的协同合作力量，既给民族地区经济社会发展带来更广阔的发展空间，也为民族地区自身谋求新的经济增长提供了重要的思路。湖南省与多个省（区）接壤，省际边界地区多为少数民族聚居区，是我国革命发源的红色老区，也是国家生态屏障保护区，更是湖南省"四水一湖"的水系源头区。可见，民族地区不仅是湖南省区域发展规划的重要受益方，更是推动区域高效协调发展的重要力量。在把握全省区域发展战略的基础上，要加快完善开放的合作机制，积极加强与周边地区的合作交流，充分吸收区域合作示范区的建设经验。简言之，民族地区在推进经济发展进程时，要紧紧抓住湖南省协调发展的有益机会与政策要求，积极融入全省以及各区域协调发展的大格局，实现与全省的联动发展、合作区的协调互动，并大力提升有利于经济发展的基础设施建设工程的质量，为区域经济可持续发展提供良好的环境基础。

二 主动融入湖南区域协调发展大体系

民族地区要围绕湖南省"一核两副三带四区"空间布局，健全区域

---

① 朱翔：《大力推进湖南区域协调发展》，《新湘评论》2021年第17期。

协调发展新机制，构建以区域内重点城市为核心的动力系统，发挥枢纽、通道、县域、景区等的比较优势，推动民族地区与全省联动协调发展。

第一，明确民族地区重点城市发展战略，发挥重点城市的优势带动作用。一方面，民族人口聚集较多的湘西地区对民族地区的经济发展具有直接的引领作用，必须将其放在重要位置。具体而言，要实施大湘西地区开发战略，主动对接西部大开发、中部崛起、长江经济带等国家战略，积极参与以国内循环为主的国内国际双循环，抢抓湘南湘西承接产业转移示范区建设机遇，促进经济与人口、资源、环境协调发展，将大湘西地区建成脱贫地区高质量发展先行区、承接产业转移和特色优势产业发展集聚区、生态安全保障区。此外，还要支持湘西州建设对接成渝地区双城经济圈和面向西南的重要交通枢纽，打造文旅融合绿色发展先行区。另一方面，还要充分发挥民族地区所在市的经济辐射带动作用。旅游业是民族地区经济发展的重要部分，必须将旅游产业做大做强。因此，作为湖南省旅游强市的张家界、湘西州应承担带动民族地区旅游产业兴旺的重要职责，必须加快支持张家界打造国家主城旅游示范区和世界绿谷。而民族地区丰富的民族医药文化也是发展民族特色经济的重要切入点，要支持怀化市加快建设对接西部陆海新通道战略的门户城市，打造五省边区生物医药产业基地。此外，湖南民族地区的产业发展较为分散，难以发挥集群优势，要支持邵阳市建设湖南对接东盟地区的产业集聚区。

第二，深化省际交流合作，实现资源共享、优势互补。一是要推动落实武陵山片区发展跨省协调机制，把武陵山片区建设成跨省协作创新区、巩固拓展脱贫攻坚成果同乡村振兴有效衔接先行示范区。二是要打造民族地区高铁经济带和西部陆海经济往来的双向大通道，发挥沪昆、渝长厦高铁主通道的连接畅通、集聚带动作用，联动湘西州、张家界、怀化、邵阳等重点城市，促进东中西部经济循环畅通。三是要与边界城市协同发展，建设合作发展工程。主要有：渝湘黔边城协同发展合作区建设工程，着重构建成本分担和利益共享机制，推进区域基础设施共建共享、生态环境共同保护、公共服务协同共享，实现区域一体化高质量发展；龙山来凤经济协作示范区建设工程，坚持"以产兴城、以城促产、宜居宜业、融合发展"的思路，推进城市公交、通信、教育、卫生、金融、城市管网等一体化进程，打造湘鄂边界核心增长极；大（龙）新（晃）产业协作园建设工程，加大支持力度，形成以特色资源加工、精细化工、新能源、新材料为支撑的工业格局，建设千亿产业园，打造湘黔边界强劲经济增长极。

三 深度融入湖南现代基础设施大网络

基础设施构成地区经济发展的重要环境。统筹民族地区新型和传统基础设施建设，完善交通、能源、水安全、物流、信息五张网，构建覆盖全省、系统完备、智能绿色、安全可靠的现代基础设施体系。

第一，完善民族地区现代交通网。依托全省综合运输大通道，推动交通设施多层次网络化布局，实现民族地区与省内、省外各经济板块的互联互通，推动民族地区全面融入省内2小时高铁经济圈、融入全省4小时高速圈、融入长沙4小时航空经济圈、融入全省"一江一湖四水"水运网，满足各民族群众出行需求。具体而言，在铁路方面，要加快张吉怀铁路建设进度，规划新建铜仁至吉首、呼南高铁湖南段邵阳至永州、张吉怀铁路与呼南高铁联络线、怀化至桂林、渝湘高铁（黔江至吉首）、安张衡铁路（安康至张家界）等铁路。在公路方面，对芷江至铜仁、靖州至黎平、张家界至官庄、炉红山至慈利、桑植至龙山、城步至龙胜、沅陵至辰溪、辰溪至凤凰等高速公路新增建设双向四车道；规划新建江华至连山、桑植至湖北鹤峰、长沙至吉首、张家界至桃源、沅陵至重庆酉阳等高速公路；对部分普通国省道、农村公路实施新改建项目。在机场方面，支持永州机场迁建工程，新建湘西、张家界、邵阳、怀化运输机场通航基地，支持邵阳武冈机场、张家界荷花国际机场改扩建项目建设。在水利航运方面，加快沅水、资水流域河道疏浚整治与防洪工程建设，推进犬木塘水库、大兴寨水库、宜冲桥水库等重点水利项目建设，支持"一江一湖四水"沿线老旧码头整合与提质改造等工程建设。

第二，完善民族地区现代信息网。现代化信息水平不高是湖南民族地区经济可持续发展的一大短板，随着全球经济的大转型，信息化水平越来越成为地区经济发展的关键因素。针对民族地区现代信息化水平，重点要高水平建设第五代移动通信（5G）和固网"双千兆"宽带网络，扩大 5G 建站规模，逐步实现市州城区连续覆盖、重点地区深度覆盖，用户体验和垂直应用场景形成规模效应。推进全省 5G 覆盖工程建设，支持武陵山工业互联网区域性总部基地（湘西）、国家一体化大数据中心中南地区分中心（湘西）、湘西南新经济产业示范基地（云计算）等建设项目。

第三，完善民族地区现代物流网。伴随着电商等现代商业模式的兴起，现代物流不仅是原材料运输的重要基础，更是地区商品流通的有力平台。湖南民族地区由于地域偏远等原因，现代物流发展较为滞后。要依托港口、铁路货场、公路枢纽及干线机场，健全和完善物流设施网、冷链物流网、城乡配送网、信息平台网，促进多式联运服务和设施设备标准衔接，推动民族地区融入全省物流运输网。依托已有基础，重点支持怀化商贸型物流枢纽、永州区域物流枢纽、邵阳报木公铁联运物流园、湘西智慧物流园、张家界空港物流园等项目建设。

第四，完善民族地区能源安全网。充足的能源是地区经济可持续发展的根本要求。坚持省外优质引入和省内加快建设相结合，多渠道提升能源供应能力，优化完善能源输配通道，推动民族地区融入"十纵八横六通道"的综合能源大受端。新建湘西、张家界 500 千伏变电站和湘西—娄底西 500 千伏线路等项目，大力提升城市配电网供电能力。加快"气化湖南工程"建设，全面实现"县县通"目标。此外，要注重民族地区用水安全统筹，重点保障四水流域、县级以上城市的防洪安全，构建丰枯互补、量质并重的饮水保障体系，筑牢民族地区水安全网。

第二节　以特色农业产业培育为基础

推动产业持续发展，重在特、贵在精、成在优。就民族地区而言，受到经济社会、地理区位和文化风俗等因素的影响，农业产业发展仍然是短板，其农业机械化、现代化、产业化发展水平偏低。对于脱贫摘帽后的民族地区而言，巩固脱贫攻坚成果成为首要任务，更是实现可持续发展不可忽视的重要一环，与此同时，乡村振兴战略的着力推进，为民族地区经济发展提供了重要机遇。为此，要从实现巩固拓展脱贫攻坚成果同乡村振兴的有效衔接着手，为探索民族地区经济可持续发展之路提供坚实基础。特色农业的发展和进步已经成为实现乡村振兴战略和提高我国现代农业水平的必然要求，要解决好民族地区农业产业发展问题，必须根据民族地区的特殊性、复杂性，因地制宜地发展特色产业，突出优势特色。

一 发展特色农业具有重要意义

（一）特色农业肩负特殊使命

农业是一个历史悠久的产业，更是湖南民族地区发展经济的一大支柱性产业。它具有狭义和广义之分，狭义的农业仅指种植业，而广义的农业涉及种植业、林业、畜牧业、渔业以及附属的副业，甚至还涵盖与农业相关联的加工业与服务业，但是农业并非呈现一成不变的状态，而是始终处于动态发展的过程中。随着时代的发展，在实践中农业又衍生出了特色农业、循环农业、都市农业、休闲农业等多种具体形式，规模化、产业化、多功能化、市场化是它们的共有特征。特色农业是在中国农业经济发展的新阶段提出的，它是为适应中国市场经济的发展应运而生的。近年来，各地区都在探索农业发展的新模式，寻求比较优势，大力发展特色农业，以期实现农业跨越式的大发展。特色农业旨在追求效益最大化，提高产品的市场竞争力。根据区域资源的比较优势和特点，突出特色，着眼市场，有效配置各种生产要素，针对特定的生产对象，形成具有较强市场竞争力的非平衡农业生产体系。目前，关于特色农业，学术界和理论界尚没有统一的界定，还没有形成共识的定义。很多学者从不同的研究角度提出不同的见解和认识，主要有两种观点：一种观点认为特色农业指从当地自然条件出发，开展区别于其他区域的农业生产项目；另一种观点则认为特色农业就是将区域内独特的农业资源开发为特有的名优产品，转化为特色商品的现代农业。

特色农业与其他形式农业的区别主要体现在"特色"二字上，往往具有以下三个特征。第一，具有比较优势。因为在地形、水文、气候等自然条件以及交通、市场、人文等社会条件方面具有相对比较优势使得某一地区的特色农业相应具有一定的优势。第二，以市场和效益为导向。市场在特色农业资源配置中起决定性作用，特色农产品的生产也以市场需求为出发点。效益则是指生产出来的具有稀缺性的农产品或者具有差异化的农业服务得到市场的认可。第三，以现代科学技术作为支撑。农业领域的最新科技成果转化为农业生产力是特色农业发展的方向，而且，在一定程度上也可以认为，特色农业是科学技术推动发展的一种农业形式，是科学技术应用到农业生产经营的有效方式。总之，特色是由其赖以生存的特定环境而定的，特色产业则是能够充分发挥市场推动作用，从地区特有的、具有比较优势的资源出发，经过纵深发展，形成具备核心竞争力的产业或产业集群。

根据学者们关于特色农业的界定及其特征的描述，结合湖南民族地区的实际，特色农业应兼具保护生态环境、巩固脱贫成果、实现区域可持续发展及民族文化传承等多种职能。因此，可将特色农业界定为以民族地区资源禀赋为基础，以市场需求为导向，以兼顾生态效益和经济效益为原则，以科学技术为支撑，经过扶持和培育能形成一定生产规模和市场影响力、带动区域经济发展的市场化、现代化农业产业。发展特色农业是实现农业现代化发展的一大举措，也是改造传统农业、不断发展农村生产力的重要过程，同时也是转变农业增长方式、促进农业又好又快发展的过程。对于民族地区而言，特色农业的发展，具有两个基本目标，具体如下。一是促进地区经济发展，巩固脱贫攻坚成果。利用天然的地理条件、生态环境及农业资源等方面的优势，转变民族地区经济发展方式，培育特色农业产业，避免区域经济结构单一化，增强农产品的比较优势，带动农业高质高效发展，激活经济发展活力，保障农民生活富裕富足，有效巩固脱贫攻坚成果。二是通过经济发展促进整个社会发展，带动乡村整体振兴。特色农业的发展，一方面是利用自身的资源优势，发展高效特色农业产业，发展农产品加工，延伸产业链条，增加农产品附加值，促进更多的农民就业，增加农民收入。另一方面，利用特色农业，保护生态环境，挖掘观赏功能，发挥文化传承作用，发展休闲观光农业，带动农村第三产业发展，繁荣农村区域经济，打造宜居宜业乡村，促进乡村振兴战略有效开展。由此可见，特色农业产业发展是湖南民族地区实现经济可持续发展的必然选择。

(二) 特色农业的价值独到

1. 发展特色农业，湖南民族地区具有得天独厚的优势

特色农业主要是在地区一定的资源条件和优势基础上形成和发展的具有竞争优势、绿色高效或者品牌化的农业。地区要发展特色农业，其所具有的土地资源、气候以及环境资源等特色资源都是必要条件。发展特色农业，湖南民族地区有得天独厚的气候、土壤、物种等生态优势及资源禀赋，地形地貌类型复杂，平原、山区、丘陵和湖区相间分布，气候温暖而湿润，降水丰沛，利于多种农业经济作物的生产与培育。同时，对于湖南民族地区而言，农业是产业发展的重要支撑，必须将培育特色农业产业作为脱贫摘帽后实现产业可持续发展的基础。从农业入手，写好"特色"文章，打造民族品牌。湖南民族地区可以以其特有的自然、经济条件和生物资源为依托，以可持续的生态、资源、环境保护为前提，大力发展具有地域特色的农业产业，充分发挥区域内独特的资源优势，生产出品质优、价值高、市场竞争力强的农产品及其加工品，走特色农业的发展道路。

2. 发展特色农业是推动农业产业化、现代化发展的突破口

走农业产业化发展道路，是解决农业发展困境以及探索农村经济发展出路的现实选择，也是我国农业由传统农业向现代市场农业转化的重大突破。对于湖南民族地区而言，发展特色农业具有更加重要的战略意义，不仅能促进农业的专业化、市场化和现代化发展，还极大地促进了经济的增长，从而加速地区社会经济的全面进步。目前，湖南民族地区由于资金、技术、人才等要素的不足，农业产业化发展步伐缓慢，但是受资源禀赋的眷顾，民族地区具备特色农业发展的良好天然条件，在农业品种资源、气候资源、地域环境资源等方面有独特优势。与此同时，在农产品消费多元化的时代背景下，特色农产品更是占据较高的市场份额，成为民族地区经济发展的一大突破口。由于自然条件的特殊性，湖南民族地区在很多特色农产品方面具有优势，如古丈毛尖、保靖黄金茶、湘西猕猴桃、泸溪椪柑、龙山百合、湘西黄牛、湘西黑猪成为体现湘西鲜明特色的农产品品牌；酒鬼、湘泉、古丈毛尖被认定为中国驰名商标；溪州莓茶、古丈毛尖、湘西猕猴桃、酒鬼酒、古丈红茶、龙山百合被授予国家地理标志产品；花垣、古丈获批成为国家级出口食品农产

品质量安全示范区。这些农产品市场需求量大,市场价值高,加工增值空间大,具有明显的市场竞争力。当然,湖南民族地区现有的农户分散经营方式严重制约着市场化发展,同时也在一定程度上缺乏现代化的管理能力,难以发展壮大产业部门。因而,在湖南民族地区大力发展特色农业产业虽然是其农业发展的理想选择,但是仍然需要依靠科技和人才,充分利用特色农业部门的产品品质优势和生产规模优势,促进产业效益提高和产业发展壮大,全面带动区域农业的现代化发展。

3. 发展特色农业是农业结构优化的主攻方向

随着农产品需求矛盾的转变,市场逐渐从数量需求转向质量需求,农产品质量是其生命线。与此同时,脱贫攻坚任务完成后,民族地区需要全面巩固和拓展脱贫成果,保障农民收入的持续稳定增长,防止脱贫人口返贫。因此,要重新认识湖南民族地区农业发展的优势和重点,因地制宜,扬长避短,对农业结构进行优化和调整,主攻优势农产品加工业,形成具有区域优势和特色的农业产业,从而保障实现经济的持续稳定增长。特色农业的发展确实能够将民族地区的自然资源优势转化为市场优势,不断提高农产品的商品率,实现经济的快速增长,从而给农民带来更高的收入,也有利于地区在脱贫攻坚后实现可持续发展。此外,发展特色农业除了以地区的特色资源为基础,也离不开科技的支撑,要借助新的技术不断开发具有地区优势的农产品,不断淘汰缺乏竞争力的产业。总之,湖南民族地区的特色农业产业发展要以市场为导向,避免农业产业结构趋同现象,并极大地优化民族地区产业结构和空间布局。为此,要充分利用湖南民族地区丰富的农业资源,结合地区优势和市场需求发展特色农产品,培育具有民族特色的农业产业带,提升其市场竞争力,促进农业资源的高效开发和利用,既满足当前社会多样化和优质化的消费需求,又能不断开拓新的市场空间,促进湖南民族地区农业结构的优化升级。

4. 发展特色农业是保护生态环境的有效措施

特有的自然禀赋条件在给民族地区带来巨大的经济发展优势的同时,也在一定程度上限制了产业选择的多种可能性,产业的发展必须严格遵循保护生态环境的责任和使命,这也对地区经济增长方式提出了更高的要求和标准。然而,我国的农业发展也面临着一定的危机,受到资源和市场的双重挤压制约，不仅资源短缺的问题越发严峻，在市场竞争方面更是面临着巨大压力。特别值得注意的是，目前湖南民族地区许多地方的生态环境也在不断地恶化，资源利用效率低下，环境保护任务十分紧迫。因此，民族地区的农业生产发展必须走生态发展的道路，不断调整和优化产业结构，遏制生态环境恶化的趋势，实现生活环境和农业经济同步可持续发展。而特色农业产业一直被誉为典型的"适生产业"，以绿色发展观为主旨进行农业产业规划和布局，在尊重自然规律的前提下进行资源的合理开发，以促进人民增收和实现生态环境保护为主要目标。特色农业应以促进生态保护和经济和谐共生为重要突破口，这也是民族地区经济可持续发展的应有内涵。同时，特色农产品对资源利用和生态环境也有着特殊的要求，也就是说，发展特色农业产业既要遵循经济发展规律，又要遵守自然环境规律，要同时兼顾经济效益和生态效益。在合理利用和有效保护自然资源的基础上，开放具有显著经济效益的特色农产品，还要充分调动农民保护生态环境的积极性和热情，以更有效地促进资源的可持续利用，实现农业经济的可持续发展。为此，湖南民族地区必须坚持走可持续发展道路，推进农业科技进步和创新，大力发展循环农业和循环经济。

二 特色农业产业培育的两大关键

（一）打造民族特色农业工程

民族特色农业的打造，既要围绕知名农业特色产品，扩面提质、做精做深现代特色农业，做好"强里子"的文章，又要以打造"生态粮仓、精品农业"为目标，以"名品带动、连片扩面、科技提质"为思路，把民族地区农业特色产业进一步做强做优做大。

1. 实施"名品带动"工程

打造民族特色农业工程，必须实施品牌化战略，大力开发湖南地理标志农产品。地理标志证明商标是由"地名+品名"组成的，是地理标志的核心内容。地理标志产品对提升产品知名度、促进区域经济发展有着重要而深远的意义。因此，对于湖南省而言，必须整合民族地区丰富的国家地理标志产品、全国名特优新农产品等优势资源，打造一批特色农业核心基地，巩固、发展和培育一批"湘字号"知名农特产品品牌，进一步扩大知名农业产品的生产规模、市场影响和辐射范围。加大名优、特色产品地理标志申报力度，尤其是地理标志注册商标的申报，支持将地理标志产品加工工艺申报非物质文化遗产。近年来，湖南民族地区也大力实施商标品牌战略，积极指导和协助各类农产品行业协会申报、注册、使用、保护、管理地理标志证明商标，对促进农民增收、做大做强特色农业产业起到积极推动作用。湘西州现有"三品一标"农产品60余个，通过SC（QS）认证产品200余种，湘西绿色富硒有机农产品品牌影响力得到大幅提升。古丈毛尖、保靖黄金茶、湘西猕猴桃、泸溪椪柑、龙山百合、湘西黄牛、湘西黑猪成为体现湘西鲜明特色的农产品品牌；酒鬼、湘泉、古丈毛尖被认定为中国驰名商标；溪州莓茶、古丈毛尖、湘西猕猴桃、酒鬼酒、古丈红茶、龙山百合被授予国家地理标志产品。这些都成了湖南省发展特色农业的重要资源。随着麻阳柑橘、芷江鸭、靖州茯苓、碣滩茶、新晃黄牛、托口生姜等地理标志证明商标在国内、国际市场的使用，对进一步促进湖南省主体生产模式提质增效，保护地域品牌，提高特色农产品知名度，增加附加值，扩大农产品出口，宣传民族形象以及其独特历史文化资源、自然条件、人文资源，带动其他行业以及促进旅游产业发展具有重要现实意义。因此，要加大推进品牌化战略的实施，在继续发展原有特色品牌农产品的同时，要打造新一批民族特色农产品，增加更多的国家地理标志产品，大力发展具有影响力和竞争力的民族特色产品，走农业特色化发展道路。

2. 实施"连片扩面"工程

民族地区大多气候条件独特，在农产品种养方面具有其他地区"不可替代"的天然优势，地区特产的农产品深受市场青睐。然而，当前民族地区特色农产品的生产经营较为分散，以企业公司形式开展现代化、规模化生产经营的不多。例如，通道县地处亚热带季风性湿润气候区域，降雨、日照、无霜期等方面的独特条件造就了"黑老虎"这一特产，是全国农产品地理标志。但当前通道"黑老虎"除双江镇成立有一家专业合作社，通过种植、加工、销售一体能实现产品完全消化，大部分种植主要以果农"散户"为主。农户、小个体户"单兵作战""小打小闹"的经营形式既难以突破"小农"限制，也难以抵御市场风险，不利于产业效益的进一步提升。因此，针对民族地区特色农业发展存在的问题,要结合特色农产品种养条件的区域性特征,优化配置区域内产业要素,依托特色农业基地,将分散的农业种养纳入区域名品产业链,变"游击队"为"正规军",实现连片整合;推动农业名品产业在区域内连片布局,扩大辐射带动效应,变"正规军"为"方面军",实现产业扩面。尤其要针对民族地区大多"七山二水一分田""望天吃饭、旱涝频发"等农业基础薄弱的现状,扶持当地重点企业、专业合作社以及种植经营大户,推动企业、合作社与农户间的互利合作、抱团发展,构建利益联结体,加快推进"企业+基地+农户""企业+合作社+基地+农户""企业+协会+基地+农户""企业+合作社+农户"等生产经营模式,形成企业主体、农民参与、科研助力、金融支撑的产业发展格局。

3. 实施"科技提质"工程

科学技术永远都是第一生产力,在农业发展领域,科技的进步更是发挥着巨大的作用。农业现代化的可持续发展,尤其是增强民族特色农业的市场竞争力在很大程度上离不开农业科技的支持,科学技术进步是转变农业发展方式、提升农业经济效益的关键驱动力量。无论是特色农业的推进,实现现代化发展,还是新时期乡村建设,探索振兴道路,科技都将起到支撑作用。对于民族地区而言,由于受到地理位置的束缚,以及经济发展的制约,科学技术发展水平相对落后,难以享受技术进步带来的"红利"。对此,在推进民族地区特色农业发展过程中,必须重视科技的力量,大力实施"科技提质"工程,充分发挥科技在提升农业发展质量方面的作用。为此,湖南民族地区可以进一步完善新型农业科技服务体系,强化政府的引导和扶持作用,主要是充分利用财政和政策工具给予农业科技创新主体以资金支持、财税优惠、知识产权保护。进一步加强现代农业产业园建设,打造农业科创平台,围绕种业等重点方向攻克农业生产"卡脖子"技术。还要加大对农业科研机构经费等的资源投入,适度提高对企业等创新主体的资源支持,推动"产学研用企"深度融合,以技术创新推进特色农业产业提质升级。

(二)发挥民族地区特色种养优势

1. 打造大湾区重点供应基地,做好"走出去"的文章

要巩固提升民族地区特色种养优势,打造大湾区开门七件事"油、

米、茶、果、菜、水、药"重点供应基地,做好"走出去"的文章。以油茶产业发展重点县——泸溪、花垣、古丈等为重点,大力发展经济效益和生态效益俱佳的油茶产业,叫响"湖南茶油"品牌,打造成为大湾区的"油瓶子";以新晃侗藏红米、吉首白云贡米、慈利富硒大米等为重点,大力发展生态绿色、营养健康等高端特色米种,打造成为大湾区的"米袋子";以保靖黄金茶、古丈毛尖、桑植白茶、张家界莓茶、沅陵碣滩茶为重点,进一步提升"湘茶"市场知名度和产业基础优势,打造成为大湾区的"茶罐子";以湘西富硒猕猴桃、江永香柚、泸溪椪柑、新晃东魁杨梅、石门柑橘、麻阳冰糖橙等为重点,大力发展民族地区特色优势水果,打造成为大湾区的"果盘子";以新晃黄牛肉、芷江鸭、石门土鸡、慈利洞溪七姊妹辣椒、泸溪玻璃椒、江永香芋香姜、会同竹笋等为重点,大力发展原生态、高品质的特色食材产业,加快建设湖南"湘江源"公用品牌,打造成为大湾区的"菜篮子";以花垣十八洞山泉水、江华天然矿泉水、凤凰山泉水为重点,擦亮湖南"沁潇湘"品牌,打造成为大湾区的"水缸子";以慈利杜仲、新晃黄精和龙脑、吉首迷迭香、龙山百合为重点,大力发展民族地区特色中草药种植与生产,打造成为大湾区的"药园子"。

2. 以园区建设为平台,打造湖南省现代特色农业示范园区

产业园创建就要在"特"字上下功夫,抓住特色农产品优势,让产业迈向"大强优"。湖南民族地区具有明显的特色农产品优势,例如,江永县初步建成以香柚为主的优质水果、以香芋和香姜为主的优质蔬菜、优质烤烟、优质水稻、优质草场及畜牧养殖、高效经济林等六大特色优势产业基地。先后被国家列为农业综合开发重点县、山区综合开发示范县、农业产业化建设试点县、财政部香柚产业化项目县、食品工业试点县、全国秸秆氨化养牛示范县和湖南省特色农业示范区。此外,在特色农业产业示范园区建设方面也具有一定的基础,湘西州有多个现代农业特色产业园省级示范园,例如泸溪县椪柑有限公司柑橘特色产业园、保靖县鼎盛黄金茶开发有限公司鼎盛黄金茶特色产业园、永顺县松柏镇大青山猕猴桃专业合作社猕猴桃特色产业园、花垣县十八洞村等。因此,湖南民族地区可以在原有产业园的基础上,大力打造现代特色农业示范园区。

首先，必须制定园区评价标准，严格准入制度。其次，要加大对特色农业示范园区的财政扶持力度，财政投入重点是园区水、电、路、渠、通信等基础设施和园区功能拓展。再次，还要加大对特色示范园区的招商引资力度，可以有针对性地在园区开展龙头企业洽谈会或者农博会等活动，吸引各地的企业进行投资，打造特色农业集群。最后，对于已确定的农业特色产业示范园区可以给予优先支持，示范区内的重大项目用地由省市统筹安排，尽可能提供便捷服务。

此外，湖南民族地区还可以借助农业示范园区的优势，创新现代农业发展新模式，探索与其他产业的融合发展。例如，湖南省怀化市靖州苗族侗族自治县坳上镇立足资源禀赋，积极探索"种养基地+加工园区+科研中心+现代物流+文化旅游"的"五位一体"现代农业发展新模式，通过提品质、办节会、增渠道、深加工，实现靖州产业园杨梅产、销的两旺。湖南可以在分析该成功模式的基础上，总结可推广普适性的规律，实现民族地区的整体发展。

第三节　以文化旅游产业提质为抓手

文旅融、经济活、百姓富。推动民族地区持续发展，文化旅游融合发展是潜力所在、希望所在。民族文化，作为某一地区的族群与自然相处过程中产生的地方性知识，是各民族地区人民智慧的结晶，蕴含着丰富且独具特色和魅力的民族精神，无疑成为该地区经济社会发展的基础和资本。独具特色的民族文化魅力，以及世代相传的风土人情都成为湖南民族地区发展文化旅游产业的优势资源。融合发展是推动民族地区文化产业与旅游产业实现转型升级、提质增效的有效途径，能够促进民族文化传承发展、旅游产业转型升级及地区经济稳步增长。

一　优越的文化旅游条件与资源
（一）文化旅游内涵丰富

文化旅游主要指文化产业与旅游产业的融合发展，是我国经济发展的重要尝试，已经成为区域经济增长的重要抓手。正确理解文旅融合的内涵，要从文化与旅游这两个概念出发，从二者的关系及其互动过程来把握其融合。自从20世纪70年代美国学者麦金托什（Mcintosh）和格波特（Gebert）首次提出"旅游文化"的概念，学界就开始了对文化和旅游关系的思考和讨论。随着现代旅游业的兴起和发展，国内对文化和旅游关系的辨析和认识不断深入。1986年，著名经济学家于光远就指出："旅游业是带有很强文化性的经济事业，也是带有很强经济性的文化事业。"[①] 进入90年代，随着对旅游功能与价值认识的深入，我国在政策层面对文化和旅游的关系也有了明确的阐释。1993年，《关于积极发展国内旅游业的意见》首次提到，旅游业的发展对满足人民群众文化需求、带动文化事业发展有极为重要的意义。文化部、国家旅游局在2009年颁布的《关于促进文化与旅游结合发展的指导意见》中，明确指出二者的关系为："文化是旅游的灵魂，旅游是文化的重要载体"，二者的结合能强化和保障传统文化的保护与传承，也能支撑旅游经济的提升，可以说，文化有助于界定价值，旅游则能够体验价值；文化能够创造价值，而旅游推动价值的实现；文化使旅游有了灵魂，旅游使文化有了载体。可见，文旅融合能够保障文旅产业高质量发展，促进文化产业和旅游产业在资源、产品、产业和市场等多个维度上全面融合。在文旅融合的大背景下，我国积极采取措施顺应时代发展潮流，2018年组建成立的中华人民共和国文化和旅游部，标志着我国已进入"文旅融合"发展的新时代，是文化和旅游治理体系和治理能力现代化的开创性进展。而在党的十九届五中全会通过的《中共中央关于制定国民经济和社会发展第十四个五年规划和二〇三五年远景目标的建议》中，更是进一步明确文化和旅游融合发展的内在要求，为"十四五"期间文化和旅游改革发展提供了遵循、指明了方向，也为湖南民族地区脱贫攻坚后实现可持续发展指明了道路。

民族地区发展文化旅游会涉及旅游产业、文化产业以及文旅融合等三个概念。旅游产业是指一种以旅游活动为核心的综合产业，是为游客提供旅游产品体验或优质旅游服务的行业总称，主要包括旅游资源、旅

---

① 于光远：《旅游与文化》，《瞭望周刊》1986年第14期。

游产品以及旅游市场三部分。文化产业在传统理念上是体现文化价值的行业总称，包含为市场提供文化服务或文化产品而产生经济或价值的文化机构、文化企业等。随着社会的发展，文化在市场上也逐渐展现出经济价值。文旅融合是指文化产业与旅游产业融合，即在相关政策的支持下，利用不断进步的技术，通过打破原有的两个产业之间的边界，使其能够相互融合、相互渗透，最终生成新的产业、新的产品的一种行为过程。因此，湖南民族地区的文化旅游可以理解为：在原有旅游资源的基础上，大力发展民族特色旅游业，充分挖掘民族特色文化资源优势，赋予旅游业独特文化魅力，实现文化产业和旅游业的深度融合发展，促进民族地区经济稳定、高质量、可持续发展。

（二）文化旅游具有独特气质

1. 丰富的民族文化奠定了文旅产业融合发展基础

湖南省有多个少数民族聚居地，各民族人民在悠久的历史中创造了丰富多彩的民族文化，为文化旅游的融合发展提供了坚实的文化基础。文化产业与旅游产业的融合在民族地区的旅游产业发展中，起到的促进作用尤为明显，民族地区相对于其他地区来说，不仅具有独特的自然人文景观，而且具有丰富多彩、异于他人的民族文化，民族地区的文化产业与旅游产业的彼此融合，不仅能让旅游业的发展再上新台阶，而且使文化产业面临新的发展机遇，进而夯实其创建推广旅游和文化品牌的基础。作为旅游产业发展相对滞后的民族地区，其丰富的民族文化资源没能完全转化为旅游业发展的优势和经济增长的动能，因此，文化产业与旅游产业深度融合理应成为民族地区旅游发展的必由之路和实现可持续发展的关键抓手。将民族文化与旅游融合发展，既可以创新旅游发展模式，也可以助推湖南乡村振兴、促进民族地区经济发展、改善生态环境，实现高质量和可持续发展。因此，结合其文化和旅游资源优势，文化旅游产业提质是湖南民族地区产业可持续发展的重要抓手，可力争通过五年发展，将该地区打造成集绿色、生态、文化、休闲、康养于一体的国内外知名旅游目的地，使之成为自然山水秀丽的"一幅画"、民族风情独特的"一首诗"、红色精神隽永的"一支歌"、民族文化厚重的"一本书"。

2. 产业融合理论下的文化旅游融合发展具有必然性

文化和旅游的融合,指的是文化与旅游要素相互渗透、不断重组和优化的过程。根据产业融合理论,能够融合的产业,相互之间具有一定程度的产业关联性。文化产业与旅游业具有极强的关联性。这就决定二者相互融合的必然性,主要体现为以下两方面。一方面,文化与旅游具有明显相互承载力,文化是旅游业最好的、最具市场竞争力的优势资源,而旅游业能为文化产业的发展创造更大的市场空间。独具文化魅力的符号、故事、遗迹或是民俗习惯等可以借助旅游业发展成为旅游产品或者是旅游景点,不仅能使优秀的传统文化得到宣扬和传承,也能增加当地的收入,具备经济效益和文化效益等双重功能。而独具文化魅力的旅游业也成为旅游消费的热点,基于文化资源的旅游业具有明显的竞争优势,能够极大地增强旅游项目的吸引力,实现旅游业的高质量发展。另一方面,产业边界无限延伸的属性赋予文化产业和旅游业相互融合的机会。在经济发展的过程当中,许多国家或地区抓住旅游业的发展机遇,纷纷通过传统节庆与习俗等吸引游客,从而促进当地的经济和文化繁荣复兴。可见,文化产业与旅游产业的边界可以灵活延伸,文化不仅是旅游业的重要资源,而且内涵丰富的文化也能为开拓旅游项目和旅游产品提供多样化的思路和创意,同时,旅游业在融合的过程中也能够给文化产业的发展壮大提供市场和服务。

3. 文化旅游发展为湖南民族地区产业升级和经济发展提供新的思路

产业融合发展打破了不同产业之间的壁垒,为相互融合的产业带来新的发展机遇,也能够促进产业结构的优化升级,进而推动经济发展。旅游产业是湖南民族地区促进经济发展、巩固脱贫攻坚成果、实现乡村振兴的支柱产业之一,是保障乡村可持续发展的关键。但是,随着经济的发展变化,旅游产业也面临着巨大的冲击和困境。传统旅游产业的附加值低,已不能满足广大人民的多样化需求,因此,旅游产业结构转型迫在眉睫;而文化产业的传承也受多方面因素的限制,难以有效传承和创新,文化产业发展在整体上缺乏活力和动力。在这种发展困境与形势下,"文旅融合"这一新兴产业发展模式应运而生,是"旅游+文化"的新型融合方式。文化产业与旅游产业的融合为彼此的发展带来新的机遇,文化产业的发展为旅游资源的开发和旅游产品的设计带来新思路,而旅游产业高速发展也为文化产业的发展提供新的平台,二者相互融合,不仅能够延长双方的产业链,而且能够促进产业结构的优化与升级,为旅游产业的快速发展和文化产业的持续崛起发挥非常大的推动作用。除此之外,文化与旅游的融合发展也能进一步提升民族地区的核心竞争力,在充分挖掘民族特色文化资源优势和价值的基础上,通过旅游业获得经济价值,能够在满足人民精神文化需求的同时,实现其收入的增长。文旅融合很好地兼顾了文化效益与经济效益,这也是湖南民族地区脱贫攻坚后实现整体可持续发展的重要体现,有利于加速乡村振兴的实现,为旅游资源与文化资源丰富的民族地区提供更为广阔的发展前景与机遇。

二 文旅产业提质的两大策略

(一) 构建"一三四"文旅产业新格局

在结合自身优势和原有旅游业基础上,湖南民族地区可以构建"一核引领、三山带动、四线串联"的文旅产业发展新格局。"一核引领",主要是围绕湖南"锦绣潇湘"全域旅游这张名片,加大民族地区旅游景点品牌建设和推广力度,推动民族地区文化旅游成为湖南全域旅游的主力、主角、主体。"三山带动",主要是以武陵山、雪峰山、南岭"三山鼎足"为基本依托,重点挖掘其独特的绿色、古色、红色文旅资源,打造湖湘民族旅游"引流泵""点火器",带动其他民族地区文化旅游产业"百花齐放",真正把绿水青山转化为金山银山。"四线串联",主要是打造"生态旅游、民俗旅游、红色旅游、乡村旅游"四类特色主题旅游路线,用这四根红线串起一颗颗珍珠,使散落在广大民族地区的景点串联成线,实现民族地区文化旅游树状发展、网状发展。

1. "一核引领",擦亮民族全域旅游名片

要提升品牌意识,培育、塑造、维护、提质湖南民族旅游品牌。品牌意识要求民族地区顺应时代发展的要求,从自身独具特色的优势出发,不断推陈出新,打造属于自身的独创性品牌。民族特色旅游是民族地区乃至湖南省整体发展的重要部分,而湖南旅游品牌形象是民族旅游的名片,必须有民族独有的旅游风格,才能在瞬息万变的时代背景下站稳脚跟。此外,发挥民族文化优势,打造民族文化品牌,发展民族文化

旅游产业，对地处偏远的民族地区来说，无论是在农民的增收致富上，还是在文化的保护传承上，都有重要意义。湖南民族地区具有丰富的旅游资源，其中不仅蕴藏悠久的历史文化元素，还饱含独特的民族风情魅力。因此，要深入挖掘民族地区文化资源的价值，梳理发展的脉络，找准发展的定位，提升品牌意识，打造民族地区旅游品牌形象。同时，还要塑造出差异化品牌形象以传播品牌文化价值，避免同质化、符号化问题的出现，进一步发挥旅游产品的文化吸引力。这既能将民族地区人民几千年来创造的文化历史串联成线，进一步提升湖南旅游的文化特色，避免出现单一化发展以及同质性现象，又能有效弥补民族地区传统上所呈现的单调落后的刻板印象，形成独具特色的湖南旅游品牌形象，提升城市优质旅游有效供给能力，促进市场有效需求。

要强化新技术应用，拓宽宣传推广渠道。近年来，以新技术应用为代表的新型旅游服务业态层出不穷，深刻改变着旅游供需市场，成为旅游业发展的新的增长点。而民族地区相对来说缺乏新技术的支持，难以突破发展瓶颈，这也成了湖南民族地区发展文旅产业的一个重要阻碍。当前，"云直播""云旅游""短视频"等新事物受到广泛关注，而旅游攻略、旅游口碑、旅游评价等信息可以直接影响旅游者的决策。因此，湖南民族地区在拓展旅游业务时要紧跟时代的步伐，利用各类媒体平台及时了解大众的旅游需求，开拓形式多样的旅游项目。同时，还可以结合民族地区自身的文化特色，打造新颖的民族旅游项目，并借助媒体平台大力宣传，开设直播通道，方便游客及时了解项目情况，提升旅游口碑。相对应地，还可以与当地的新媒体机构或者具有新媒体专业的高校合作，通过微博、短视频等平台，发布具有民族特色的宣传内容，加速线上线下融合，借助互联网新媒体平台整合与传播自身的品牌符号。此外，许多在线旅游企业在较短时间内迅速崛起，带来了新的旅游营销和消费模式。与此同时，这些新技术带来的在线营销模式更具有成本优势，民族地区可以在新技术上下更大功夫，借助知名平台做好对外合作与推广，实现旅游供需关系对接，优化旅游产业链条，提升旅游业发展质量。还可以借助预约售票、智慧旅游、智慧景区及相关大数据分析等新模式新技术的推广应用，提升旅游业的管理和服务水平，优化旅游方式，便利游客吃住行游购娱，提高旅游满意度和舒适度。

2. "三山带动"，挖掘民族特有文旅资源

要发挥武陵山辐射带动作用。湖南武陵山自然景色优美，历史氛围浓厚，民族风情厚重，具有独特的文化资源优势。自然旅游资源包括世界自然遗产、世界地质公园、国家级风景名胜区、国家地质公园、国家自然保护区、国家级生态示范区、国家级森林公园等。文化旅游资源包括全国重点文物保护单位、中国历史文化名城、中国历史文化名镇名村、中国传统村落、国家级文化生态保护区、国家矿山公园、国家考古遗址公园、中国民间文化艺术之乡等。武陵山无论是在自然环境，还是在文化传承方面都有着得天独厚的生态旅游发展优势，必须大力开发武陵山旅游资源，发挥其辐射和带动作用，引领其他民族地区共同发展。一方面，可以参考国家旅游业的发展标准不断改进和提升旅游产品，完善旅游项目，积极参与等级评定，不断提升旅游品质；另一方面，可以充分发挥当地历史文化、红色文化、民族文化与生态文化等旅游资源优势，打造民族特色旅游产品。湖南武陵山地区文化资源极其丰富，多民族聚居造就了各具特色的民族文化，该地区应当大力发展特色古城镇、古村寨、特色旅游小镇、跨区域旅游网络，发挥其对周边民族地区游客接待的中心功能，打造湖南民族旅游重要目的地，提升旅游服务品质。

要推广雪峰山发展模式。雪峰山是湖南省内最大的山脉，森林植被覆盖率高，生物多样性丰富，拥有优越的旅游开发自然条件。雪峰山也拥有悠久的历史文化和丰富的人文资源，作为雪峰山会战的主战场，保留了一批红色旅游遗迹；作为民族群众的聚居地，拥有一批独特的民族文化和精湛的民族工艺。目前，雪峰山凭借着丰富的自然资源与人文资源的优势，现已开发出花瑶梯田、穿岩山公园、枫香瑶寨等一批独特的旅游景点。此外，雪峰山所在城市——怀化。其地处湘、鄂、渝、黔、桂五省区市的接合部，公路、铁路、民航组成的立体交通网络的建成，使雪峰山文化旅游区位优势凸显。因此，湖南民族地区可以依托雪峰山得天独厚的旅游路线和多元旅游产品带动区域经济发展，实现旅游产业的可持续发展。此前，雪峰山地区贫困人口众多，还是湖南省扶贫攻坚的主战场，当地通过旅游产业的发展增加了收入，成功实现脱贫致富。雪峰山地区在政府、银行、旅游公司、贫困户多方联动下，共同创新形成"政府+银行+旅游公司+贫困户"的金融精准扶贫雪峰山模式，成为

脱贫攻坚时期的成功范例，被湖南省政府命名为"雪峰山模式"，向全省推广。2019年10月，"学习强国"还发表《湖南雪峰山：构建共享、共生、共赢的减贫模式》一文，将其归纳为世界旅游联盟2019年的旅游减贫案例。足可以见，雪峰山旅游业的价值和意义之大，必须将其作为民族地区产业发展的关键抓手，要继续助力旅游产业发展，巩固拓展脱贫攻坚成果，实现脱贫攻坚与乡村振兴的有效衔接，齐心协力把雪峰山大花瑶景区打造成世界级旅游名片。还要紧紧抓住其发展的优势并总结经验，大力推广其旅游发展模式，为其他民族地区提供发展思路和参考。

要打造南岭"湘粤桂"文化旅游圈。南岭覆盖多个省区，尤其是湘粤桂三大省区，主要分布在广西的桂林市、贺州市；湖南的邵阳市、郴州市、永州市；广东的韶关市。这些地市之间在自然资源条件、文化习俗，甚至是产业结构等方面都有很大程度的共同点。此外，由于地理位置，这些地市之间交流往来便利，为推进南岭地区文化旅游融合跨区域发展奠定了良好基础，也有利于民族地区的经济发展。因此，大力推进南岭地区文化旅游融合发展，发挥其区位优势和资源价值，共同打造"湘粤桂"文化旅游圈，建立世界级旅游目的地是有坚实基础，也是非常必要的。首先，共建合作基础平台，为快速推进文化旅游融合发展项目打下基础。南岭所覆盖的"湘粤桂"各市政府部门要积极进行协调，保障交通、通信等设施优先发展，规划建设旅游公路，提高旅游景点的通达性。实现基础资源共享，对饮食、住宿等基础设施进行联合建设，以降低区域旅游业发展的成本。共建文化旅游信息数据平台，各市县在数据平台上开展交流、推进信息共享。其次，还要完善文化旅游圈的组织保障，探索成立"湘粤桂"旅游发展促进会，由政府部门领导担任主要成员，还可以邀请对旅游业发展有突出贡献的社会人士参加。主要是探讨区域内文化旅游融合发展问题，论证文化旅游融合发展方案，协调文化旅游融合政策规范和行动，交流文化旅游相关信息，开展文化旅游融合的合作事务。最后，充分发挥"湘粤桂"人才优势，共同建设南岭文化旅游产业链。依托湖南、广东、广西三省区有关高校及培训机构，培养熟知南岭山区文化旅游发展情况的人才，培养懂得设计文化旅游产业链条的人才，形成熟知历史文化、了解旅游产业发展规律、掌握管理运营方法、熟练互联网技术操作的高素质人才库。此外，还要加强各个地区的联动，加强文化旅游项目合作，联合宣传推广，积极推进文化旅游景点设计和文化旅游精品线路设计工作，更大程度地吸引游客。

3."四线串联"，打造民族特色旅游路线

一线——生态旅游。生态旅游已经成为一种可持续发展的旅游模式，对湖南民族地区自然以及文化资源的保护，乃至整个旅游业发展都有着重大意义。党的十八大报告中就曾指出，在未来一定时期内生态文明建设将成为保护与传承民族文化、丰富地区发展特色的一个重要举措。湖南民族地区自然风景优美，山川秀丽，民族文化更是绚丽多彩，具有发展生态旅游的得天独厚的优势。因此，开发生态旅游线路将成为湖南民族地区旅游业发展的重要战略契机。湖南省湘西州的旅游资源丰富，并形成了多条热门的旅游线路，成功吸引了大量的游客，是民族地区旅游产业发展的先行者。结合各民族地区的特色和优势，在规划生态旅游线路时，可以参考其中的酉水风光线：沅陵（进出）—凤滩（水）—小溪—栖凤湖—坐龙峡—红石林—（芙蓉镇—猛洞河）—四方城—首八峒—魏家寨古城—里耶古城—乌龙山大峡谷/惹巴拉—太平山—张家界（进出），合理规划和调整风光旅游线路。这样能大大优化游客出行线路，节省中间的景点接续时间，从而有利于提高出游的便利性。

二线——民俗旅游。所谓民俗，就是源于民间代代相传的传统习俗，能较为真实地展现普通老百姓的生活情形。民族地区的人民经过千百年来总结出的生活经验和传统习惯，形成了独具魅力的民俗文化，代表着不同民族地区的文化特征，具有鲜明的地域特色和民族风情，以其独特性和不可复制性成为发展文旅产业的优势资源。民俗文化与旅游的融合，不仅为民族地区旅游发展注入新的活力与生机，也成为民族文化交流与传播的重要载体，具有重要的经济意义与社会意义。因此，在探讨民族地区文旅产业融合发展道路时，要发挥民俗文化的魅力，打造具有民族特色的民俗文化旅游产品，开通民俗文化旅游路线，发挥民俗旅游资源的经济效益与文化功能。湖南湘西地区就是具有独特民风民俗的标志地之一，孕育有生产、生活、婚育、节日、工艺、信仰等多种民俗文化。走进湘西，就像走进了奇诡玄幻的秘境，浓郁的民族风情扑面而来。而湘西更是开通了多条富含民俗魅力的旅游线路，其中"神秘苗乡线"就是依托浓郁的苗族民俗资源和神秘的乡土文化资源的神秘苗乡风情线路。其他民族地区可以参照该旅游路线规划，结合自身民族的历史文化和传统习俗，打造本民族的特色"民俗游"。

三线——红色旅游。在《2004—2010年全国红色旅游发展规划纲要》中，对红色旅游进行了准确的定义："红色旅游，主要是指以中国共产党领导人民在革命和战争时期建树丰功伟绩所形成的纪念地、标志物为载体，以其所承载的革命历史、革命事迹和革命精神为内涵，组织接待旅游者开展缅怀学习、参观游览的主题性旅游活动。"而湖南民族地区除了具有民族特色旅游优势，还遗留有丰富的革命遗迹，是红色旅游开发和规划的重要优势。因此，民族地区可以结合红色旅游特色，打造"重走长征路"旅游线路。在中央红军长征湖南段的历程，有永州道县陈树湘烈士纪念园、怀化通道转兵纪念馆等遗迹，游客可以重走长征路，到陈树湘烈士墓前感受"断肠明志"的绝对忠诚精神，到通道转兵会议旧址感受伟大的转折，重温当年波澜壮阔的革命史诗。在桑植县还有工农红军第二方面军长征出发地纪念馆，游客可以走进红军长征三大主力之一的红二方面军出发地和湘鄂川黔苏区政治、经济、军事、文化中心，缅怀革命烈士的丰功伟绩。

四线——乡村旅游。随着旅游业的快速发展，乡村旅游成了推动乡村经济发展的新业态，也是提升民族地区经济发展活力的重要推手。与此同时，随着城市居民生活水平的提升，休闲时间的增加，人们更愿意到乡村去旅游。而独具文化魅力的民族地区更是成为人们开展乡村旅游的首选之地。在推进乡村旅游发展中，唯有特色才能具备竞争力，才能满足游客对民族地区的体验需求，所以，民俗文化活动和民族特有的景观更能满足大众的旅游需求。乡村旅游是发展民族地区旅游业不可忽视的重要项目，为了防止乡村旅游的同质化和商业化，需要全方位凸显民族地区特有的魅力。然而，我国乡村旅游业已进入转型期，民族地区居民自发式的旅游形式已经不具备市场竞争力，难以满足旅游发展需求。为此，民族地区在发展乡村旅游时，应以民族村寨、民族风情小镇等为旅游地，大力发展以自然景观和民族风情为吸引物的综合性旅游。

（二）开发民族文化旅游新形式

民族地区具有天然的生态环境优势，发挥民族地区资源优势，立足区域文旅产业基础，挖掘民族历史优秀文化传统，提炼特色文化核心要素，推动文旅与现代康养、休闲、研学深度融合，着力打造一批面向长株潭"3+5"城市群、粤港澳大湾区、长江中游经济带、成渝双城经济圈的生态休闲康养产业带、研学旅游地、田园综合体、农耕文化体验场，增强民族地区文旅发展实力和吸引力，使新业态成为文旅产业发展新的增长极，让民族地区群众和广大游客各得其所、近悦远来。

1. 打造"文旅+大健康"产业

随着社会发展变化，社会节奏加快，人们面临的生活和工作的压力增大，亚健康问题日益严重，衍生出广泛的健康消费需求。作为工作之余的放松方式，人们更倾向于选择"健康游"，大众的旅游消费心理也已经发生转变，由过去的观光游转向高品质的养生游。因此，民族地区要紧紧抓住时代的需求，大力发展"文旅+大健康"的旅游新业态。结合民族旅游资源状况，可打造一批"民族特色康养基地"。整合民族特色村寨、民族文化、民族特色医疗、自然风光等优势资源，选择宜居环境佳、基础设施好、服务网络广、产业结合强等综合条件突出的民族地区，科学布点合理规划。还要结合各地优势，重点建设一批以"旅游景区""民族医药""民族村寨"等为核心亮点的民族康养基地。康养旅游是以民族地区优美生态环境为载体，充分利用民族地区的各种资源，通过开展民族特色的户外活动以达到健康养生的目的。康养旅游产品既要保留民族特色，又要达到养生目的，尽其所能满足游客的多样化康养旅游需求；既要充分发挥民族地区的资源优势，又要创新传统的旅游形式，找准符合湖南民族地区文旅融合发展的新方向和新路径。

2. 打造"文旅+大教育"产业

2016年11月，教育部、发改委等11个部门联合出台的《关于推进中小学生研学旅行的意见》指出：中小学生研学旅行是教育教学的重要内容，要把研学旅行摆在重要位置并推动其健康快速发展。自此之后，各地方政府也相继出台政策支持研学旅行的发展，湖南省也做出相应的制度安排。国外研学旅行实践起步较早，通常采用"教育旅游"的概念，内涵广泛。教育旅游倾向于"旅游+体验+学习"，体验式的学习使参与者迁移到某一特定地点，获得与他们学科相关的新知识，促使学习更加生动高效，更容易找到学习的意义。因此，结合国家的发展方针，湖南民族地区可以紧跟国家的发展步伐，积极推动研学旅游活动，逐步形成"文旅+大教育"的旅游新业态。湖南民族地区历史文化底蕴深厚，自然资源丰富，是集古代与现代、人文与自然、体验与生活为一体的宝地。红色文化、茶文化、瓷器文化、民俗文化等众多文化在这里生根、发芽、成长。在全国都倡导素质教育、积极推广研学旅行的大背景下，民族地区的研学游可以以"聚焦核心要素，推动文化教育，倡导知行合一，助力学生成长"为理念，以"育人价值"为核心指导，探索湖南"五色+主题"的研学旅行模式，让学生可以传承红色经典，亲近自然，体验瓷韵，学习非遗，感悟茶情。所谓"五色"是指：红色——走进伟人故里，领略时代精神；绿色——寻找自然奥秘，体验绿水青山；黑色——追溯一叶之茶，感悟白沙溪情；白色——游历醴陵瓷谷，体味千年瓷韵；彩色——学子研学苗乡，传承非遗文化。

3. 打造"文旅+大休闲"产业

工作生活节奏的加快，反倒让人们更追求旅游生活的慢节奏，希望在旅游过程中静静享受闲暇时光。作为热门旅游业态，"文旅+大休闲"是民族地区探索文旅融合的又一全新视角。民族地区可以结合自身特色，建设一批民族休闲农庄、田园综合体，将民族地区特色种养资源与现代休闲农庄进行深度融合，重点营造乡村休闲体验。可兴建民族特色茶园，集茶园观赏、传统茶叶加工技艺、民族茶艺、民族茶饮文化、茶历史等于一体，打造民族茶饮茶艺"综合体验农庄"；可开发民族特色医药基地，建设特色民族理疗农庄，如"民族艾疗农庄"，就是集合艾叶园、民族特色艾疗体验馆、民族艾疗史、养生文化宣传等于一体的田园综合体。

4. 打造"文旅+大农业"产业

民族地区因地形的天然限制，农业生产的规模化条件不佳，农业生产力有限，仅仅依靠农产品本身的实用价值创造经济效益的效果不尽如人意，与民族传统特色文化的融合是提高民族地区农业商业化水平的重要思路。可从"传统生产再现"和"传统产品加工"两方面着手，突出民族地区农业生产的文化特色：一方面，可以打造再现包括耕作工具、耕作程序、耕作方式等具体传统民族农耕文化的农业生产场景，打造农业文化旅游价值;另一方面,在农产品生产和加工方面,更加突出"民族标签"的文化吸引效应。如湘西州的茶叶生产,其生产过程展现传统耕作方式可供旅游参观,还可加工成民族传统特色的各色茶餐、茶点,增加商品化价值。其他农业产业也可借鉴,如湘西州已形成规模且具有一定地区特色的猕猴桃、中药材(杜仲、百合)、烟叶、特色养殖(黑猪、黄牛),可对其进行充分的传统文化挖掘,赋予相关产业以民族传统的文化故事、文化渊源、文化形式等,增加一般生产的"文化价值",以在有限生产条件的基础上提升经济效应。

(三)打造民族特色旅游新模式

民族地区发展文旅产业,除了要发挥自身文化特色和天然的生态环境优势,还要紧跟新时期旅游业发展的步伐,及时了解游客的需求,不断丰富旅游模式。

1. 探索民族特色沉浸式旅游,发展体验式旅游模式

近年来,"文旅融合"的不断纵深发展,在带来经济增长的同时,还促进了我国各地旅游产业的转型升级,以及旅游消费者需求的变化。大众已经不再单纯追求观光游览的乐趣,开始逐步寻求在精神与文化层面的收获与体验。这种新的消费需求在形式上主要体现为旅游者希望提高在游览过程中的参与度,比如多途径的欣赏、学习、考察、研究活动,让其能够充分体验目的自然与人文景观,并感受地方文化内涵和生态理念。可以说,"体验"已成为游客对旅游的新需求,也是推进民族地区文旅产业融合的必要载体与手段。民族地区要进一步发展旅游产业,也离不开对"体验"型旅游模式的开发与利用。因此,结合当前大众旅游的消费心理和需求,建议民族地区开发"参与广泛、体验多维、愉悦身心、益智益德"的文化旅游新模式。推动核心景区和大型文化旅游经营主体转型升级,运用AR、VR、全息投影等高科技手段,糅文化、科技、艺术等元素于一体,打造感官、思维、情感全沉浸式旅游新模式,让民族范儿与科技呈现、时尚表达完美结合。全面推出民族地区景区、景点、景观,开发多层次、多元化、多样化的旅游产品体系,满足不同人群旅游需求,重点发展参与式、体验式的旅游新模式,让游客在深度参与、情境互动、角色融入中体验民族特色习俗,感悟民族文化魅力,认知"日出而作、日落而息""男耕女织、晴耕雨读"的民族地区

传统生产生活，让民族文化风情大放异彩。

2. 拓展民族地区旅游要素，逐步实现全领域旅游

推动民族地区全域旅游进一步拓展深化，把传统的"吃住行游购娱"旅游六要素延伸为"吃住行游购娱""商养学闲情奇"并重的十二要素，发展全要素、全周期、全过程的旅游新模式，让全域旅游不仅是全地域还是全领域。此外，在旅游要素发展的基础上，推动产业链上的核心企业建立联动合作机制，实现吃住行游购娱等资源和要素在产业链上的合理配置。以民族旅游、健康养生、文化旅游等为方向，整合农业、休闲、养生、文化、体育、商业等相关产业，进一步强化民族旅游综合体、特色小镇、养生基地、旅游民宿等新兴业态的培育，推动旅游产业由观光式旅游向休闲式和体验式的全域旅游转型升级。

3. 挖掘民族传统文化，增加"文化赋值"

民族特色源于民族文化差异，悠久而神秘的民族文化是民族地区的特色资源，各个民族在历史实践中形成了各自独特的文化传承，为民族地区的文化产业发展提供了比较优势。湖南民族地区要以各地资源禀赋和独特的历史文化为基础，有序开发优势资源、特色资源，大力推动民族地区实施传统工艺振兴计划，盘活地方和民族特色文化资源，生产和推广具有民族和地域特色的传统工艺产品，促进传统工艺提高品质、形成品牌。因此，要立足民族地区文化产业基础，推动文化产业与旅游业、农业产业衔接，通过民族地区传统文化挖掘，多赋予相关产业以民族传统文化故事、文化渊源、文化形式等，增加一般生产的"文化赋值"，在既定生产条件的基础上提升经济附加值。湖南民族县之一——绥宁县的苗族四月八姑娘节——就极具民族魅力和地域风采。当地居民结合民族历史和现实场景创作的实景剧——《妞子花开》，以区域传统文化和本土民俗文化为主线，融入国家非物质文化遗产辰州傩戏、省级非物质文化遗产沅陵山歌，植入还傩愿、盘木号子、采茶歌、山歌水调元素，并推进非遗和民俗文化进景区，也填补了全县夜间旅游空白。此外，当地还相继举办传统龙船暨茶文化旅游节、山水运动节、二酉书香节、湖南春季乡村旅游节、垂钓文化旅游节、怀化·沅陵碣滩茶文化旅游节、七甲坪傩文化旅游节等文旅融合节事活动。这些颇具民族风情的节庆文化活动，每年都能吸引大量游客到访，极大地带动了当地商业的

发展。总体而言，湖南省完全可以充分利用"文化赋值"优势旅游业，壮大民族地区特色文化产业，拉动当地商业的繁荣发展，并增强其辐射带动作用，促进地区持续发展。

第四节 以现代工业产业打造为突破口

工业是地区经济发展的重要基石，是推动产业转型升级、优化产业结构、实现产业发展迈向中高端的关键。对于湖南民族地区而言，工业发展相对落后，产业基础比较薄弱，未能真正发挥其经济带动作用。与此同时，当前的发展环境对工业升级优化提出了新的要求，在追求经济快速增长的同时，必须兼顾生态效益，实现产业与自然的良性互动。从历史发展来看，传统工业生产主要是以产业经济效益为主要目标，给社会和生态环境带来了一定的负面影响，甚至诱发许多环境和生态方面的问题。随着生态环境问题的日益严峻，工业发展方式的不断改革演进，现代工业也应运而生，其目标也拓展到了兼顾产业经济效益、资源利用方式优化以及生态平衡维护等多方面的内容，成为可持续发展的重要基石。因此，打造现代工业、探索工业发展新思路已经成为民族地区实现可持续发展的重要突破口。

现代工业对可持续发展的推进主要体现在能够协调环境发展、社会经济发展以及人类发展的多重关系。发展现代工业，能切实减少产品在制造过程中的资源消耗，并通过提高生产质效和使用周期的方式来实现资源节约，实现"绿色"生产，也非常符合可持续发展的目标。可见，协调生态、自然、环境、社会以及生产等方面的联系，正是现代工业发展过程中的重点方向。此外，现代工业以采用现代生产技术开展生产为主，通过优化提升产业生产方式，来满足当前和未来的经济和社会发展需要，为民族地区实现可持续发展提供了重要的行动指导。

一 打造现代工业具有重要价值

（一）现代工业符合新时代的发展要求

工业作为国民经济发展的中坚力量，其发展质量对提升整体经济的发展水平起着决定性的作用。现代工业在国民经济中占据主导地位，对一个国家、一个地方的经济发展有着重要的影响，工业现代化是经济发展的必然现象和结果，也成为湖南民族地区经济可持续发展的重大突破口。那么，什么是现代工业呢？可以从现代化和工业化两个方面着手阐述。一般认为，现代化是一场社会变革，特指人类社会从传统农业社会向现代工业社会转型的社会变迁过程。工业化则主要是指机器大工业产生不断发展壮大成为国民经济结构主体的变迁过程，是经济发展的必经阶段。现代工业通过合理配置与利用各生产要素和资源以提高生产效率和质量。它追求的生产率提高是指社会总生产率，能够减轻对环境的破坏程度。现代工业强调系统的整体优化，通过优化生产环节与流程再造，要求产品在其生命周期的任何阶段都应做到资源消耗的减少，同时还需要满足客户对产品质量的要求等，这些都符合可持续发展的理念要求。

在可持续发展理念的主导下，现代工业关注经济生产与生态环境之间的关系，要求有效协调自然环境、社会发展以及经济生产三者之间的关系。同时，随着时代的发展，尤其是科学技术的进步，现代工业迎来了重大的发展机遇，通过生产技术的进步实现了科学、绿色、高效生产，也将其与传统工业进行了区分。走工业现代化之路，既是时代要求也是实现经济发展的正确选择。虽然湖南民族地区的生产力发展水平还普遍较低，经济基础也比较薄弱，但是继续推进现代工业生产，以现代工业的发展实现经济社会的跨越式发展是必然趋势。

(二) 民族地区亟须打造现代工业

1. 湖南民族地区具备打造现代工业的良好基础

湖南民族地区工业资源丰富，但是经济发展起点低，生态环境脆弱复杂，工业基础薄弱，而且发展速度缓慢，亟须走工业现代化道路以实现经济的跨越式发展。然而，对湖南民族地区而言，要解决其区域发展的结构性矛盾，首先必须打破工业发展的瓶颈，从工业的现代化和智能化改造方面寻找突破口，将工业资源储备优势转化为工业发展优势。实际上，在国家政策的推动以及当地资源的支持下，湖南民族地区的经济也得到了长足的发展，产生出一大批新型的现代工业，具备一定的工业规模和基础。比如，以湘西土家族苗族自治州为代表的民族地区已经展露出一定的工业发展优势：铝基复合材料产业是湘西州重点发展的战略性新兴产业之一，不仅产业竞争能力突出，还向军工领域延伸拓展并取得明显成效，产业呈现链式、集群发展态势。湘西州还准确把握新形势下国内外招商发展态势，围绕推进新旧动能转换的背景，以锂离子电池产业招商引资为重点，积极对接锂电池行业细分领域龙头企业，大力引进锂电池企业投资兴业。近年来，湘西州紧抓电子信息产业转移及新一代电子信息技术发展的机遇，实现电子信息产业的爆发式增长。不仅是现代技术产业，作为确保国计民生的食品产业也是湘西州的传统支柱产业。经过多年的努力，湘西州依托品质突出的特色农副产品资源成功开拓了特色食品产业。此外，湘西州还凭借矿业资源丰富的优越条件，形成矿业采选、冶炼、精深加工全产业链条，具有资源循环利用、绿色安全生产、产业创新升级等优势。由此可见，在湖南民族地区，现代工业的跨越式发展已经具备良好的基础，在新形势下，可以紧抓湖南"三高四新"战略机遇期，促进工业结构的优化升级，冲破经济发展困境，实现地区的可持续发展。

2. 现代工业有利于改造传统经济实现资源经济转型

湖南民族地区拥有丰富的自然资源，不仅矿产资源储量高，水利资源也十分丰富。这些资源成了民族地区发展的优越条件，因此，在早期的经济发展中，政府为了追求经济的快速增长，在民族地区已经发展了一些以资源为依托的重工业，在这些产业开发过程中极易出现生态破坏以及环境污染问题。现代工业并不是一味地摒弃民族地区天然的资源禀赋优势，而是通过生产技术的改进，不断提高资源的利用效率，高效开发，促进工业结构的优化升级。此外，其还强调产业链延伸发展，带动其他工业发展，积极走产业融合道路，实现地区整体经济发展。不断巩固提升传统产业优势，积极培育壮大战略性新兴产业，超前布局发展未来产业，加快新旧动能接续转换；促进工业化与信息化、先进制造业与现代服务业深度融合，推动产业高端化、智能化、绿色化，提升产业链供应链现代化水平，加快产业迈向中高端。这样就将民族地区的资源优势高效地转变为经济竞争优势，也是资源型经济转型的跨越式进步。现代工业十分强调科学技术的重要性，大力推动以科技创新为核心的全面创新，加快提升自主创新能力，以创新支撑工业高质量发展。着重走信息化发展道路，通过技术改造传统的粗放型经济增长方式，有利于带动产业质量和竞争力整体而全面的提升。因此，现代工业通过科技创新，利用新材料、新能源、新工艺，实现从高能耗、高污染、低产出的传统产业到低能耗、低污染、效益高的新兴产业的更新换代，从灰色发展到绿色发展，从粗放型发展到集约型发展，从高速发展到高质量发展。

3. 打造现代工业有利于提升生态文明建设的水平

现代工业不仅是单纯追求经济增长，还同时兼顾生态效益，是生态文明建设的重要推动力，有助于促进地区整体可持续发展。解决生态污染问题最有效和最快捷的方式就是从源头开始，将污染威胁阻断在生产加工前，进行前端治理，避免后续的恶化问题出现。而现代工业强调源头污染源的控制，通过合理高效利用资源，降低污染物排放，重视生态环境保护，以有效实现绿色、可持续发展。资源的有效利用率是地区可持续发展重要的衡量标杆，现代工业能在资源利用过程中实现价值的增长，减少污染，提高效率。更重要的是，现代工业以科学技术为支撑，积极探索创新发展路径，极大地提升了生态文明建设的水平和质量。这主要体现在两个方面，具体如下。一方面是秉持科学发展观和正确运用科学知识方法使人类能够认识自然的规律，更加尊重大自然，主动保护生态环境。另一方面是提高现代机器设备的使用效率，在降低能耗的同时，还大大提高了治理和修复自然生态的效率，还能利用互联网大数据构建生态环境监测系统，及时发现问题，调整生产方式。总之，现代工业是湖南民族地区经济发展的重要抓手，既能实现经济增长，又能保障生态文明建设进程加快，实现地区经济、社会和生态的可持续发展。对此，民族地区可以通过走科技含量高、经济效益好、资源消耗低、环境污染少的现代工业化发展道路，逐步消除传统工业化的弊端，助推经济的飞跃式发展。

二 打造现代工业的两大着力点

（一）推进民族地区产业园区建设

1. 大力打造民族地区产业园区，推动产业集聚集约发展

产业园区的建设有利于推动产业集聚集约发展，加快实现工业现代

化。因此，湖南省要延续民族地区一二三产业融合发展的促进和支持政策，继续推进民族地区产业园区建设。重点对当前民族地区产业园区建设进行合理评估，进一步做好园区围绕"全产业链"打造和产业集群发展的科学规划，推进解决实践中企业"乱入园""难入园"等现象。另外，要继续大力支持民族地区高新产业发展和产业技术创新，整合和规划好民族地区高新产业和新兴业态的创新支持政策并保障落实，切实推进民族地区产业链向上延伸，带动地区产业发展。完善园区管理办法，支持创建新型工业化产业示范基地、特色产业基地和智慧园区建设试点，推动园区特色化、专业化发展。推动园区体制机制创新，建立完善园区管理机构长效激励机制，探索灵活的用人和分配机制。探索市场化办园模式，鼓励推行公司制管理，按照国家有关规定投资建设、运营或托管园区。鼓励社会资本在现有园区中投资建设、运营特色产业园区。

2. 打造一批工业产业承接示范基地，做好"引进来"的文章

立足优势产业园区建设基础和资源优势，打造一批工业产业承接示范基地，做好"引进来"的文章。建议实施"民族地区加快承接产业转移五年行动计划"，紧扣湘南湘西承接产业转移示范区建设，以项目支撑园区、以园区集聚产业、以产业带动集群、以集群促进发展，围绕新材料、装备制造、新一代信息技术产业、矿产开发和加工业等重点领域，提升综合承载能力、加强开放对接，培育一批园区基础良好、发展势头强劲、资源优势突出的产业承接示范基地，以"引+培"的方式打造百亿级、千亿级核心产业，为民族地区持续发展奠定坚实基础。重点支持江华打造"电机电器产业承接示范基地"；支持芷江、麻阳建立"电子信息产业承接示范基地"，连片打造电子信息产业承接"洼地"；支持民族地区矿产大县花垣、泸溪、沅陵、桑植建立"矿业转型开发产业承接示范基地"，把民族地区矿产资源富集区建设成湖南对接大湾区新材料与装备制造业产业承接重点基地。

(二) 发展民族特色产业

1. 依托民族传承和特色资源优势，发展民族医药、健康产业

随着时代的发展，居民的消费需求也发生了变化，更加追求高品质的绿色、健康生活。而民族地区凭借自身良好的生态环境和独具特色的民族医学优势，使其特色医药和保健产品等因绿色健康、天然无公害和

原生态而备受市场青睐。除此之外，民族医药及其相关产品具有明显的地域性、民族特色和市场竞争力强以及难以复制等特点，在当前大力推崇回归自然的绿色消费浪潮下，更是占据着广阔的发展空间和市场价值，是发展民族地区经济、实现产业可持续发展的重要切入点。少数民族人口大多分布在边远偏僻地区，其生存和发展过程也是一个与自然和疾病抗争的过程，由此而产生的民族医药为后人留下了许多宝贵民族医学经验和中药方剂，开拓出独具民族文化和地域特色的民族医药产业。因此，湖南要紧抓市场优势，强化对民族医药产业的支持，推进民族医药市场化、产业化进程。一方面，要推进民族医药产业标准化建设，支持建设完备的"企业标准—团体标准—地方标准—国家标准"体系，并基于标准化建设完善市场规范、夯实市场信任。鼓励和支持民族医药企业、行业协会、团体联盟等市场主体积极开展标准化活动，制定医药产业企业标准、团体标准；要更加关注和差别化优化民族医药地方标准制定、申报、推行等服务；要推动民族医药企业标准、团体标准、地方标准向国家标准和国际标准转化。另一方面，在全省范围内逐步建立并完善民族地区医生从业资格考核的制度并提供相关服务，支持各民族地区地方政府提升民族地区医生执业资格考核能力。同时，对民族地区医生报考国家级从业执照提供培训、补贴、奖励等激励措施，帮助其解决执照获取难问题，进而全面推动民族医药产业化进程。

2. 探索"产业生态化"模式，发展资源型特色产业

资源要素是人类经济活动的基础，也是产业形成的物质条件。一个地区的比较优势由该地区的禀赋结构，即要素资源的丰裕程度所决定。湖南民族地区正是依托其资源要素形成了各具特色的地方优势产业。例如湘西地区大力发展特色产业，建设了一批柑橘产业带、茶叶产业带、猕猴桃产业带、百合产业带等特色产业带，基本形成了数村一品、多乡一业、一县一业或多业的特色优势产业格局。其中泸溪县"中国椪柑之乡"、古丈县"中国有机茶之乡"享誉全国。但是，民族地区中依旧有部分地区以能源和矿产资源开发为依托的资源型产业，在区域经济中居于支柱产业地位，这类产业污染严重，对环境破坏力大，必须走产业生态化发展道路。为此，民族地区必须走产业生态化发展道路，首先应采用先进的清洁生产技术、工艺和设备提升传统优势资源产业竞争力；

其次，按照循环经济"资源—产品—废弃物—再生资源"的运行模式，围绕资源开发利用的各个环节和各种"废弃资源"进行流程优化"再利用"，围绕核心企业培育中小型补链企业，构建起资源在企业间的循环利用及代谢交换系统，即通过模仿自然生态系统闭路循环模式构建产业生态系统，以此实现废弃物循环、资源能源多级利用。

3. 抓住"互联网+"的产业发展机遇，大力发展农副产品精深加工业

湖南民族地区开发程度不高，因此其能够保持良好的生态环境，具有生物资源种植的环境优势，产品绿色化程度高。而民族地区相对而言不具备优越的区位优势，在一定程度上很难打通市场销售渠道。但是随着近年来互联网技术的发展进步、乡村电子商务的建设和完善，民族地区迎来了"互联网+"时代的发展机遇，能够打破地理位置对农副产品销售的制约，实现网络销售，远销全国各地。因此，湖南民族地区应该积极抓住"互联网+"的发展机遇，进一步完善交通运输基础设施建设，加大对电子商务销售的扶持力度，大力发展农副产品精深加工业，提升农产品的附加值，鼓励湖南民族特色产品走出湖南，走向全国。食品产业是确保国计民生、践行"两山"理论和实施乡村振兴战略的优先发展产业和优势产业，也是湘西州传统支柱产业。经过多年来的努力，湘西州依托品质突出的特色农副产品资源、极为优良的生态环境以及驰名中外的旅游文化优势，现已发展形成包括以古丈毛尖和保靖黄金茶为代表的茶叶、以湘西腊肉为代表的肉制品、以果醋及猕猴桃果汁为代表的软饮料、以茶油为代表的食用植物油、以姜糖等旅游休闲食品为代表的民间民族食品等行业在内的食品产业格局，具有加快发展的产业基础。因此，民族地区可以抓住自身发展优势，大力发展农副产品精深加工业，打造高质量绿色食品产业，并借助互联网平台，畅通网络销售渠道，实现产品跨区域流通。

第九章　湖南民族地区人才可持续发展

民族地区可持续发展问题中，人口问题是影响地区社会、产业、资源、生态可持续发展的制约因素。"治国经邦，人才为急"。无论是治理国家还是发展经济，都离不开人才的支持，人才可持续发展与社会产业的快速发展紧密相连，追求人口与人才的可持续发展是实现民族地区可持续发展的基础。

湖南民族地区已经转变人才培养与吸引人才观念，出台了人口均衡发展、人才振兴等政策，但要达到人口可持续发展仍面临着一定的挑战。目前湖南民族地区面临着新转型发展下的人口结构不合理，整体文化素质相较其他地区偏低，人才流失严重、培育能力弱，缺乏人才引进的长效机制，以及人才引不进、留不住等问题。为实现人口可持续发展，要加强文化教育，提升区域人力资源素质，发挥民族地区特色文化以及特色人才优势，抓住乡村振兴的发展机遇，持续贯彻落实人才引进政策，建立吸引实用技能人才和高水平人才的长效服务机制，为湖南民族地区社会经济可持续发展奠定人才基础。

整体来看，湖南民族地区人口可持续发展面临三个主要问题，具体如下。第一，人力资源素质整体较其他地区偏低，人才培养能力薄弱。民族地区现代化起步晚，教师招聘难、师资水平不高，基础教育薄弱，职业教育专业化水平不够凸显，高等教育培养高水平人才能力弱。第二，缺少本土实用民族特色技能人才。深谙民族底蕴又具备一定现代化知识和技能的人才少，本地事业发展用工难，人力资源储备低，人才供需市场不畅。第三，高水平人才紧缺。民族地区自身社会经济发展水平受限，留不住高水平人才，高级管理人才、高精技术人才严重不足，高水平基层干部短缺。

战略篇

要实现湖南民族地区人才可持续发展，构建人才可持续发展系统，必须着力提升湖南民族地区人力资源素质，培养民族特色技能人才，重点做好高水平人才引进与服务，整体提升民族地区文化素质，构建适合本土特色人才、高水平人才脱颖而出的战略服务体系。

第一节　以区域人力资源素质提升为基础

人是最活跃的生产力因素，人的自由而全面发展是人力资源素质提升的基础。

一　人力资源素质提升能保障区域可持续发展

人力资源素质提升是人才可持续发展的基础，人力资源的素质影响着区域经济、社会、生态、环境各方面的发展，提升人力资源素质对区域可持续发展有重要的保障意义。

区域经济社会发展离不开人力资源。人力资源不仅能够整合一切社会活动中的物质资源、文化资源和生态资源，而且是社会经济活动中不可或缺的信息获取者、传递者和使用者，是不断推进经济社会发展和人类文明进步的重要因素。人力资源素质提升对湖南民族地区的经济社会发展同样起着十分重要的作用。一方面，提升人力资源素质能够促进地区经济产业发展。现代农业的规模化和专业化发展，将释放出大量的劳动力，通过素质提升能够促使农民向产业工人转型，能够推动农民更高质量的非农就业，能够激发农民的创新活力，提升农业现代化水平。另一方面，提升人力资源素质能够促进区域文化社会发展。文化和社会的可持续发展是区域可持续发展的重要支撑，也是可持续发展的重要表征，湖南民族地区具有特色鲜明的民族特色文化和社会历史传统，需要高素质的人才去发扬推进、传承创新。提升人力资源素质，能够让优秀的民族历史传统文化在新时代焕发新的生命力，结合市场需要高质量地融入时代的发展要求当中、结合社会需要以群众喜闻乐见的形式不断传承发展，能够提升社会治理能力和水平，促进乡村精神文明生活更加丰富并提升乡村治理效能，促进社会各方力量积极参与乡村治理并不断推进农业农村现代化。

二 提升区域人力资源素质的三个方向

教育是人力资源素质提升的主要途径,发展教育既能够提升人口的教育程度、提升劳动者的生产生活能力,又能够丰富人民群众的精神生活。近年来,湖南民族地区的教育虽然在不断改善,但教育发展的整体水平仍然较为落后,教育资源短缺、人才培养能力弱、人力资源储备条件差。尤其是本地人才储备不足,更新能力有限,加之师资水平较低、人才培养效果较差。此外,湖南民族地区的职业技能培训机构及其服务能力也有欠缺,整体培养效益不高。如新晃侗族自治县仅有职业中专1所,在校学生1110人,而长株潭地区的湘潭县有中等职业教育学校5所,在校学生4810人,民族地区与其他地区的职业教育发展差距可见一斑。故而,提升人力资源素质需要加强湖南民族地区的教育。对于湖南民族地区来说,教育发展主要应从基础教育、高等教育、职业教育三个层面全面加强。要确立基础教育的重要地位,保障基础教育均衡发展,推进高等教育培养本土高水平人才,同时不断完善职业教育的专业化发展,所有地区都要强调终身教育,全面提升人力资源素质。

(一)保障基础教育均衡发展

民族地区能否实现人才可持续发展,关键在于能否找到人才培养的可行道路。基础教育在教育体系中具有重要位置,对民族地区的影响更是无法估量。基础教育是人才培养的开端,夯实基础教育不仅能够培养更多更好的社会主义事业接班人,奠定社会主义现代化建设的坚实基础,更能够激发民族地区群众开展生产生活的热情,有效激活区域可持续发展的内生动力。目前来看,民族地区的基础教育较为落后,需要确立基础教育的重要地位,不断加强农村中小学标准化建设,实施人才引进和名师培育工程,积极推进教育教学改革、人才培养模式改革,为师生提供优质的教育教学环境,让每个农村孩子都能接受公平、有质量的教育。

要加大对民族地区的基础教育财政投入,加大对民族教育的支持,多渠道增加教育经费。促进民族地区不断改善教育环境,吸引、培育和留用优秀的师资力量。要在学龄儿童入学率100%的基础上,改善学校教育水平，为学生提供更加良好的学习环境，让中小学生接受扎实的基础知识熏陶，全面发展德智体美劳五个方面的素质，拓宽其知识面和眼界，养成其终身学习的热情，为培养全面而自由发展的高素质人才奠定坚实基础。

要加快教育基础设施建设。由于经济发展不均衡，民族地区各行政区划教育基础建设水平参差不齐，应该推进中小学基础设施标准化建设，在所有地方均衡配置高质量的教育设施，为基础教育水平的提升提供设施基础。要提升教育基础设施的现代化水平，加大加快基础教育信息化建设。民族地区基础教育均衡发展不只是入学机会的平等，更是要求教育资源配置的均衡，使各民族的特色文化更能持续传承与发展。

要不断优化师资力量配置。湖南民族地区的师资队伍在年龄结构、学历结构等方面存在一定差异。中小学教师整体素质相对于其他地区偏低，存在高学历教师的比例低、年龄结构不合理、学科结构与专业技术职务结构不合理等问题，城乡之间也存在一定的不均衡情况。要完善民族地区教师的任职制度，合理分配教师编制，开辟多元化人才的引进渠道，引进年轻师资力量，让教师队伍更具有活力，有效提高民族地区的教育活力，提升基础教育质量，让学生更具有学习的热情。要促进民族地区教师的专业化发展，对教师进行专业技能培训，提高业务水平，改善知识结构与教学方式，促进和改善其信息化、网络化教学方式，督促其帮助学生接受更多的前沿知识，培养学生的学习兴趣。要提高农村学校教师的待遇，做好后勤保障，稳定教师队伍。通过提高教师薪酬待遇的方式吸引更多的优秀教育人才深入农村，通过交流轮换等多种方式使优质资源惠及农村，并建立合理的制度体系保障所有教师的合法权益，让教师专心教学活动，努力提高教育质量。

要深入开展校园文化建设，助力基础教育阶段的人才培养。民族文化影响着校园文化的建设，校园文化使民族文化得以持续传承，校园文化与民族文化相辅相成、互相影响、相互交融。可以通过开展积极向上的校园文化活动，促进民族文化在校园内有效传播，使民族文化得到有效的传承和保护。可以在校园开展爱国主义教育、社会主义教育，弘扬民族文化，树立良好的道德风尚，打造具有民族特色的文化氛围。要增强师生的民族文化自信，打造和谐友好的校园氛围，促进学生积极健康成长，培养自由全面发展的社会主义建设者和接班人。

（二）增强高等教育人才培养力度

高水平、高层次人才是民族地区可持续发展的主要力量，民族地区应重视增强高等教育人才培养的力度，推动更多高质量人才参与地区经济社会发展。高等教育是民族地区培养高质量专业人才、民族特色化人才的主要方式，能够夯实拓展民族地区人力资源存量，促进民族地区人力资本发展，从而促进个人就业、收入水平与福利水平。

要适度执行对民族地区的高考支持政策。高考升学是民族地区高层次人才成长的主要路径，然而，民族地区教育质量整体不高，其所培养的学生整体竞争力也不高，与其他地区学子相比竞争压力更大。在继续提升民族地区基础教育水平的同时，应当渐进地完善对民族地区教育的扶持政策，适度完善和执行民族地区各项高考优惠政策是其中的重要组成部分。如在享受高考优惠政策时，2019年湘西州全州高考考生本科升学率也仅为47.67%，远远低于其他地区。在民族地区基础教育水平短时间内难以实现突破性提升的事实下，若一步到位直接取消民族地区高考的相关优惠政策，民族地区学子升学成才或将面临更加艰难的局面，对地区整体发展将产生深远的不利影响。

要增设民族地区师范类本科院校。民族地区教育发展和人才培养面临的最大困难是师资力量不足、师资整体水平不高。以湘西州为例，全州中小学师生比为1∶15.17，专任教师中专科及以下学历水平占比达38.5%；幼儿园师资力量更加紧缺，全州幼儿园师生比达1∶22.42。同时，民族地区由于地区发展水平、文化差异等因素的限制，师资引进和留才能力较弱。因此，增设民族地区师范类本科院校是解决民族地区师资力量和师资水平的有效举措，也能长效发挥作用。专门的本科院校对于民族地区师资培养的意义不言而喻，而"民族学校在民族地区办"更是能强化高校培养对民族地区可持续发展的辐射效应：一方面，非常适合提供更加适配民族地区生源特质和民族地区教育要求的培养平台，提升民族地区师资培养效率；另一方面，非常适合利用民族地区的培养环境和文化影响，强化培养对象留在民族地区服务和发展的持续效应，对从"人才都培养出去了"到"人才培养进来"的转变具有重要意义。

（三）推进职业教育专业化发展

区域可持续发展要真实面对不同区域之间的条件差异，但如果没有专门人才，条件差异将会放大结果差异。除基础教育、高等教育，职业教育的专业化发展对专门人才的培养影响很大。民族地区可持续发展需要大批专业化程度高的特色人才，而职业教育在面向市场、面向社会需求中更能发挥专业化、需求导向型的特长，更有针对性地服务区域发展。

提升民族地区职业教育水平，需要开拓新的教育项目，丰富职业教育办学内容，拓展新的培训方式，增强其社会服务职能。可针对民族地区职业教育发展落后的现实，开辟与职业教育水平高的非民族地区"联合"提升计划项目，进一步拓宽职业教育机构承接地方政府教育培训项目渠道，大力开展省内"职业教育联合"计划，探索民族职业教育发展的新思路。可不断丰富民族地区职业教育的办学内容，探索更为多样的信息化教学模式，提升信息化办学水平。可继续拓展新的培训方式，举办形式多样的劳动力职业技能培训班，开展线上线下教育培训。可逐渐规划民族地区设职业教育分院，推动技能专项班"入民族"项目深入开展，引导和支持湖南省内非民族地区具备条件、教学优质的职业教育学校，到民族地区开办专业对口的职业培训民族分院、组织周期合理的民族培训班。

教育是民族地区人力资源素质提升的主要途径，通过加强基础教育、高等教育与职业教育，能够在一定程度上造就一支适应新时代发展要求的劳动者队伍和各类管理人才。当然，民族地区各级各类干部的素质提升尤为必要，要进一步加大力度，培养一支能够带领湖南民族地区可持续发展的干部队伍。总之，通过基础教育培养自由而全面发展的个人，通过高等教育培养高水平高层次人才，通过职业教育培养专门技能人才，通过各类培训造就各层次干部队伍，能够巩固拓展民族地区脱贫攻坚成果，不断丰富区域人力资源储备，提升整体人力资源素质，促进民族团结和各民族共同繁荣，并最终实现民族地区的可持续发展。

第二节 以民族特色技能人才培养为关键

民族特色技能人才是民族地区人才的重要人力资源，一切具有民族特色的手工艺技术能力、民族特色艺术知识能力、民族特色文化知识能力等的人都属于这类人才。民族特色技能人才是民族地区可持续发展的关键因素，对民族地区文化社会发展有直接促进作用，也能为经济发展提供持续的动力。

一 民族特色技能人才是区域可持续发展的基础

（一）民族特色技能人才对区域可持续发展的重要意义

民族特色技能人才是民族文化传承的重要载体。中华民族的民族文化与民族精神是中华传统文化的精髓，湖南民族地区的文化特色非常明显，涵盖众多的文化特质和民族精神。坚持民族特色文化的传承创新，是民族文化生命力的延续，是文化自信的重要表现与拓展方式。文化自信是最基础、最广泛、最深厚的自信，坚定文化自信是民族地区特色发展的重要议题，将民族文化传承纳入人才培养体系中有助于增强各民族群众对其民族文化与精神的认同，为民族地区可持续发展奠定扎实基础。

湖南民族地区有特色的民族文化、民族记忆及其衍生的民族特色产业、文化产业等都急需民族特色技能人才。民族特色技能人才本身可能是民族文化遗产传人，可以通过自身的传承将其产业化，如湘西州黄金茶产业的发展，不仅能够传承民族康养文化，也能够带动民族地区经济社会发展。其他的民族特色技能，如江永女书、安化黑茶、土家族织锦等，都既能够在经济社会发展上带动区域发展，又能够扩大地区的知名度和美誉度，为可持续发展奠定重要基础。

（二）民族特色技能人才能保障民族文化传承与创新

民族特色技能人才的培养通常以职业技能知识传授与民族文化熏陶相统一为显著特征，即除了传授其显性的专业技能，还使其浸润于隐形的民族特色之中，做到优秀文化传承与职业技能实践的良好结合。这种培养方式能够把特色民族文化中蕴含的价值、信仰、情感内化为民族特色人才的精神涵养，促进民族特色文化传承发扬的持续性。

因此，在民族特色文化传承的基础上，民族特色技能人才的文化素养、精神品位会不断提升。湖南民族地区的特色民族文化众多，各具特色的民族美食、特色农产品、手工艺品、民族服饰、民族歌舞等，通过音乐节、戏剧节、民俗文化展览等新颖的方式得到创新传播，民族特色技能人才在其中能够较好地展示民族文化魅力，也能够吸引更多的人才参与民族特色文化的弘扬与发展，从而为民族地区持续发展提供内在动力。

二 培养民族特色技能人才的两大策略

湖南民族地区特色技能人才的培养，需要服务于民族地区可持续发展的目标要求，突出民族特色，以实用型技能人才培育为核心，推动产教融合，建设特色人才培养平台，建立区域性人力资源市场。

(一) 紧扣民族特色实用型人才培育的核心

在传承创新民族特色文化的基础上，要不断加强实用型技能人才的培养，将职业教育与高等教育有机结合，实现民族地区可持续发展。实用型人才的培养，要综合经济社会发展的实践需求，发挥相关学科的优势，强化学科交叉融合；要通过培育培养，造就一批新型职业农民，打通青少年实用型人才与民族实用型农业技术人才的成长通道，打通民族特色能工巧匠与国家认证的工匠等全方位职业晋升渠道，实现职业教育与成人教育的互补互促，全面服务于民族地区的可持续发展。

开展"民族小农"专项提升行动。2020年，农业农村部印发的《新型农业经营主体和服务主体高质量发展规划（2020—2022年）》提出，到2022年，要实现高素质农民培训普遍开展，线上线下培训融合发展，大力开展新型农业经营主体带头人培训。湖南民族地区已经启动实施的"民族小农成长帮扶计划"，为民族地区农业"散户"学习新理念、掌握新技术、应用新模式提供了政策支持，能够培养产生一批新型农业经营主体。可建设一批民族地区特色农业综合培训基地、田间学校，重点打造一批民族地区新型职业农民培育教育示范基地，通过实践基地提供农业技术、信息服务，促进农业技术的试验、示范，带动民族小农在实践基地接受农业技术专业培训与实践学习。可支持民族地区农民通过"弹性学制"参加中高等农业职业教育，依托广播电视大学系统和职业院校，培养民族地区农民大学生，结合专业化的职业教育、不同培养学制对农民进行专业的技术培养。可建立"民族小农成长远程教育系统"，联合不同高校的教学资源，组建民族小农远程教育讲师团，采取"通识教育+专业技能+定制化服务"相结合的方式，为民族小农知识能力素质发展提供灵活便捷的远程教育，通过远程视频会议集中会诊民族小农发展中存在的各类问题。

大力培育民族新型职业农民。可推进实施民族新型职业农民培育工程，实施新型农业经营主体带头人轮训、现代青年农场主培养、农村实用人才带头人培训和农村青年创业致富"领头雁"培育计划等来提升人力资源素质。可支持农民通过弹性学制参加中高等农业职业教育，创新培训机制，探索田间课堂、网络教室等培训方式，构建以农业广播学校、职教中心、涉农高等院校为主体，农业科研院所、农民专业合作社、专业技术协会、龙头企业参与的全方位全过程全链条教育培训体系，建立"分阶段、重实训、参与式"的培训模式。可引导职业院校、科研院所和有资质的社会组织开展农村实用人才培训，扶持培养一批农业职业经理人、经纪人、电子商务师。可优化教育资源配置，提高农村教育水平，加快农村职业教育发展，构建职业教育与成人教育、学历教育与非学历教育、网络教育贯通的终身学习体系。

培育民族农村科研人员。要加快领军人才培养和创新团队建设，加强农技推广人才队伍建设，实施"农技推广骨干培养计划"。要继续实施扎根基层优秀人才支持计划、科技特派员和"三区"人才计划、三支一扶、大学生村官、特岗教师计划、农村教师公费定向培养计划、卓越农业人才教育计划、农村订单定向医学生免费培养等政策计划。要落实事业单位专业技术人员创新创业政策，支持和鼓励各级农业类科研院所专业技术人员到企业挂职或参与项目合作、兼职或在职创办企业、离岗创新创业，逐步建立城市医生、教师、科技和文化人员定期服务乡村机制。要开放农民大学生专业技术职称评定制度，落实相应的激励政策，引导农民大学生成为农业技术创新的生力军，农业技术推广服务的能手，农民致富、追求美好生活的带头人。

培养民族工匠和民族文化能人。要持续推进实施"民族工匠"培养工程，围绕民族地区重点行业技能人才需求，建立学校、社会、企业、社区培育民族工匠的完整体系。要规划开展民族医药、旅游文化商品、民族手工艺、民俗建筑施工等民族特色行业技能型人才培训，加大与相关企业的对接，做好订单定向培训，就地就近转移就业和劳务输出，大力促进就业和创业。要探索制定民族工匠评价办法，建立民族工匠认证制度，培育有一技之长、带动能力强的民族"土专家""田秀才"。要完善民族工匠就业的相关劳动规定，支持民族工匠发展行业协会，完善民族工匠的行业标准，给予民族工匠在职业职称上的上升空间和名誉称号。民族文化能人遍布民族地区，活跃在基层，有着深厚的群众基础。可加强职业教育，发掘热爱民族文学艺术的文化能人，通过民间快板、小品、舞蹈、戏曲等活动的开展，促进民族地区文化事业的蓬勃发展。可通过广泛的基层演出，发掘基层文化艺术爱好者，用通俗易懂、百姓喜闻乐见的方式传播民族文化。可加大非遗传人的培养力度，鼓励已有的非遗传人组建团队，扩大非物质文化遗产的人才范围，将传统民俗文化融入民族地区人民生活的内部，将传统艺术与现代社会结合，取其精华，扩大非物质文化遗产的影响力。可利用民族地区特有的自然生态资源与物质文化遗产，通过多种方式造就民族特色经济能人。

(二) 搭建民族特色技能人才培养的平台

推动建立特色技能人才培育的产教融合模式。民族地区应利用其优势资源加强与地方院校、科研院所、企业和社会组织的合作，探索校地合作的产教融合人才培养模式，借助高等学校的师资与科研优势，建立特色实践基地，通过引进高水平人才常驻或短期指导，促进民族地区特色技能人才的发展。同时，要积极鼓励民族地方与企业、社会组织合作，推动企业到民族地区建立实践基地或分公司，推动社会组织参与地方公共事务，带动大批民族特色技能人才到企业或社会组织学习和交流，共同推进民族地区的可持续发展。

要建设民族特色人才市场。民族地区的本土人才对民族地区的风俗、文化与发展需要具有深厚的理解，与外来人才相比，其在民族地区特色资源的开发中具有独特的优势。然而，由于历史发展的原因，民族地区本土劳动力的现代化知识文化、技能水平相对较低。民族地区的劳动力主要外流到非民族地区，从事低水平的体力劳动。人才的流失使得民族地区的人才储备与民族地区特色发展的用工市场之间未能实现良好的对接，造成其人力资源开发不充分。应当围绕民族地区持续发展的文化资源开发、旅游景区的经营管理、现代化农业与工业的发展等重点领域，加强紧缺实用人才的培养，构建有特色的民族地区人才市场。要重点把本土人才资源作为首要突破点，引导职业院校、科研院所和有资质的社会组织开展实用型人才培训，建设一批紧密对接市场和企业需求的实训基地，建立合理规范的评价机制，培养一批深谙民族特色、有底蕴又具备较高水平现代文化知识和技能的职业经理人、经纪人、电子商务师、经济能人、文化能人、非遗传人等。要组建联系当地职院与当地用工单位的"培训—就业"联盟，为双方"技能培训—市场需求—就业待遇"的沟通协商提供便捷的平台和服务，促进本土人才本土就业、民族优势服务于民族发展。

第三节　以高水平人才统筹服务为重点

湖南民族地区对高水平人才的吸引力较弱，统筹高水平人才的引进、培养和使用，做好高水平人才的保障服务工作是提高其人才竞争力的重点。要转变高水平人才统筹服务方面的传统思维，以解决民族地区存在的发展问题为目标，建立更为弹性的人才引进和管理制度，强化高校、企业、社会组织和地方政府的多元合作，实现区域人才资源的可持续发展。

一　高水平人才的统筹服务是区域可持续发展的重要方式

（一）统筹服务高水平人才能够促进区域可持续发展

湖南民族地区在就业环境、福利待遇、公共服务供给等方面的吸引力和竞争力都较差，既留不住本土人才，也难以吸引外来人才，高水平人才引不进、留不下的情况比较突出，人才管理制度缺乏创新、激励效果欠缺，未形成高水平人才统筹服务的长效机制。民族地区本土高校培养的大学生外流较为严重，以吉首大学为例，2019届毕业生就业人数为5839人，其中留在湘西州就业的为978人，占比仅16.7%。同时，民族地区政府部门、事业单位招聘来的大学生也由于难以适应当地工作生活环境，对留在本地发展的信心不足，而经常跳槽离开。

由此可见，湖南民族地区在高水平人才方面还存在许多问题，要解决这些问题，实现高水平人才驱动地区发展，需要将高水平人才引进与服务作为实现人才可持续发展的重点。

(二) 引进并服务高水平人才是人才可持续发展的核心内容

高水平人才是指在各个领域中拥有较高专业技术能力的相对优秀的人才。一般来说，高水平人才素质高、能力强、影响大，具有创新意识和旺盛的创造力。高水平人才很稀缺，是各个地区竞争的重点。湖南民族地区要引进高水平人才，除了要和省内地区竞争，还需要参与全国范围内的人才竞争。因此，做好高水平人才的服务是引进和留用的根本保障。

要吸引高水平人才来到湖南民族地区，必须采取一系列政策措施，在引进待遇、服务领域、自主空间和生活保障等方面具有一定的竞争力，要尽力做到"引得进、留得住、用得好"。只有在人才的引进录用、考核评价、激励晋升、工资福利、监督约束等方面有完备的制度规范，在充分激发高水平人才工作积极性的同时又使其无后顾之忧，才能促使高水平人才能够全身心地投入湖南民族地区的发展建设当中。

二 高水平人才引进与服务的三大着力点

(一) 推进高校—企业—地方政府互动合作

要积极促进校企合作。加强园区企业与各类高校开展人才交流与培训，引导民族地区的企业与当地、省内高校及科研院所建立深入的战略合作关系，设立高层次人才创新创业平台，实现高校与园区企业之间人才交流的无缝对接。民族地区政府可组织、促进校企之间的对接交流，通过联合办班、定向培养、建立实践基地等形式，共同推进高校成果在园区企业落地转化，共同推动高水平人才服务于园区和企业。

要培养企业引才的主体意识。企业是使用人才的重要主体，民族地区要培养企业重视人才的意识，使其充分认识到人才是第一资源。要通过制定各类政策规定、搭建各类平台、拓宽各类渠道，推动企业在市场竞争中能够第一时间发现人才、引进人才，高效率地使用人才、培养人才，实现人才在园区和企业的积聚，产生积极的扩散效应、示范效应。

湖南民族地区的地方政府要全方位盘点所辖范围的企业，依据国家和地方各级发展规划，有侧重地主动对接国家和其他地方的重点实验室、农业科技园区、战略性新兴产业企业、海内外农业科技企业，带领属地企业走访高校科研机构，引进一批高水平人才、紧缺型人才；对引进的各类人才，要健全相关的工作激励和补贴机制，全力支持和打造具有重要影响力的人才创新团队，鼓励并支持高水平人才在当地投资建厂、转化成果和发展生产。

（二）创新人才引进模式

可建设"候鸟型"工作服务站。因为民族地区经济社会发展相对滞后，有些高水平人才不可能长期驻扎甚至生活于此，所以可以建立民族地区"候鸟型"人才工作站，使高水平人才能够切合实际地为民族地区发展提供支持。要创新人才引进方式，在传统招聘方式的基础上，增加网络招聘、校园招聘、劳务外包或代招等模式。要完善管理制度规范，在编制管理、职称评审、流动政策等方面灵活运用，使交叉任职、短期服务、人才驿站等模式真正发挥作用。要落实工作机制，开展"候鸟型"人才工作服务站试点工作，通过服务站实现人才政策宣传、供需对接、活动开展等精准服务的落实，在实际管理服务中，也不再要求高水平人才长期稳定服务、落户民族地区，使他们成为民族地区灵活引才、用才的宣传窗口。

可跨区域引进和使用人才。民族地区要积极开展区域合作，与相邻地区一起"抱团取才"，破除一切束缚人才发展的体制机制障碍，以区域整体的形式制定人才引进、服务和保障的相关政策，允许人才在区域范围内灵活选择就业岗位、跨地区享受教育住房医疗健康等相关保障服务。还可促进城乡之间人才的互动交流，使民族特色工匠、民族文化传人、农村治理人才等农村地区的人才交流到城市地区进行技能提升、培养培训，使企业经营管理人才、城市治理人才、高新技术人才等城市地区的人才交流到农村地区锻炼实践、指导服务，形成完善的城乡人才交流机制。

可引导人才积极服务乡村。民族地区要依据其自然、历史和文化资源的优势，引导那些与其有联系的、有志于在民族地区建功立业的企业家、党政干部、专家学者、医生教师、规划师、建筑师、律师、技能人才等各类人才，通过担任志愿者、投资兴业、包村包项目、行医办学、捐资捐物、法律咨询等方式服务民族地区的可持续发展。要鼓励"新乡贤"回乡，依托"新乡贤"建立乡村振兴专家决策咨询和顾问制度。还可以省内特色产业为依托,加大引进农业科技领军人才、农业优势特色产业创新团队的支持手段和力度,健全国内外院士专家来民族地区工作的激励和补贴机制,不断创新其"柔性服务"的形式。

(三)健全人才发展与保障制度体系

要完善人才发展各个环节的制度。人才发展制度包含培训和开发制度、使用制度、考评和激励制度、分配制度、社会保障制度等。要通过多种形式对人才进行培训和实践锻炼,在满足人才自身发展需求的同时,为组织和社会发展奠定良好基础。要通过规范的制度安排以推进各部门都能够人尽其才、适才适用,在使用、考评和分配保障上使人才感受到民族地区管理的人性化和科学化。

要完善人才社会保障制度。社会保障制度能够解决人才的后顾之忧。要严格落实创业就业人员安家落户、购房补贴、子女入学、社保医疗和文化惠民等配套政策,为人才提供充足的保障。住房是人才扎根民族地区工作与服务的基础工程,提升住房的质量和条件,营造优质的生活环境,减轻人才的住房压力,才能免去其生活的后顾之忧,使其更加积极乐观地投入工作。要不断完善创新人才评价制度,完善人才服务和管理体系,建立柔性灵活的人才管理机制,建立促进人才双向流动的机制。

第十章　湖南民族地区资源可持续发展

民族地区资源丰富，但资源转化效率低。要坚持系统推进民族地区资源的可持续发展，以区域资源变资产为主攻方向，以发展特色资源为关键，以转变资源利用方式为依托，提高资源开发利用效率，促进民族地区脱贫摘帽后的可持续发展。

第一节　以区域资源变资产为主攻方向

民族地区虽然完成了脱贫摘帽，但由于其历史发展水平偏低，发展基础较为薄弱，资源没有得到合理的利用，资源储备优势并没有得到充分发挥。要实现脱贫摘帽后的高质量发展，就要将区域资源合理高效地利用起来，打通资源变资产的通道，将资源优势转变为资产优势，最终实现整个区域社会经济的持续健康快速发展。

一　区域资源变资产的重要意义

（一）区域资源变资产的基础

湖南民族地区大多是资源富集地，矿产、自然风光、动植物等自然资源丰富，除了丰富的自然资源，民族地区还拥有深厚的文化底蕴和独特的文化资源，如民族地区生活习俗、民族工艺品、民族文学艺术、民族建筑等，历史悠久、内容丰富、形式多样、特色鲜明，是民族地区一大重要优势，也是其发展的一大有利因素，为资源转变为资产提供了良好的基础。

（二）区域资源变资产的意义

资源可持续发展首先要强调资源的发展。只存在于自然界和人类社会，没有被开发利用，资源就不能参与发展进而不能产生发展效益，不能造福于人类，也就失去了其存在的意义。只有将资源转化为能够满足人类社会发展所需的物质财富和精神财富，即转化为各类有形或无形资产，资源的效用与价值才能得到实现。资源的可持续发展也就要求资源能够持续地转化为财富，满足人类社会的发展需求。从经济角度而言，资源是经济赖以发展的基本要素，经济的增长主要依赖于资源的开发和利用，只有将资源合理利用起来转变为资产，激活"沉睡"的资源，才能将资源优势转化为经济优势。民族地区资源富集，具有比较优势，要充分利用这种得天独厚的优势，推动民族地区资源转变为资产，实现资源利用和经济发展的双赢，这是民族地区创新性发展的核心所在、实现地区高质量发展的希望所在。

（三）区域资源变资产的实质

资源广泛存在于自然界和人类社会当中，是能够为人类开发和利用，进而创造物质财富和精神财富，且具有一定积累量的客观存在形态。简言之，资源是财富的源泉，在一定条件下能够产生经济价值、社会价值，提升人类社会的福利水平。可以说，人类社会的发展离不开资源，而资源必须体现出其价值才能服务于人类社会发展，即资源是一种潜在的财富，需要转化为资产为人类所享用。虽然民族地区资源富集，但仅仅是一种潜在的优势，而非现实的经济优势，只有将资源转化为资产，才能将资源优势转化为发展优势。所以，区域资源变资产的实质是盘活各类资源，将资源的自然属性转化为经济属性和社会属性，进而产生其经济价值和社会价值，不仅满足资源自身的持续发展需求，而且能够促进区域持续发展，从而实现民族地区人民福利的提升，满足他们美好生活的需要。

二 区域资源变资产的措施

（一）转变思想观念

湖南民族地区资源禀赋丰厚，虽然已经摆脱贫困，但依然是不发达地区。这种经济发展与资源禀赋不相匹配的"资源的悖论"现象之所以产生，除了湖南民族地区经济基础薄弱、地理位置偏僻等客观条件的制约，地方思想观念落后、创新意识不强、创新能力偏弱，没有对资源进行合理的开发利用、资源难以转化为资产也是重要原因。习近平总书记指出："许多贫困地区一说穷，就说穷在了山高沟深偏远。其实，不妨换个角度看，这些地方要想富，恰恰要在山水上做文章。要通过改革创新，让贫困地区的土地、劳动力、资产、自然风光等要素活起来，让资源变资产。"[1] 因此，推动区域资源转变为资产需要突破思想观念束缚，打破陈旧观念的局限，挣脱思想的束缚，勇于创新，充分认识到资源（包括自然资源与历史文化资源）的价值，充分发挥资源对地区的推动作用。民族地区要结合自己的资源基础优势，转变观念，创新思维，探索出一条属于自己的发展道路，在脱贫摘帽后实现可持续发展的过程中踏出坚定的步伐，一步一步从脱贫走向富裕。

（二）提升技术水平

技术是资源转化为资产的动力，落后的技术是导致民族地区发展落后的重要原因。技术水平落后，资源就不能被合理高效利用，富集的自然和文化资源优势就无法得到发挥，资源潜力就不能充分发挥出来。所以，民族地区要实现更高质量的发展，就要提高技术水平，通过引进高新技术企业、高层次技术人才来对传统资源利用模式进行技术改造，创新资源利用模式。要不断提高民族地区的资源开发层次与质量，促进资源的有效配置，实现资源有效利用的最大化。

（三）全面整合资源

湖南民族地区的资源分布比较分散，整合力度不够。要对民族地区的各类资源进行全面的普查、梳理和统计，摸清"资源家底"，掌握资源的种类、规模、分布、开发情况等。在对"碎片化"的资源整体把握的基础上，通过整合以提高资源综合利用水平，发挥其最大价值。要准确把握各类资源的特性，发掘与其他地区资源的差异性，有针对性地进行开发，通过差异化竞争来提升资源的利用效率。要建立民族地区特色资源数据库，对资源进行合理分类和科学评估，系统地管理和开发资源，避免资源在利用上的单一、雷同和浪费现象，提升整体开发水平，

---

[1] 《习近平关于社会主义生态文明建设论述摘编》，中央文献出版社2017年版，第30页。

使其达到整体结构最佳化和整体效益最大化。

（四）市场化产业化开发

资产是能够带来预期经济效益的经济资源，资源转变为资产，其实质就是将资源的自然属性转化为经济属性。资源转化为资产必须经过产业化开发和市场化运作的过程。民族地区通常是资源富集地区，搞活区域经济通常要以资源的开发为先决条件，以市场化、产业化手段为依托，进行市场交易，将"死"资源变为"活"资产。资源市场化产业化开发，一方面可以合理、科学、高效、充分地利用资源，提高资源利用率；另一方面，也有利于保护资源和生态环境，促进资源的持续开发利用。民族地区要创新理念，开阔思路，以市场为导向，与市场有效对接，按市场规律办事，充分发挥市场在资源配置中的决定性作用，对资源进行合理、有效的配置，避免出现市场需求无法满足和服务过剩的情况，尽量做到供需平衡，从而获得经济效益的最大化，最大限度地满足人们多样性、个性化的需求，以形成资源变资产的可持续模式。当然，现在民族地区的市场机制还不健全，新型市场主体还较为缺失，市场结构单一，要确保资源能够顺利转变为资产，还要构建规范有序、交易透明、公平竞争、运作顺畅的市场体系，完善资源市场配置制度，使市场功能更加与资本化过程相适应，为资源转化为资本创造条件。

第二节 以民族特色资源开发为关键

习近平总书记曾强调指出，"民族地区要立足资源禀赋、发展条件、比较优势等实际，找准把握新发展阶段、贯彻新发展理念、融入新发展格局、实现高质量发展、促进共同富裕的切入点和发力点"①。可见，民族特色资源开发是民族地区发展的重要基础，要以保护传承为重，统筹协调物质、文化等各类资源形式，创新开发推广模式。湖南民族地区的矿产、农林等自然资源以及村寨村落、红色旅游等文化遗产资源丰富、特色鲜明，已经成为一张张亮丽的名片，使得当地经济社会发展有底

---

① 《习近平谈治国理政》（第四卷），外文出版社2022年版，第247页。

气、有自信。但在实际的发展过程中，湖南民族地区特色资源开发存在一定的困难，特色化、现代化、产业化、创新程度较低，开发整体效用较差。因此，要紧密结合特色资源的特征，促进其现代化、市场化、品牌化的开发，为湖南民族地区未来发展提供真正的潜力和希望。

一 开发民族特色资源是基础

劳动与资源是一切财富的来源，劳动将资源转化为财富。资源的开发和利用是财富积累的基础，是经济发展的重要条件。湖南民族地区发展是湖南和全国实现区域协调发展的重要环节；民族地区经济发展滞后是我国区域协调发展的"短板"，是实现共同富裕的难点和重点。因此，切实结合发展需求，依托区域内特色资源开发，促进特色产业发展，提高自身发展能力，实现"造血"功能，是区域协调发展、实现共同富裕的必要路径。

民族地区特色资源，是指各民族拥有的具有民族特点、反映民族特色、能被人们开发利用的一切有形和无形的自然资源、人文资源和社会资源。当前，民族特色资源主要被区分为客观实在的自然资源（如有色金属、农业产品等）和民族精神文化资源及其物质载体（如民族节庆、特色村寨、非遗文化等）。准确把握民族地区特色资源的科学内涵，并合理开发利用民族文化资源，对推进民族地区经济社会发展具有十分重要的意义。湖南民族地区的矿产、土地、动植物、文化习俗等各类资源非常丰富，合理开发、规范保护，不断提高资源利用效率是实现民族地区发展的重要途径。

当前，为巩固拓展脱贫攻坚成果，积极推进乡村振兴，促进地区经济社会发展和人民增产增收，各地都在基于资源基础而探索有特色的发展路径。如通过打造"特色小镇""网红"景点，开发"特色民宿"以带动旅游。但在这些名为特色，实为模仿的发展形式上，不少地方并没有真正找准特色，盲目改建造成资源利用率的低下，对地方经济社会发展也没有实质贡献。湖南民族地区资源丰富，但受到区位限制，发展相对较慢，靠模仿是不可能持续发展的，必须充分发挥出当地的特色优势，实现其特色资源的最大效用。

二 实现资源优势向经济优势的转化

(一) 推动特色资源市场化开发

破除矿产资源开发瓶颈，推动产业融合升级。虽然湖南民族地区矿产资源丰富、品质好，但是存在开发冶炼式的粗加工、高污染、监管难、主体参与程度低、产业链不完善等问题。这些问题已经严重影响到民族地区的可持续发展，不符合生态文明建设的根本要求。因此，民族地区要探明区域范围内各类资源，在国家法律法规和政策许可的范围内，有计划地开采。要坚持保护与开发相结合，在保持矿产资源发展优势的同时转变发展模式，破除矿产资源开发不合理的瓶颈；通过建立能源基地，促进一二三产业联动融合发展，创新新能源开发机制，合理利用太阳能、水电等清洁能源。要坚决落实资源补偿政策，转变原有粗放型的发展模式，减少矿产资源开发在经济发展中的占比，推进矿产资源与文化资源不断融合发展。要培育发展新兴产业，促进矿产探测、开采、加工、制造等系列环节的生态转型，推动矿产行业与服务业的有机融合。要加强各主体之间的合作，建立矿产资源开发共享机制，引进先进技术设备、人才，提高资源开发水平、加工能力、技术创新能力，围绕独特资源开发新型特色产品，促进产业发展，延伸产业链条。要坚持市场导向，开发适应市场需求的高质量产品，推出知名产品，打造知名品牌，形成品牌效应。

转变民族手工艺发展模式，推进民族手工业集约化发展。湖南民族地区传统工艺历史悠久，工艺技术独特，内容丰富，具有极大发展潜力。保留民族传统手工艺品特色，坚持古为今用，将传统手工艺品进行特色化、产业化开发，坚持民族文化开发传承与实现民族特色工艺品经济价值的有机统一。挖掘各民族传统手工艺品的经济功能，有助于特色产业的开发，弥补矿产资源开发限制带来的就业问题，同时为民族地区传统矿产资源发展模式的转型提供新路径。当前民族手工业更多是以简单加工为主的开发模式，缺乏创新设计，价值不高。民族地区传统工艺是对当地特色文化的传承，随着居民生活水平的提高，消费理念和消费结构不断发生变化，人们对于手工产品有新的要求，简单加工可能没有办法吸引消费者。传统文化产品的创新发展是各地关注的热点，开发高质量的"文创"产品，湖南民族地区要破除原有限制，探索新型发展路径。

民族手工业的开发，要走"专业化设计、工厂化生产、商品化经营、市场化运作"的发展之路。首先，进行传统手工艺产业化开发，针对产业条件比较好的传统工艺，打造具有地方特色和一定生产规模的民族传统手工艺品，如织锦、扎染、民族服饰、银饰锻制等，将这些手工艺产品进行精细化、工厂化、产业化生产，转化为成熟的商品；引进设计、管理人才与加工机器，建立专门厂房，促进手工业集约化发展。其次，开发"文创"产品，加强传统文化与现实发展的连接，促进"手工艺品+市场""手工艺品+旅游"的融合，提高手工艺品市场化水平，推动手工艺品进入旅游景区，开发集参观展示加销售为一体的民族旅游产品。最后，要以市场需求为基础，确定统一品控标准，推出优质产品，创建民族工艺统一知名品牌，增强品牌意识，实现民族工艺品产业开发的规模聚集，建立起良好的市场口碑。

（二）探索新经济发展模式

习近平总书记曾在考察青海时强调，生态是资源和财富，是我们的宝藏，要把青海生态文明建设好、生态资源保护好，把国家生态战略落实好、国家公园建设好。湖南民族地区在生态资源方面与青海具有相似的资源优势，"青山绿水蓝天"生态资源丰富，如何在保护为主、合理利用、加强管理三项原则下，实现生态资源的有效开发，需要该地区积极探索。

第一种模式是依托现有生态资源，打造"生态+"发展模式。湖南民族地区森林覆盖率高，水质好，地貌多样，绝大部分民族地区森林覆盖率在65%—97%之间，是整个华中地区天然的"大氧吧"。如城步县森林覆盖率达80%，100%达到或优于Ⅲ类标准的水质；保靖县森林覆盖率70.24%，县域集中式饮用水水源地达标率100%，县城空气质量优良天数360天，优良率98.4%。但民族地区当前过多地通过开发森林湖草等资源以换取经济效益，对环境存在一定程度上的破坏，且对空气等优质资源没有利用。湖南民族地区可打造"生态+"发展模式，大力开发当地特色资源。以当地丰富的生态资源为基础，大力发展旅游业；结合"健康中国"战略，推出"康养、生态"旅游品牌，促进森林、水资源、地质资源等资源的综合开发，实现特色资源由"深闺未识"向"家喻户晓"转变，以生态旅游促进就业、带动当地经济发展。

第二种模式是开发红色革命资源，促进旅游经济发展。湖南民族地区作为革命老区，红色文化遗产丰富，是发展旅游业的重要资源。开发红色资源、开展红色文化活动有助于民族地区特色文化与中华民族传统文化有机融合，增强民族地区的认同感；有助于促进各民族之间的交流，铸牢中华民族共同体意识。湖南民族地区要通过文物整理、遗址修缮等方式，大力挖掘当地红色资源，改变原有"靠矿吃矿"的资源开发模式，促进生态旅游业和生态工业快速发展。要运用好宝贵的红色文化遗产，加大对革命历史珍贵文献、红色故事、红色歌谣、红色文学作品的挖掘，加强与旅游融合，着力打造民族地区红色旅游目的地。要抓好红色小镇的建设，不断扩大红色小镇影响力，推动传承好红色基因。要做好红色遗产旅游规划，结合区域历史文化脉络，充分挖掘红色文化的深刻内涵，打造红色文化产业中心。同时，要联合周边地区打造红色旅游精品线路，将湖南省内以及周边江西、重庆、贵州等省市联动起来，开发更具吸引力的产品，提高文化知名度，使民族文化、红色文化不断融合，为区域发展带来更多经济红利。

三 促进非遗资源传承开发

（一）发挥文化古迹经济效益

民族地区历史悠久，文物古迹众多，是凸显民族文化区别于其他地区文化的重要资源，可作为旅游业新的增长点和拉动点。如凤凰古城、龙山里耶秦简遗址、通道侗族古建筑群、会同高椅古村、城步古苗文石刻等。湖南民族地区还储藏有无数珍贵的非物质文化遗产，如土家族摆手舞、茅古斯舞、铜铃舞、哭嫁歌、张家界国际山歌节、慈利板板龙灯、"三月三"、"六月六"、苗族歌鼟、城步山歌节、侗族大歌、盘王大歌、盘王节等。依托地区自身种类繁多的古迹资源，深入挖掘文物古迹艺术、历史、经济价值，打造"一区一品一特色"的古迹文化旅游线路是民族地区发挥文化古迹现代效能的重要方式；在拓宽各地区发展思路的同时，实现地区间联动发展，广泛吸引游客观光，感受各民族特色风情，也是一条重要路径。同时，要有效推动非遗资源与文旅等相关产业的有机结合，培育新业态、新产品，建立非物质文化遗产生产性保护示范基地，将丰富的非遗文化资源转化为生产力，以高质量发展带动民族群众致富。

（二）发挥民族特色村寨聚集功能

在国家政策文件中，民族特色村寨是指民族人口相对聚居，且比例较高，生产生活功能较为完备，民族文化特征及其聚落特征明显的自然村或行政村。民族特色村寨是民族文化历史集中呈现的重要载体，因其为民族村民长期共同生活的地方，形成了独特的风貌，承载着众多民族文化特质。无论是其产业结构、民居式样，还是其中的风俗习惯，都集中体现了各民族经济社会发展和文化历史变迁发展的印迹。充分发挥民族特色村寨的文化资源聚集功能，既能够保护传承优秀民族传统文化，也能够促进民族文化与旅游发展深度融合。当然，在发挥其功能过程中要坚持"注重发展、突出重点、彰显特色"的原则，将民族村寨的众多文化元素融入"吃、住、行、游、购、娱"等旅游六要素之中，着力打造集乡村度假、生态观光、文化体验于一体的民族特色村寨；要加大对民族特色村寨的宣传力度，培育一批特色村寨旅游示范点，打造民族特色村寨旅游品牌，提升特色村寨影响力，促进文化融合与传播，带动当地群众增收，实现共同富裕。

（三）开发民族特色节庆习俗

民族节庆是各民族服饰、饮食、礼仪、信仰等生产生活文化的集中体现，是民族地区发展文旅产业的重要资源，是文旅产品开发的重要素材来源，也是集中展现民族文化风貌、地区特色，加强各民族文化交流互动的重要窗口。随着人们生活水平的提高，体验式的旅游逐渐流行，民族节庆活动能够使人们充分体验到当地浓厚的历史底蕴与特色的民族风情。开发民族特色节庆习俗，将其充分融入旅游业当中，精心推出特色鲜明的旅游产品有重要意义。湖南民族地区有大量的传统节庆习俗，如吉首市鼓文化节、城步六月六山歌节、浦市中元节、花垣苗族赶秋节、沅陵茶文化旅游节等。民族演艺产业也在民族节庆习俗中有大量展示，集民族音乐、民族舞蹈、民族服饰、民族礼仪等为一体。当前，民族演艺产业催生了新的文化业态、延伸了文化产业链，成为经济发展新的支柱。民族地区要依托深厚的民族文化底蕴，建设文化演艺景区，开发特色鲜明的民族文化演艺产品，将传统美术、传统音乐、舞蹈充分融入演艺中，让作品充满浓郁的民族风情，打造"白天看风景，晚上看台戏"的旅游新模式。同时，民族演艺产业要紧跟时代的步伐，加强创新，充分挖掘文化内涵，开发文化演艺精品，创造更高质量的作品。

第三节 以资源利用方式转变为依托

习近平总书记早在十八届中央政治局第六次集体学习时就指出，要大力节约集约利用资源，推动资源利用方式根本转变。资源利用方式的转变是实现可持续发展，推动高质量现代化建设的基础。转变资源利用方式对湖南民族地区经济社会发展具有重大意义。民族地区要落实五大发展理念，坚持保护与开发并重，避免传统发展模式下的弊端，实现资源的可持续发展，必须牢牢抓住资源利用方式转变这一关键环节。

一 转变资源利用方式具有重要意义

如何提高资源利用效率，加强资源循环利用、综合利用是经济社会发展过程中必须考虑的首要问题。传统发展模式下，资源的综合利用存在程度低、效益低、污染大等问题，已经不适用于当前高质量的发展要求。在新的发展环境中，民族地区应该坚持环境保护与资源开发利用相协调，切实转变资源利用方式，不断提升资源开发的效能。

民族地区自然资源丰富、历史文化厚重，要遵守"积极发展，严格保护"的方针，培育保护自然、顺应自然、尊重自然的生态文明理念；要兼顾自然资源与文化资源的合理有效利用，发挥资源的最大效益，促进民族地区经济可持续发展。湖南民族地区大多是资源富集地，矿产、自然风光、动植物等自然资源丰富，民族手工艺、传统节日、文化古迹等文化资源独特性强，能够为经济社会持续发展和实施乡村振兴战略提供物质基础和资源保障。但当前民族地区资源利用状况存在自然资源开发受限、开发程度不高，文化资源开发庸俗化、浅层次、碎片化等问题，资源利用无法为民族地区经济社会发展带来足够的动力。应该充分挖掘民族地区丰富的自然资源、特有的文化资源，打造体现和代表民族地区精神内核、审美情趣的项目和产品，以科学技术手段为依托，促进资源市场的不断完善，实现民族地区的持续发展。

二　推动资源利用模式转变与开发方式升级

（一）转变粗放型开发模式

自然资源的利用是人类社会发展的坚实基础。随着社会的发展，资源的利用方式也应随之改变。资源的高效利用是地区之间经济社会发展竞争的核心要素之一。要巩固拓展民族地区脱贫攻坚成果，有效推进乡村振兴战略，必须切实转变资源利用方式，特别是自然资源的利用方式。湖南民族地区矿产资源丰富，是地区可依赖的发展优势，但是传统粗放型开发模式下，经常出现忽视自然环境承载能力、开采结构不合理、固体废弃物污染、开发效益低、资源附加值低等问题。

以花垣为例，花垣县内资源丰富，境内锰矿、铅锌矿的储量分别位于全国第二位、第三位，有"东方锰都""有色金属之乡"的美誉。目前已探明矿产23种，锰、铅、锌、镉被列入《湖南省矿产资源储量表》。花垣锰矿、铅锌矿采选业发展较早，始于20世纪70年代，到21世纪初快速增长，2005—2010年迎来扩张高峰期，全县几乎人人靠矿吃饭。但其粗放型发展方式，造成了土壤、水资源和空气污染等问题，对居民生活造成极大影响，而且开发效益低，大量资源被低价、低效率交易。产业链多集中在矿产资源的中下游环节，开采、选矿、采矿、初级冶炼等几个环节技术含量低、利润少，资源附加值低。因此，必须摒弃原有的粗放型开发模式，提高创新能力与技术水平，加大自然资源综合利用力度，延伸自然资源开发产业链条，实现产业升级，提高自然资源开发附加值。还要加强对自然资源的资本化运营，完善自然资源相关制度，形成自然资源综合性利用的优势，以自然资源高效利用为引擎，带动民族地区经济高质量发展。

（二）创新文化资源利用方式

民族地区要充分挖掘自身特色文化，不断改善传统文化开发方式，实现文化资源的高效开发与利用。一是要改变传统的开发模式，创新开发方式。可积极探索文物古迹旅游创新发展，抓住数字技术的机遇，充分利用VR、AR、互动魔法墙等新技术，发展沉浸式文物古迹旅游体验模式，使参观者能够身临其境般地触摸到文物，还可利用3D打印技术使文物"复活"，使人们能够立体式、全方位地察看文物的全貌，深入感受民族地区文化资源的独特魅力。

二是要实现农业文化遗产的创新利用。民族地区有很多优秀的农业文化遗产，必须挖掘农业文化遗产在当代的价值，以实现资源的社会效益。农业文化遗产可作为旅游资源开发利用，通过挖掘文化内涵，打造参与式旅游体验，建设各具特色的立体式农业文化博物馆、展览馆，发展表演式、互动式文化遗产体验活动，加以现代化专业化的管理运营方式，从形式到内容上开展符合现代市场需要的产品打磨，充分展示民族文化内涵在现代社会中的创新过程。

三是要加强红色文化遗产创新利用。可积极推动红色文化遗产旅游开发，创新红色文化遗产开发模式，将革命纪念馆等场馆进行动态的博物馆式陈列，加入现代审美理念，使用立体式的文字与图片介绍，同时借助现代科技力量，引入动画特效加以数字化展示，增强用户的体验感，满足消费者的现代化需求。

（三）创新村寨发展模式

民族村寨是民族地区生活风貌的完整体现，不单是民族文化发展传播的物质载体，更是民族意识形成的重要基础，是民族文化特性的重要体现。近几年，民族村寨的开发速度很快，对地区经济社会发展起到一定程度的促进作用，但也产生了一系列问题，如村寨旅游产品单一、同质现象较明显、持续发展能力不强等。因此，转变民族村寨的资源利用方式，创新民族村寨的发展模式刻不容缓。整体上讲，实现保护与开发并重，避免民族村寨建设陷入发展死局是基本原则。要以民族村寨保护为基础，合理规划资源，采用市场化模式发展特色村寨旅游，开发出满足市场需求的产品，带动村寨的经济发展。

民族村寨发展民宿经济是当前较为普遍的形式。民宿经济是在生态旅游背景下衍化出来的一种新业态，是在"逆城市化"理念下，人们追求"乡情"，感受乡村的背景下逐渐发展出来的。经过这几年的发展，民宿经济也出现了短期内能快速带动旅游经济发展，长期则陷入特色化、差异化难以体现的情况，以及经营不规范、产品供给范围小等问题。民族村寨是民族地区人们生存风貌的真实体现，是区别于其他地区的特色资源。在民族村寨中发展民宿经济，把村寨进行相应的民宿改造，以村寨特有民族特色文化为主题带动民宿经济发展，既能规避大面积民宿开发带来的特色不突出问题，又可以依托民族村寨售卖当地特色产品、提供特色食宿，全面带动民族乡村文化旅游事业的发展。在发展过程中，各村寨要结合实际情况，深度挖掘村庄文化内涵，在村庄建设、民宿开发、文化产品等各个方面展示其独特性；要通过市场化方式带动、培训或影响当地的村民，促进他们依托村寨民宿进行创新创业。同时，民族地区还可逐渐形成符合当地情况的统一的行业标准，将较为分散的民族村寨作为统一品牌推出，形成区域性公用品牌，提高品牌经营能力，形成有竞争力的优势产业。

三 以创新为资源利用方式转变的基础

（一）探索发展新路径

资源要充分利用，才能有效转化为资本，增加社会财富。民族地区政府要主导资源利用方式的创新发展，对资源进行分类管理与开发。如会同、沅陵、绥宁等民族县的森林覆盖率高达75%以上。在开发过程中，就要因地制宜，种植经济效益更高的作物。通过划分经济林与生态林，根据自然条件种植不同林木，经济林用于开采加工，生态林用于生态修护，既落实"保护+开发"的原则，又能在保障生态环境的基础上实现经济转变。同时，可以加强"山地经济"建设，湖南民族地区多丘陵，山地适合种植经济类树木，成长周期快，不破坏当地生态，经济效益明显。经济林的创新利用还要适应市场化发展，充分依托互联网平台。尽力打造具有独特性的产品，满足个性化、多样化的市场需求，增强核心竞争力；通过技术革新提升产品的效益和质量，以信息科技为载体，转变传统的营销模式，依托互联网平台，拓宽销售渠道，带动经济发展。宣传方面也可创新，利用"抖音""快手"等新媒体来提升产品的知名度。

（二）瞄准当代文化发展需求

非物质文化遗产不仅含有历史、艺术和文化价值，还有很大的经济价值，对非遗的当代利用要瞄准时代发展需求，创新利用方式，实现高效利用和促进民族地区发展双效益。民族地区要创新传统民族节庆利用方式，实现传统民族节日向旅游节庆活动的创造性转化。培育更多的标志性体验项目，既使民族群众能原汁原味地传承文化，增强对本民族文化的认同感，又能让外地来的游客感受到民族文化的乐趣，丰富其旅游体验，实现传统民族节日社会效益和商业价值的双赢。同时，要创新性地利用民间文化资源，充分挖掘民族地区流传的民间传说、神话故事、史诗等带有地区文化生活和精神价值的文化资源。通过改编成电影、电视剧、动漫、话剧等形式，从线下到线上，推动民族文化资源立体式地输出，既提升民族文化的知名度和影响力、讲好湖南民族地区的故事，又依托优质民间文化资源，开发出一系列的文化衍生品，体现其现时代的巨大价值。

第十一章　湖南民族地区生态可持续发展

第一节　以绿水青山就是金山银山为目标

我国早在 20 世纪 80 年代初就将保护环境作为基本国策。经过改革开放 40 多年的飞速发展，中国经济建设取得历史性成就的同时，也积累了大量生态环境问题，各类环境污染事件不断出现，成为民生之患、民心之痛。人民群众对美好生活的向往需要更高质量的发展，对干净的水、清新的空气、安全的食品、优美的环境等方面的要求越来越高，环境问题日益成为重要的民生问题。2005 年 8 月，习近平同志在浙江省安吉县余村考察时提出"绿水青山就是金山银山"的科学论断。

习近平总书记强调："我们既要绿水青山，也要金山银山。宁要绿水青山，不要金山银山，而且绿水青山就是金山银山。"[①] 绿水青山和金山银山，是对生态环境保护和经济发展的形象化表达，该论述揭示了保护生态环境就是发展生产力的道理，指明了实现发展和保护协同共生的路径，推动着我国生态环境保护发生历史性、转折性、全局性的变化。"两山"理论的核心思想是关注生态文明的可持续发展，[②] 是具有绿色性、可持续性、高效生态性和现代化特征的发展模式，[③] 准确

[①] 《习近平关于社会主义生态文明建设论述摘编》，中央文献出版社 2017 年版，第 21 页。

[②] 王金南、苏洁琼、万军：《"绿水青山就是金山银山"的理论内涵及其实现机制创新》，《环境保护》2017 年第 11 期。

[③] 黄祖辉、姜霞：《以"两山"重要思想引领丘陵山区减贫与发展》，《农业经济问题》2017 年第 8 期。

把握"两山论"实质，构建生态资源价值化和生态资本深化的路径，对民族地区建设美丽乡村、转变经济发展方式、推动各项事业行稳致远意义重大。

一 "两山论"的重要意义

（一）绿水青山是自然财富和生态财富

联合国千年生态系统评估项目①中提到，自为的生态能为人类提供调节服务、供给服务和支持服务。在调节服务上，以水文调节、疾病控制、水净化、气候调节等为主要功能；在供给服务上，能为人类提供食物、淡水、燃料、基因资源等；在支持服务上，能在土壤形成、养分循环、初级生产、制造氧气和提供栖息地上为人类生产、生活提供不可或缺的惠益。

绿水青山实际上指的就是区域内的生态资源。生态资源是为人类提供生态产品和生态服务的各类自然资源，以及各种生态要素之间相互作用组成的生态系统。生态资源对人类的作用极其重大，不仅能提供包括林产品、水产品、畜产品等各种有形的物质性产品或生产要素，也能够发挥诸如水源涵养、调节气候、保持水土、调蓄洪水、维持生物多样性、提供景观等重要生态调节性服务功能。同时，生态资源存在于生态系统中，是能够被人类用于生产和生活的物质与能量的总称，是人类赖以生存发展的环境和使社会生产正常进行的物质基础。湖南民族地区生态资源丰富，就森林资源来说，民族地区森林植被丰富，森林覆盖率普遍较高，诸多民族县的森林覆盖率都在70%以上；②就水资源而言，民族地区水系发达、河湖纵横，水资源十分丰富，如麻阳境内流有大小溪河287条，流域面积1500多平方千米；③就湿地资源而言，民族地区湿地面积较大，生态功能表现突出，如江华县涔天河国家湿地公园总面积

---

① 联合国千年生态系统评估项目是联合国原秘书长安南于2001年6月初宣布启动的，最终形成《千年生态系统评估报告》。
② 数据来源于保靖县、城步县、古丈县、靖州县、龙山县、通道县《2020年国民经济和社会发展公报》。
③ 《麻阳苗族自治县国土空间修复规划（2021—2035年）》，http://www.mayang.gov.cn/mayang/c132708/20230917c9daadb83754507a8ad39269021c5f5.shtml，最后访问日期：2024年11月1日。

达到 28.398 平方千米，① 沅陵县五强溪国家湿地公园湿地总面积达到 197.893 平方千米，都是极具国际意义的生态区。②

（二）绿水青山是经济财富和社会文化财富

绿水青山本身具有资源转化的巨大潜力。通过人的主观利用和改造，绿水青山能够借助有效的管理、高科技的赋能以及多资源的优化配置转化为巨大的经济财富和社会文化财富。

就经济财富来说，在人类发展水平低下时，绿水青山提供的自然服务相对人类的需求是充足或剩余的，因而，绿水青山及其自然服务虽有使用价值但一般并非经济财富，亦无有效利用和保护问题。但随着人类发展，绿水青山及其自然服务逐渐变得稀缺。这种稀缺意味着，绿水青山及其自然服务不仅成了经济财富，而且其有效利用和保护成为人类社会面临的生存和发展问题，并在被有效利用和保护过程中转变为人为自然，这种从自为自然到人为自然的转变则会形成人的社会财富。

就社会文化财富而言，生态资源和世居的居民深度交融，在长期互动中形成了极为丰富、引人自豪的自然、历史文化遗产，居民也对生态资源形成了长久依赖、互为依归的情感。可以说，生态资源为人类提供了大量的文化服务，诸如精神和宗教价值、故土情结、文化遗产、审美、教育、激励、娱乐以及生态旅游等，人类在绿水青山中不仅享受着自然之美，也享受着人文之美。湖南民族地区拥有国家非遗保护项目 45 项，历史文化名城、传统村落、民族特色村落比比皆是，丰厚的文化遗产、独特的民族民俗风情也是民族地区的珍宝。

正确认识绿水青山就是金山银山的深刻内涵，把握绿水青山就是金山银山的战略目标，理顺绿水青山带来的自然财富、生态财富、经济财富和社会文化财富，既是实现生态可持续发展的重要基础，也是生态可持续理论与实践结合的关键所在。

---

① 《湖南江华涔天河湿地公园：赋能乡村振兴共筑绿色之梦》，https://lyj.hunan.gov.cn/lyj/xxgk——71167/gzdt/mtkl/202407/t20240724.33363321.html，最后访问日期：2024 年 11 月 1 日。

② 《湖南五强溪国家湿地公园（简介）》，http://wqxsdgy.shidicn.com/，最后访问日期：2023 年 8 月 22 日。

二 处理好"两山"关系的三大抓手

"两山论"是国家生态化经济转型和全面实施乡村战略中的价值本体论指引,为经济高质量发展和美丽中国建设指明了通向人与自然、社会与自然和谐共生的中国特色道路。① 湖南民族地区在将绿水青山就是金山银山作为生态可持续发展的战略目标中,需充分把握"两山"理论的历史演变和实现形式,分阶段找到实际操作环节的重要抓手。其一要保证民族地区拥有绿水青山的自然环境;其二要基于已有的自然生态环境进行深化与二次生产;其三要对深化与有序利用的生态资本进行保值增值,持久为民族地区带来效益。② 具体而言,从实践操作层面,根据不同的发展阶段,民族地区处理好"两山"关系也应循序渐进,第一阶段的重点是全面修复自然生态,做绿水青山的守护者;第二阶段是做好资源转化,做金山银山的创造者;第三阶段是做深资本深化,做好金山银山持续增值保值,形成良性循环和发展长效机制。

(一)精准剖析难点和痛点

全面修复自然生态,做绿水青山的守护者,是第一阶段的重要工作。该阶段的工作重点在于剖析当下发展难点和痛点,摆脱"生态贫困",构建"绿水青山",对已经消失或者已经被破坏的生态系统进行复原和系统性修复,将生态资源牢牢地把握在民族地区人民手中。

民族地区发展初期,以发展经济为目标导向,引进资金开展建设,在带来发展红利的同时,也随之产生一系列问题。比如高能耗、高污染、高排放带来的严重生态环境问题,部分地区出现的耕地污染问题、水源地污染问题、林业砍伐问题等。对于此类痛点、难点,目前湖南民族地区已经统筹推进生态修复,开展退化林修复工程、封山(沙)育林、荒地造林、长防林工程建设,设置生态环境监测站,开展地表水断面、水源地、环境质量和污染源监测,已产生一定的成效。要进一步做

---

① 黄祖辉:《"绿水青山"转换为"金山银山"的机制和路径》,《浙江经济》2017年第8期;柯水发、朱烈夫、袁航、纪普华:《"两山"理论的经济学阐释及政策启示——以全面停止天然林商业性采伐为例》,《中国农村经济》2018年第12期。

② 江小莉、温铁军、施俊林:《"两山"理念的三阶段发展内涵和实践路径研究》,《农村经济》2021年第4期。

好生态修复工作，持续不断地有序整治，还应做好以下两个方面。

一是要把实施重大生态修复工程作为推动湖南民族地区经济社会发展项目的优先选项，继续做好生态系统的整体治理。一方面要持续做好水土保持、河湖和湿地生态保护修复等重大工程，增强水源涵养、水土保持等生态功能。整体推进森林、草地、湿地、湖泊等生态系统的系统保护，提升流域水源涵养和水土保持能力，在生态环境脆弱的生态保护红线区域开展典型受损生态系统修复示范工程，以实现全面遏制民族地区生态退化，促进森林、湿地等生态系统的稳定性逐步提高，生态服务功能逐步提升的大保护目标。另一方面要通过财政杠杆，利用国家生态补偿专项资金和跨地区补偿机制推进退耕还林还草工程等，依托政府指导下的财政转移支付制度，推动在地的集体经济组织协同配合，鼓励部分社会资本参与。

二是要落实生态保护与修复的监督管理机制，强化后续监管。各级政府要明确生态修复和保护部门的职责与管理要求，实现山水林田湖的统筹管理。通过建立一体化的监测与监管体系，对已经开展的生态修复工程利用大数据技术加强日常监控和定期评估，实现常态化监管；对监管中发现的问题，要及时通报地方政府和行业主管部门，并作为绩效考核和责任追究的重要依据。要建立典型生态、脆弱生态修复和保护监测预警技术规范，形成修复区和保护区全面覆盖的监测预警网络，及时掌握生态修复和保护的动态过程。要健全生态保护补偿机制，实行分类分级的补偿政策，将生态保护补偿与脱贫后的地区持续发展有机结合。

(二) 准确把握生态优势发展经济

湖南民族地区天蓝、水清、山绿的生态环境格局已经基本建立，接下来的工作就是要把业已形成的生态优势转化成经济发展优势，彻底将绿水青山变现为民族地区人民群众的金山银山，全面提升地区经济实力和群众生活水平。因此，实现生态资源的市场价值，切实提高集体经济收入和地区居民收入，逐步将生态资源转化为生态资产是民族地区可持续发展的重要任务。

首先，要牢固树立保护生态环境就是保护生产力，改善生态环境就是发展生产力的理念。坚决放弃以牺牲环境为代价换取经济社会进步的发展模式，彻底破除以眼前利益换取长远利益的思维方式。要按照习近平总书记的要求，"坚持节约优先、保护优先、自然恢复为主的方针，形成节约资源和保护环境的空间格局、产业结构、生产方式、生活方式，统筹污染治理、生态保护、应对气候变化，促进生态环境持续改善，努力建设人与自然和谐共生的现代化"①。其次，做好生态资源优化配置，加速生态资源的经济产出转化。要以生态经济的新发展破解过去生态保护与经济发展两难的问题，以环保高标准为导向倒逼经济发展转型升级，倡导通过发展绿色经济、循环经济、低碳经济助推产业结构优化升级。最后，建立生态资源信息共享网络系统。基于大数据、云计算、物联网等现代信息技术，建立生态资源信息共享平台，既能降低信息的不对称性，又能够支撑生态资源高效地转化为生态资产，创造出平台化运营、大数据服务、个性化提现的新型生态经济模式。

在具体操作手段上，一方面要充分认识到民族地区生态资源的重要价值，联合优质企业和其他社会力量开发生态旅游精品线路，打造独有的生态产品品牌，提高生态产品附加价值，形成完整的产供销产业链条。可实现从落后产业承接到培养特色产业，利用生态空间整体布局，打造"生态+"现代农业、"生态+"康养旅游、"生态+"产业园区、"生态+"特色文化等主要发展模式。另一方面，要充分利用新媒体，结合年轻人喜闻乐见的方式，打造民族地区生态文化IP，吸引年轻群体关注并形成带动效应。借助多元业态、三产融合发展、城乡融合发展实现两化三治，走好"产业生态化、生态产业化"之路，在两化的基础上，实现三产融合化+集体经济三治化，共同建立新三农三治的治理范式。

（三）做好生态资本深化

民族地区生态经济发展模式逐步建成后，工作的重点将是进一步统筹区域资源、优化新的经济格局，走深走实"产业生态化、生态产业化"道路，通过推进生态资源的价值化和生态资本深化，做大"金山银山"，从而实现生态资本增量扩大、集体经济及其成员财产收益不断增加，为民族地区生态经济腾飞寻找新出路。

资本是能够带来收益的资源，生态资本则是能够实现价值增值的各类生态资源。从生态资产到生态资本的实现过程就是将生态资产通过市

---

① 《习近平谈治国理政》（第四卷），外文出版社2022年版，第362—363页。

场交易、金融创新等方式，使得生态资产形态和价值发生变化而实现价值提升的过程。一方面，要着重解决资源空间分布不均导致的不均衡发展，力求区域整体化发展。这就需要区域范围内的各级民族地区政府和多级集体经济组织、各类金融机构多元互动，共同推动生态资产相关的农村金融供给侧改革。要充分利用金融杠杆，根据生态修复和保护项目的风险等级，鼓励金融机构拓宽如碳排放权、排污权等金融服务范围，引导生态保护者和投资者参与流域综合治理、生态管护、人工造林等活动以获取价值收入。比如，建立生态银行，即由政府出资建立生态产业基金，在对自然资源进行确权登记的基础上结合"三权"分置改革，在资源端进行集中收储，在金融端进行金融导入、资本运作，通过转让和托管使资源的资格权、经营权和使用权集中流转到"生态银行"，在投资端进行项目策划对自然资源进行规模化整合、修复和优化。

另一方面，用技术赋能，做好技术与市场的整合。民族地区需要更合理地运用生态资本，将自然当作资本纳入经济体系中，让市场生态化运作，不只是简单地将自然当成资源，而是从整个生态系统的生命价值来进行考虑，实现经济的良性循环。科技助力是其中的关键环节，要将生态资源等生产性要求转化凝结到生态产品或生态服务中去，尽可能少地消耗生态资源。特别是对于可见的生态产品，要通过科学技术优化开发、生产、加工、贸易等环节，提升其工艺水平和资源利用率，还要将植物第一性生产力和动物第二性生产力有机结合，通过太阳能等技术将其转化为有机物以至产品；至于不可见的生态服务，则要利用互联网、地理信息系统等技术，利用森林、湿地等生态资产的生态功能来获取经济收益。

第二节　以民族地区生态环境保护为重点

社会主义生态文明建设是中国特色社会主义事业的重要组成部分。生态环境保护一直是党中央、国务院的工作重点。党的十八大把生态文明纳入了中国特色社会主义"五位一体"总体布局，并首次把"美丽中国"作为生态文明建设的宏伟目标。党的十九届五中全会发布的《中共中央关于制定国民经济和社会发展第十四个五年规划和二〇三五年远景目标的建议》中要求将生态环境保护贯穿到高质量发展的各个方面，要提供更多优质产品以满足人民日益增长的优美生态环境的需要。

从湖南民族地区目前的发展现状来看，经济发展逐渐步入"快车道"，生态环境问题却频频亮"黄灯"，如何在发展的过程中更好地尊重自然生态的发展规律、保护和利用好生态环境，更好地发展生产力，实现人与自然共生共荣是永恒的课题。

一 坚持生态环境保护是根本手段

（一）良好的生态环境是最普惠的民生福祉

推进生态文明建设是党坚持以人为本、执政为民，维护最广大人民群众根本利益的集中体现。生态环境是关系党的使命宗旨的重大政治问题，也是关系国计民生的重大社会问题，是党全心全意为人民服务的重要体现。生态环境保护是新时代党始终把人民群众放在最高位置、始终全心全意为人民服务、始终为人民幸福而不懈奋斗的必然选择。良好的生态环境是最普惠的民生福祉，环境就是民生，青山就是美丽，蓝天就是幸福。发展经济是为了民生，保护生态环境同样是为了民生。既要创造更多的物质财富和精神财富以满足人民日益增长的美好生活需要，也要提供更多更优质的生态产品以满足人民日益增长的美好生态环境需要。要坚持生态惠民、生态利民、生态为民，重点解决损害群众健康的突出环境问题，加快改善生态环境质量，努力实现环境的公平正义，不断满足人民日益增长的优美生态环境需要。

（二）良好的生态环境是最公平的公共产品

良好的生态环境需要人民共有、人民共享，生态环境公平正义的根本在于人与人在利益环境、保护生态中的平等，即共享生态系统服务。生态环境作为纯公共产品，其非竞争性和非排他性的特点，会带来诸多"搭便车"现象，从而使自然服务供给能力不足，同时，生态环境作为公共资源的竞争性和非排他性，又会使其经常被过度利用，导致资源损耗、环境污染、生态退化，也就毫无公平可言。良好的生态环境要以公平正义为核心，在自然资源开发、利用、服务与保护等所有方面，均要遵循基本的道德原则和规范，同时，还要求人与人之间必须遵守生态环境权利和义务对等的理念，公平占有和使用自然服务、分配保护生态环境的责任和义务，以实现人与自然和谐共生。这意味着，遵循生态环境公平正义的要求，理顺人与人之间生态环境权责利关系，纠正生态环境权利和义务不对等问题，才能真正使得人与人之间能平等地在自然资源开发、服务、利用与保护中受益。

二　生态环境保护的三大重点

湖南民族地区生态环境保护工程巨大，任务艰巨，需要统筹兼顾、有序推进以下三方面的重点工作。

（一）全面促进资源节约，坚决守住生态红线

自然生态环境在过去遭受了较大的破坏，其主要原因是落后的生产方式、错误的政绩观。因此，生态环境保护要从源头抓起，首先要将节约资源作为最基础、最根本的措施来抓。资源的集约式利用，要求根本转变资源利用方式，实行全过程节约管理，大幅降低能源、水、土地的消耗强度。以实现"双碳"为目标，控制能源的过度消费，加强节能降耗，支持节能低碳产业、新能源和可再生能源的发展，确保民族地区能源安全。其次要加强水源地保护，推进水循环利用，建设节水型社会。最后要加强矿产资源勘查、保护、合理开发，提高矿产资源勘查、合理开采和综合利用水平。生态红线是国家生态安全的底线和生命线，一旦红线突破，必将危及生态安全、人民生产生活和国家可持续发展。对于湖南民族地区而言，必须采取最严厉的措施保障生态安全，促进生态环境的持续发展。在此过程中，可以组建专家团队，通过详细的考证，精心的研究论证，充分的讨论征询，确定生态红线的科学范围、保障措施、制度要求，依法依规地科学保护生态体系。同时，也要严守耕地保护红线，严格保护耕地（特别是基本农田），严格土地用途管制。

（二）实行严格的生态环境保护制度

生态环境保护要求社会生产方式、生活方式，甚至思维方式和价值观念都要发生根本性的变革，用严格规范的制度和法治予以约束和保障。首先要完善经济社会发展考核评价体系。科学的考核评价体系犹如"指挥棒"，在生态文明建设中发挥着至关重要的作用，要将资源消耗、环境损耗、生态效益等相关指标纳入经济社会发展考核评价体系，发挥

导向和约束作用。其次要建立健全责任追究制度。资源环境是公共产品，对其造成损害和破坏必须追究责任；对破坏环境的企业和个人要依法依规施以劝诫、罚款。再次要建立健全资源生态环境管理制度。健全自然资源资产产权制度和用途管制制度，加快建立国土空间开发保护制度，强化水、大气、土壤等污染防治制度。健全反映市场供给和资源稀缺程度、体现生态价值和代际补充的资源有偿使用制度和生态制度。同时要加强生态文明宣传教育，增强全民节约意识、环保意识，营造爱护生态环境的良好风气。最后要严格执行防止外来物种入侵的相关法律法规，保护本土生态平衡。外来物种入侵会严重破坏生物多样性，破坏生态平衡，其携带的病原微生物对其他生物的生存甚至对人类的健康都造成直接威胁。要严格执行《刑法》和《生物安全法》中关于防范外来物种入侵的相关规定，严禁非法引进、释放、丢弃外来入侵物种，保护本土生态安全与平衡。

(三) 推进清洁生产，加强污染综合治理

在优化产业结构、合理配置能源结构的基础上，必须大力推进清洁生产，力争在生产过程中解决环境问题。一方面，要在清洁生产上下功夫。要推动企业实施清洁生产，建立健全系统规范的清洁生产技术指标体系，提高能耗、水耗、清洁生产等标准，提升重点行业、工业园区清洁生产水平；要强化农业清洁生产，注重生产过程清洁化、废物处理资源化和无害化，促进农业生产方式转变，提高综合效益。另一方面，要在污染综合治理上做文章。要突出问题导向，重点解决大气、水、土壤污染等突出问题；要突出协同治理，针对水源地保护、城市黑臭水体等环境问题，统筹水资源、水生态、水环境的协同治理、综合治理，积极探索以民族地区为整体范围的跨地区、跨流域污染防治联动机制，形成区域环境综合治理的系统解决方案。

第三节 以生态宜居民族村寨建设为抓手

当前，我国社会的主要矛盾已经发生根本性变化，人民群众的需求已从过去"求温饱"发展到"盼环保"，从过去"求生存"发展到"求生态"。生态宜居是乡村振兴的关键,而"生态宜居"一定程度上可以看作"乡村生态"与"乡村宜居"的有机统一,体现出乡村生态保护的实际需要和城乡融合发展的内在要求。

生态宜居中,"生态"反映的是人与自然共生共融的高度耦合关系,"宜居"则体现人类生存的本性诉求与愉悦居住的有机统一。"生态"是达到生态宜居状态的必要条件,但却不是充分条件。"宜居"以"生态"为基础,保障乡村可持续发展和居住人群的身心健康。在此基础上,还需要具备能够为农村居住人群的正常生活提供便利和保障的各项基础设施,如果农村基础设施建设和维护落后,难以满足农民的日常生活所需、支撑农业农村现代化建设,就不能很好回应农民的生存诉求,也就不能达到"宜居"状态。[①] 生态宜居村寨正是"生态""宜居"的和谐统一。

一 生态宜居村寨建设是现实需要

(一)生态宜居是提升人民生活质量的必然选择

《全国农村环境综合整治"十三五"规划》中的数据显示,我国农村环保基础设施严重不足,仍有40%的建制村没有垃圾收集处理设施,78%的建制村未建设污水处理设施,40%的建制村畜禽养殖废弃物未得到资源化利用或无害化处理。农村环境"脏乱差"问题依然突出,38%的农村饮用水水源地未划定保护区或保护范围,49%的农村未规范设置警示标志,甚至一些地方农村饮用水水源存在安全隐患。[②] 农村环境问题没有得到根本解决,投入品的过度消耗和环境污染加剧等问题是乡村振兴的突出短板。

生态宜居的村寨建设始终应坚持以人民为中心。推动生态宜居建设,是以人为本的发展理念的具体体现,是要补齐农村生态环境的短板,建设美丽中国、实现中华民族永续发展的根本要求,是坚持以人为本、执政为民,维护最广大人民群众根本利益的集中体现。我国社会主

---

① 孔祥智、卢洋啸:《建设生态宜居美丽乡村的五大模式及对策建议——来自5省20村调研的启示》,《经济纵横》2019年第1期。

② 《〈全国农村环境综合整治"十三五"规划〉印发实施》,http://www.caep.org.cn/sy/sthj/zxdt_21711/201702/t20170213_625392.shtml,最后访问日期:2023年8月22日。

要矛盾已经转化为人民日益增长的美好生活需要和不平衡不充分的发展之间的矛盾，人民群众对优美的生态宜居环境的需要成为这一矛盾的重要方面，广大人民群众热切期盼加快提高生态环境质量。① 推动生态宜居的民族村寨建设，就是要在为民族地区人民提供优质、安全农产品的基础上，还要提供怡静的田园风光、清新的自然环境等生态产品以及农耕文化、乡情乡愁等精神产品，努力满足人民对美好生活的向往。

（二）生态宜居是实现城乡融合发展的内在要求

早在2013年，中央城镇化工作会议就提出，推进城镇化是解决农业、农村、农民问题的重要途径，是推动区域协调发展的有力支撑。城镇建设要体现尊重自然、顺应自然、天人合一的理念，依托现有山水脉络等独特风格，让城市融入自然，让居民望得见山、看得见水、记得住乡愁。实践证明，城市和乡村是联动的共同体，城镇化离不开农业农村的现代化，农村现代化也离不开城镇化的持续推进。

农村地区为城市地区提供生产生活所需的农产品保障和优质的生态环境支撑。农村地区不仅是农产品的生产空间，更是城乡居民的生态休闲空间；不仅保障着国家粮食安全、农产品安全，也保障着国家的生态安全。在高质量发展的时局中，中国经济需要进一步优化结构，加快生态环境发展，促进农业生产的生态转型，进而实现农村地区的持续发展。在此背景下全面促进生态宜居乡村建设，是国家生态文明建设的重要标志，对全面推进现代化强国建设有着重要的意义。

城市地区能通过其强大的工业基础、创新能力和专业技术人才为农村发展输送"血液"。高速发展的城市能够辐射和带动农村的发展，城市的消费能力日益溢出到农村地区，从而带动农村市场的持续繁荣。生态宜居乡村正是吸引城市居民的重要因素，其生态效用在实际过程中可以良性地转化为经济效用，在赋予城市居民生态环境、生态体验的同时，一定程度上打破了城乡区隔，促进着城乡不断融合。

二 生态宜居民族村寨建设的三大关键

生态宜居民族村寨建设，要以生态为基、宜居为本，为民族地区群

---

① 习近平：《推动我国生态文明建设迈上新台阶》，《求是》2019年第3期。

众提供良好的生活环境，提高其幸福感、获得感。

(一) 保持民族地区生态环境优美

生态宜居的首要衡量指标就是自然生态环境的优美度。与农民生产生活紧密相关的种植业、园艺业、林业、水面、山地等农业资源是自然生态环境的重要组成部分，但是农民生产生活中也会产生对自然生态环境有破坏性影响的生产垃圾、生活垃圾。生态宜居民族村寨的建设，要积极推进农村人居环境的明显改善，使村庄环境基本干净、整洁有序，村民环境与健康意识普遍增强。具体来讲，要加大民族地区农村生活垃圾治理力度，建立健全符合民族农村实际、方式多样的生活垃圾收运处置体系，继续开展非正规垃圾堆放点排查整治，有序推进生活垃圾就地分类和资源化利用。要不断加快推进民族地区农村生活污水治理，完善农村生活污水排放管网，因地制宜推广适合农村特点的实用治理新技术和新模式。要继续加强民族地区河湖管理，建立完善河长湖长体系，深入开展县乡河道综合整治，全面消除黑臭水体，打造水美乡村、绿美村庄。要坚决制止在民族地区农村建设高耗能、高耗水、高污染项目，防止城市污染向农村转移。

(二) 做好生活类基础设施建设与运行维护

生活类基础设施包括农村的污水处理设施、垃圾处理设施、公共厕所、采暖设施，以及服务于文体娱乐、医疗保健、养老服务等与农村居民生活质量息息相关的设施。具体地说，要实行净化工程，持续对公路两侧、沿线村庄的垃圾和堆物进行清理，在每个村设立保洁员，建设固定垃圾投放点，实施生活垃圾分类，逐步形成户分类、村收集、乡转运、县处理的农村垃圾处置体系。要实行绿化工程，充分利用乡镇场街、公共休闲场地、乡村道路、河渠堤岸、房前屋后等区域，加强村庄绿化、庭院绿化、通道绿化及农田防护林建设。对树木缺位的进行新栽和补植，持续扩大绿化成果。要实施"两改"工程，做好改房、改厕。按照先规划、后建设的原则，统筹安排村庄布局，突出乡村优势特色，优先改造农村建档立卡低收入农户、低保户、农村分散供养特困人员和贫困残疾人家庭等四类重点对象危房，加快推进"空心村"以及全村农户住房改善意愿强烈的村庄改造。对新建改建住房的农户，要将无害化卫生厕所按规范同步建设到位。探索适应不同地区条件的卫生厕所改建模式，提高改厕质量，加大推进力度。

(三) 做好乡村特色文化传承工作

民族地区乡村历经数千年发展，在适应农业生产和满足农民生活的过程中，逐渐形成了特有的社会结构和文化体系，承载着中华民族悠久文化的历史和脉络。民族地区所形成的独特乡村习俗，培育出的极具特色的农耕文化，是建设生态宜居乡村的重要内容之一。从文化传承来讲，首先要完善民族地区特色文化传承体系。要大力保护民族乡村传统文化赖以生存的文化生态空间，让民族文化遗产最大程度原真地保存于其一贯的环境空间，维系区域生态平衡；要发展职业教育，建立传习基地，以师徒制制度进行传帮带，确保农耕文化后继有人；要挖掘农业文化遗产的现代价值，发挥地域文化资源优势，加强文化内容整合创新，进行产业化开放传承，力求依托特色文化获取经济、生态和社会效益。另外，还要构建文化场域、文化景观、多种艺术形式等物质资料载体与民族特色文化活动来传承、发扬民族地区特色文化。做好古村落、古建筑的保护、修复与宣传工作，通过宣传栏、村学、文化广场、集镇中心等重要阵地，推出民族风物志、石刻、石雕、木雕等文创产品，推广及宣传民族地区特色菜系、特色风俗、地方戏、地方语言和文字以及各种仪式活动，组织邻近民族村寨共同举办各民族传统节庆活动、民族传统运动会、民族服饰交流会等特色活动等。

第十二章　湖南民族地区可持续发展的保障

民族地区可持续发展涉及政治、经济、文化、生态和社会的各个方面，需要不断加强社会治理的创新，推进产业结构优化升级，积极应对人口问题，创新开发利用资源，等等。可持续发展需要多角度、多层次、多方面的支持与保障，应以提升市场化水平推进可持续发展，以强化科技能力引领可持续发展，以加强法治文明建设保障可持续发展，以新型城镇化建设助力可持续发展。

第一节　提升民族地区市场化水平

市场化水平差异是造成区域发展不平衡的重要原因。[①] 改革开放以来，随着中国特色社会主义市场经济体制的探索、发展和不断完善，民族地区生产力发展水平也在不断提高，民族地区经济社会发展活力不断增加。在民族地区脱贫摘帽之后，高质量发展将更加要求高水平的市场化。然而，湖南民族地区市场体系还不健全、市场发育还不充分，仍然存在要素流动不畅、资源配置效率不高、微观经济活力不强等问题。保障民族地区脱贫摘帽后的可持续发展，必须进一步解放思想，完善地区市场化体制机制，不断提升民族地区市场化水平。

一　提升市场化水平的保障意义

市场化水平对民族地区可持续发展的保障意义，根源于市场机制的

[①] 孙晓华、李明珊、王昀：《市场化进程与地区经济发展差距》，《数量经济技术经济研究》2015年第6期。

功能与市场化水平对区域发展多方面的影响。市场机制的核心功能是在开放的市场中，以市场需求为导向，以竞争的优胜劣汰为手段，实现资源的合理配置，促进效率最大化目标的实现。地区市场化的过程，是把特定对象按照市场机制和原理进行组织的过程，通过市场化，实现地区资源和要素的优化配置，从而提高区域发展的整体效率，推动区域发展进步。

从社会可持续发展来看，市场化水平的高低是区域收入分配与劳动就业的重要影响因素，深刻影响着区域社会公平与社会民生等可持续发展内容。首先，地区间市场化水平的差异是收入分配失衡与地区收入差距的核心影响因素，① 提升市场化水平对于缩短地区间发展差距、抑制地区内部收入不平等②都具有明显作用。其次，市场化水平是地区就业与劳动保护的重要环境，提升区域市场化水平，对于改善就业、③ 提升劳动保护水平④具有显著意义。由此，提升市场化水平对于促进湖南民族地区社会可持续发展具有重要保障意义。

从经济可持续发展来看，市场化水平的高低，决定着区域经济发展的稳定性与经济发展活力。在区域经济发展的宏观层面，市场化水平越高，经济波动越小，⑤ 区域经济可持续发展的稳定性基础越坚实。在区域经济发展的中观层面，市场化水平的提升是区域产业结构优化升级、⑥ 产业集聚⑦与产业创新⑧的重要推力，市场化水平的高低形塑着区域产业

---

① 马立军、王明成、何萍：《市场化水平与中国地区收入差距变动的实证分析》，《统计与决策》2013年第19期。

② 刘精明、朱美静：《经济发展、市场化与收入不平等——基于地区截面数据的实证分析》，《东南大学学报》（哲学社会科学版）2020年第1期。

③ 张世伟、韩笑：《我国市场化水平对最低工资就业效应的影响》，《当代经济研究》2019年第11期。

④ 刘斌、刘红雪、廖艺洁：《〈劳动合同法〉实施前后市场化程度、政府干预与劳动保护研究》，《重庆大学学报》（社会科学版）2015年第3期。

⑤ 严成樑、沈超：《转型时期制度变迁对我国经济波动的影响研究——市场化水平视角》，《经济理论与经济管理》2014年第1期。

⑥ 董洪梅、张曙霄、董大朋：《政府主导与市场化对东北地区产业结构升级的影响——基于地级及以上城市面板数据的实证分析》，《云南财经大学学报》2019年第10期。

⑦ 刘鹢、孟勇：《市场化进程如何影响地区产业集聚的创新绩效——来自中国高技术行业的经验证据》，《经济经纬》2020年第1期。

⑧ 王保林、张铭慎：《地区市场化、产学研合作与企业创新绩效》，《科学学研究》2015年第5期。

可持续发展生态。在区域经济发展的微观层面，提升市场化水平对地区企业经营、商品交易具有重要意义，① 是促进区域经济活力的基本环境。由此，区域市场化水平的提升对于民族地区经济可持续发展具有基本的保障意义。

从人口可持续发展来看，市场化水平是影响区域人口流动的重要因素。市场经济的不断发展和人力资源市场化，构成我国人口跨区域流动的基本前提。民族地区作为经济社会相对欠发达的地区，在人口跨区域流动环境中往往处于人口流出地的地位，而区域市场化改革与市场化水平的提升，能够降低区域人口流出速度，② 对于民族地区人口可持续发展具有关键意义。

从资源可持续发展来看，市场化水平能够影响区域能源消耗，进而对区域生态可持续产生作用。区域产业结构的调整往往被视作优化经济发展模式、转变资源能耗发展路径的有效做法。已有研究发现，随着地区市场化水平的提高，产业结构的变动对降低能源消耗的作用越来越大，③ 这意味着提升区域市场化水平，对于资源节约型产业模式的落地、推动区域资源可持续发展具有明显的支持作用。

从生态可持续发展来看，提升市场化水平对于降低区域污染物排放、④ 改善生产和生活模式产生重要作用。例如，农业要素市场化水平的提升，对于农村生态环境具有直接显著效应，⑤ 提升区域市场化水平有利于农业农村生态环境可持续发展。同时，提升市场化水平，也是规范资本市场扭曲等不良市场行为、改善生态环境质量的重要路径。⑥

---

① 孙嘉舸、王满：《竞争战略、地区要素市场化水平与费用粘性》，《财经问题研究》2019 年第 1 期。

② 陆丰刚、陈寅平：《市场化进程加速了人口流动吗？——人口流动的市场化陷阱》，《人口与发展》2019 年第 1 期。

③ 纪玉俊、赵娜：《产业结构变动、地区市场化水平与能源消费》，《软科学》2017 年第 5 期。

④ 胡雷、王军锋：《城镇化区域差异、市场化进程对我国 CO_2 排放的影响》，《城市发展研究》2015 年第 9 期。

⑤ 杨肃昌、范国华：《农业要素市场化对农村生态环境质量的影响效应》，《华南农业大学学报》（社会科学版）2021 年第 4 期。

⑥ 白俊红、路嘉煜、路帅：《资本市场扭曲对环境污染的影响研究——基于省级空间动态面板数据的分析》，《南京审计大学学报》2019 年第 1 期。

总之，市场化水平的提升对于区域社会、经济、人口、资源、生态各方面都具有明显的正面作用，将其作为民族地区可持续发展战略的重要保障具有合理性和必要性。

二 民族地区市场化的核心内容

市场化是指经济制度由政府管制型经济（计划经济是其极端的表现形式）向市场经济转变的过程。在政府管制型经济制度下，政府广泛干预经济活动，甚至完全取代市场和企业；企业失去独立产权主体的地位，市场竞争和利益机制的激励作用被减弱，导致经济效益低下；各种市场的发展受到限制甚至取缔，供求机制被破坏，整个社会缺乏活力。经验表明，政府管制型经济在特定的历史条件下能够迅速增强国家实力，但经济活力的丧失却导致这种增长的不可持续性。市场化的实质，是让市场在资源配置和价格形成中起决定性作用，通过市场化机制激发经济主体的活力和创造力。[①]

市场化是一个过程，由于市场失灵的存在，不受政府调控的、完全的市场经济是不可能的。区域市场化水平，是衡量一个地区市场发育程度、运用市场化因素提高区域竞争力和促进区域经济社会全面发展的重要概念。学界对市场化水平的内容及其测量开展了大量研究，[②] 形成了重要的研究基础。总体而言，影响市场化水平的核心内容重点包括经济主体、市场要素和制度环境三个方面。

（一）经济主体

经济主体是在市场经济活动中能够自主设计行为目标、自由选择行为方式、独立负责行为后果并获得经济利益的能动经济有机体。提升市场化水平，使市场在资源配置中起决定性作用，要求经济主体能够以自主经营、自负盈亏的平等身份进入生产经营领域，自觉地追踪市场信号特别是价格信号，自主地进行生产经营活动。

---

① 孙晓华、李明珊：《我国市场化进程的地区差异：2001—2011年》，《改革》2014年第6期。

② 赵彦云、李静萍：《中国市场化水平测度、分析与预测》，《中国人民大学学报》2000年第4期；孙晓华、李明珊：《我国市场化进程的地区差异：2001—2011年》，《改革》2014年第6期；王雅莉、宋月明：《中国省级区域的市场化进程测度及其发展效应分析》，《学习与实践》2016年第3期。

从宏观角度看，可以将千千万万个经济主体分为三大类：政府、企业、个人。政府是市场运行和经济关系的管理调节主体，是国民总收入的分配主体，也是市场监管的主体；企业是从事生产经营活动的经济组织，是物质产品和服务的提供者，是社会的生产经营主体，是市场监管的相对人；个人是生产要素的提供者，又是消费主体，在一些情况下，也是市场监管的相对人。从微观角度看，微观经济主体包括企业、农户和居民。各微观经济主体通过市场联结在一起。微观经济主体的性质和行为，就是企业、农户及居民的经济属性和经济行为以及对经济运行的影响。

经济主体的发育程度和自主程度，是地区市场化水平的重要内容。提升民族地区市场化水平，应重点培育民族地区多元化经济主体，促进经济主体自由、自主地开展经济活动。

(二) 市场要素

地区内生产要素资源的市场化，是市场经济的核心特征。具体而言，市场要素资源包括土地、劳动力、资本、技术、数据，要素资源配置是否归位于市场，是衡量一个地区市场化水平的核心内容。要素资源的市场化配置，是建设区域统一开放、竞争有序市场体系的内在要求，也是坚持和完善社会主义基本经济制度、加快完善社会主义市场经济体制的重要内容。

要素资源的配置是否由市场决定，要素资源是否依据市场规则、市场价格、市场竞争实现效益最大化和效率最优化，是否在区域内自主有序流动，是衡量区域市场化水平的重要内容。

(三) 制度环境

制度要素构成地区市场化水平的重要发展环境，重点包括政府行为的规范化和市场制度的完善程度。

我国改革开放之后，市场化改革及其进程是一个由计划经济体制向市场经济体制转型的过程，其中的一个重要内容即政府职能的转变。就政府行为的规范化而言，区域市场化的推进需要在其进程中厘清政府与市场之间的关系，要明确政府职能的边界，避免政府部门在生产、分配、消费等环节对市场的直接干预，避免对以价格机制配置资源的市场方式的扭曲，提高政府对经济资源转移分配的透明度和规范化。

完善市场经济制度，要使各类经济主体在市场经济环境中根据价格信号进行自主决策，确保相关制度安排在建立和维系市场秩序与规则方面的权威性和稳定性。①制度安排，既包括处理政府与市场关系、规范政府行为的制度约束与保障机制，也包括能够促使经济资源顺利流向更加高效的领域，并对经济主体的市场竞争行为起到监督、约束、规范作用的经济制度。

三 提升民族地区市场化水平的措施

（一）培育和壮大市场主体，激发市场活力和社会创造力

市场主体是提供就业机会、创造社会财富的基本力量，是决定区域经济实力和竞争力的关键因素。②伴随着经济社会的不断发展，民族地区市场主体数量和质量已实现大幅提升，成为推动民族地区经济社会发展的重要基础。同时也应看到，民族地区市场主体数量少、规模小、竞争力弱，发展环境需要进一步改善。例如，2021年，湘西州规模以上工业企业数仅为336家，排名倒数第二，不到另一个民族县较多的怀化市（785家）的1/2，差不多是长沙市（2881家）的1/8；规模以上服务业企业也仅为134家，排名倒数第三，差不多是永州市（269家）的1/2，不到长沙市（1717家）的1/12。③推动民族地区可持续发展，要充分认识培育和发展市场主体的重要意义，把加快促进市场主体发展作为民族地区脱贫摘帽后持续发展的重点任务进行战略部署，立足新常态、发挥新优势，激发全社会创新创业活力，促进各类市场主体规模持续扩大、经营能力持续提升，在推进民族地区经济繁荣、社会发展与民生改善等方面的作用进一步增强。

第一，分类指导促进市场主体加快发展。要进一步鼓励支持民族地区大众创业，进一步放开民族地区市场主体准入限制，实行"非禁即入"，法律法规未禁止行业和领域向各类市场主体开放。同时，可考虑

---

① 邹新月、涂仕达：《有为政府+有效市场、区域金融发展与经济增长——中国经济增长的实证分析》，《金融论坛》2020年第7期。

② 刘泉红、刘方：《转变经济发展方式与塑造新型市场主体研究》，《经济与管理研究》2014年第6期。

③ 《湖南统计年鉴2022》，中国统计出版社2022年版。

设置就业专项资金以支持民族地区群众创业,支持民族地区依托高新区、大学科技园、中小企业创业基地等,建设一批高水平、开放式众创空间。特别是,要重点支持民族工匠、高校毕业生、复转军人、城镇失业人员、返乡农民工、科技人员、归国留学人员到民族地区创业,将初期创业者纳入创业培训补贴范围。此外,还应注重政策和资源的整合,将农牧业、服务业等各类扶持资金向众创空间倾斜,发挥政策集成和协同效应,实现创新与创业相结合、线上与线下相结合、孵化与投资相结合,为广大创新创业者提供良好的工作空间、网络空间、社交空间和资源共享空间。

第二,加快培育小微企业。小微企业是充满活力的市场主体,要注重整合并用好民族地区小微企业扶持资金,以入股、贴息、补助、奖励等方式,支持小微企业加快发展。总体而言,重点支持微型企业上数量、小型企业上规模,加快民族地区小微企业"专精特新"发展。要基于民族地区产业发展需求,围绕上下游配套产业,加快培育一批民族地区特色小微企业;要扶持民族地区现有科技型、成长型小微企业,推动提升一批民族地区科技创新型小微企业;要鼓励民族地区文化教育、家政服务、养老健康、旅游休闲、信息服务等小微企业发展,支持发展一批电子商务等新业态小微企业。同时,可通过扩大政府向社会购买服务范围,支持小微企业扩大经营和服务,并加强政府引导,鼓励民族地区小微企业加大品牌建设,加快特色化发展。

第三,做大做强龙头企业。龙头企业是民族地区市场主体的重要"领头羊",做大做强民族地区龙头企业,形成市场带动效应对于民族地区市场经济持续发展具有重要意义。要推动民族地区龙头企业自身成长壮大,重点通过支持民族地区企业技术改造和理念更新,支撑引导骨干企业加快自身发展;要推动民族地区现有企业联合与合作,增强骨干龙头企业影响力。要引导民族地区骨干企业通过股份、合作、兼并和重组等方式,实现企业间强强联合;政府要不断完善配套服务,对企业兼并重组涉及划拨土地符合划拨用地目录的,经批准可继续以划拨方式使用;对兼并收购破产、停产、困难企业的,免缴房地产产权、矿业权和知识产权变更交易费。同时,要通过民族地区产业补链和产业延伸,推动骨干企业间的聚合拉动;要通过加大培育和新增民族地区规模以上企业，推进地区内骨干企业存量优化、增量扩容。

（二）支持市场主体提升自身能力和水平

首先，培育民族地区企业家队伍。要鼓励各级工商联和商会、协会为企业家提供资金、项目、人才、投融资咨询等服务，支持商会、协会承接政府转移职能，更好地发挥联系政府、市场和企业的桥梁和纽带作用。引导企业家全面实行劳动合同制度，依法保障职工基本权益，构建和谐劳动关系。开展优秀企业家评选活动，加大物质奖励和精神激励，提高企业家社会地位。支持社会培训机构与企业合作，开展企业管理、领导能力提升培训，加快建设一支创业创新能力强、善于开拓奋进、精于前沿技术、管理水平较高的企业家队伍。

其次，提高民族地区企业管理现代化水平。要引导推动民族地区企业深化内部改革，加快建立现代企业制度，完善法人治理结构。引导企业健全财务管理制度，提高项目、技术、信贷资金获得率。加快建立健全国有企业薪酬分配激励约束机制，实现薪酬和责任、风险和贡献相匹配。开展企业卓越绩效管理，做好全价值链、全生命周期的成本控制管理，推进生产方式、经营方式等规范化、制度化创新。积极稳妥推进民营企业法律顾问制度试点，健全企业法律咨询服务平台，开展依法治企。

（三）完善要素市场化配置体制机制，促进要素自主有序流动

伴随着我国社会主义市场经济体制不断健全和完善，民族地区商品市场不断发育，市场决定商品价格基本实现全覆盖。但是，目前民族地区仍然存在束缚市场主体活力、阻碍市场和价值规律充分发挥作用的障碍因素，特别是要素市场发育不充分、市场决定要素配置范围有限、要素流动存在体制机制障碍等问题仍然较为突出。因此，构建更加完善的要素市场化配置体制机制，促进要素自主有序流动，是建设高标准市场体系、推动民族地区脱贫摘帽后高质量发展的重大任务。

第一，清除要素自主有序流动的制度障碍。减少要素在区域内的错配，关键在于尊重市场，遵循竞争优先理念。促进民族地区要素自主有序流动，其核心之意在于加快建设统一开放、竞争有序的市场体系，打破行政壁垒，消除地区封锁，推动各地区比较优势的发挥，从而形成民族地区分工有序的区域良性发展机制。

第二，建立健全统一开放的要素市场。围绕土地、劳动力、资本、技术和数据五大核心要素，加快建立健全民族地区统一开放的要素市场。加快建设城乡统一的建设用地市场，建立同权同价、流转顺畅、收益共享的农村集体经营性建设用地入市制度；探索农村宅基地所有权、资格权、使用权"三权"分置，深化农村宅基地改革试点；加快建立规范、透明、开放、有活力、有韧性的资本市场，加强资本市场基础制度建设，推动以信息披露为核心的股票发行注册制改革，完善强制退市和主动退市制度，提高上市公司质量，强化投资者保护；加快构建与实体经济结构和融资需求相适应、多层次、广覆盖、有差异的民族地区银行体系；加快培育发展数据要素市场，建立数据资源清单管理机制，完善数据权属界定、开放共享、交易流通等标准和措施，发挥社会数据资源价值；加快推进数字政府建设，加强数据有序共享，依法保护个人信息。

第三，推进商品和服务市场体系提质增效。要推进商品市场创新发展，完善市场运行和监管规则，全面推进重要产品信息化追溯体系建设，建立打击假冒伪劣商品的长效机制。要深化商品流通体制改革和产业升级，加强商品流通全链条标准体系建设，发展"互联网+流通"，降低民族地区物流成本。同时，要构建优势互补、协作配套的现代服务市场体系，培育各类服务队伍，提升市场服务机构的综合服务能力。要强化消费者权益保护，探索建立集体诉讼制度，维护消费者合法权益，构建民族地区良性消费市场生态，以消费端服务提质升级提供高信任消费基础，带动地区市场消费活力。

（四）创新政府管理和服务方式，推进一流营商环境建设

第一，以一流营商环境建设为牵引持续优化民族地区政府服务。深入推进民族地区"放管服"改革，深化行政审批制度改革，进一步精简行政许可事项，对所有涉企经营许可事项实行"证照分离"改革，大力推进"照后减证"服务模式。要全面开展民族地区工程建设项目审批制度改革，深化民族地区投资审批制度改革，简化、整合投资项目报建手续，推进投资项目承诺制改革，依托全国投资项目在线审批监管平台加强事中事后监管。要创新行政管理和服务方式，深入开展"互联网+政务服务"，加快推进民族地区一体化政务服务平台建设。建立健全运用

互联网、大数据、人工智能等技术手段进行行政管理的制度规则。此外，要落实《优化营商环境条例》，完善营商环境评价体系，适时在民族地区范围内开展营商环境评价，加快打造民族地区市场化、法治化、国际化的优质营商环境。

第二，构建适应可持续发展要求的社会信用体系和新型监管机制。市场诚信是区域市场化水平的重要影响因素，推动民族地区构建有效的社会信用体系，完善市场监管，是推动民族地区市场化水平提升的重要保障。要重点完善民族地区市场诚信建设的长效机制，推进信用信息共享，建立政府部门信用信息向市场主体有序开放机制，健全覆盖民族地区全社会的征信体系，培育具有话语权的征信机构和信用评级机构。同时，完善失信主体信用修复机制，形成信用体系的动态化管理，更好地发挥信用体系的约束效用。要注重建立政务诚信监测治理体系，建立健全政府失信责任追究制度，要求民族地区各级政府严格市场监管、质量监管、安全监管，加强违法惩戒。在此基础上，注重加强民族地区市场监管改革创新，健全以"双随机、一公开"监管为基本手段、以重点监管为补充、以信用监管为基础的新型监管机制。此外，随着电商行业的兴起，要注重完善民族地区网络市场规制体系，促进网络市场健康发展。在严格监管、加强惩戒的同时，要健全对新业态的包容和审慎监管制度。

第二节　强化民族地区科技支撑能力

新一轮科技革命和产业变革正在加速演进，民族地区只有牵住了科技创新这个"牛鼻子"，才能在可持续发展进程中抢占先机、赢得优势。脱贫摘帽后，民族地区正需谱写高质量发展、高品质生活的新篇章，对科技创新的需求比以往任何时候都更加迫切。民族地区可持续发展的实现，必须深刻认识发展科技第一生产力、增强创新第一驱动力的重要性，把科技创新摆在重要位置，加快民族地区科技自立自强，不断增强民族地区科技支撑能力。

一 强化科技支撑能力的保障意义

区域科技能力的差距是造成区域发展不平衡的重要原因。① 科技能力对区域可持续发展的影响体现在社会经济发展的方方面面。

创新是历史进步的动力、时代发展的关键，位居新发展阶段"五大新发展理念"之首，科技能力是地区创新水平的现实体现，是区域经济可持续发展的强大推力。随着全球范围内的科技进步与经济转型，科技创新对区域经济的贡献程度正逐步攀升，在省级层面已经超过投资和外向型经济等"传统马车"的贡献。② 科技能力已经成为区域产业结构转型、生产技术升级、资源利用优化等经济活动的重要支撑要素。从区域间发展的整体状况而言，当前我国科技创新能力的区域差距大于经济发展水平的区域差距，③ 科技创新能力对未来区域发展的作用及区域发展格局的影响越来越突出。针对相对欠发达的民族地区，在新一轮发展中最大短板是科技创新能力落后，要避免民族地区在新一轮起跑线上落伍，缩短区域发展差距，关键必然是提升科技能力。

科技能力是支撑地区社会治理创新的重要基础。伴随着物联网、大数据、5G等前沿科技的发展及其所产生的超乎想象的聚合效应，科技支撑开始进入社会治理体系，这是对加快推进社会治理体系和社会治理能力现代化的技术回应。科技支撑赋能社会治理，促成了更趋行动化和可持续的社会治理体系构建。④ 社会治理模式的"智能化"趋势，使得科技能力不仅是促进区域经济发展的强大推力，更是促进区域社会治理能力与治理体系现代化的重要基础。

科技能力是区域生态环境保护和治理的技术来源。科技是国之利器，持续改善生态环境、建设生态文明，离不开强有力的环境科

---

① 刘丙泉、潘鹏杰、李雷鸣：《我国区域技术创新能力发展评价与差距测度》，《科技进步与对策》2011年第8期。
② 樊杰、刘汉初：《"十三五"时期科技创新驱动对我国区域发展格局变化的影响与适应》，《经济地理》2016年第1期。
③ 樊杰、刘汉初：《"十三五"时期科技创新驱动对我国区域发展格局变化的影响与适应》，《经济地理》2016年第1期。
④ 张成岗、李佩：《科技支撑社会治理体系构建中的公众参与：从松弛主义到行动主义》，《江苏行政学院学报》2020年第5期。

技支撑。① 生态环境的保护和治理往往涉及高精尖的前沿科技,现代科技在生态保护和治理领域的广泛运用,形成生态环境治理的技术来源,成为支撑区域生态可持续发展的重要力量。一个地区的科技能力不强,环境科技创新也会随之滞后,难以支撑区域生态可持续发展。

二 区域科技支撑能力的核心构成

区域科技能力,从广义的层面来讲,是指影响区域科技创新所有因素的综合能力,主要包括与科技相关的人和物两种因素。② 具体来讲,包括科技人员、科研机构、教育、政策、经济和社会环境等对科技活动的能动作用和支持功能。③ 从科技对于区域发展效益的层面而言,区域科技能力重点指科学技术的服务能力,作为一种发展资源,科技能力是指科学技术成果的产出能力,即科技转化能力。由此,区域科技能力的核心构成既包括整体意义上区域科技发展的综合能力,也包括实践效益层面的区域科技成果转化能力。

(一)区域科技发展综合能力

区域科技发展的综合能力是指区域成功开展科技创新、产出科技创新成果的能力。④ 区域科技发展能力的形成与提升,关键在于具备开展科技创新的良好环境,核心环节是推动科技创新主体,运用创新资源,协调与推动区域创新活动,并产出科技创新成果。⑤

区域科技发展的综合能力重点是区域内科技创新主体的科技创新发起能力与科技创新实现能力。⑥ 科技创新发起能力是科技创新发展的核心

---

① 姜华、陈胜、杨鹊平、许鹏达:《生态环境科技进展与"十四五"展望》,《中国环境管理》2020年第4期。
② 李柏洲、苏屹:《基于改进突变级数的区域科技创新能力评价研究》,《中国软科学》2012年第6期。
③ 陈劲:《科技创新:中国未来30年强国之路》,中国大百科全书出版社2020年版。
④ 毛明芳:《打造具有核心竞争力的科技创新高地——基于区域创新能力建设的视角》,《湖南社会科学》2021年第1期。
⑤ 曹佳蕾、李停:《基于熵权GC-TOPSIS的区域科技创新能力评价与实证》,《统计与决策》2020年第15期;苏继成、李红娟:《新发展格局下深化科技体制改革的思路与对策研究》,《宏观经济研究》2021年第7期。
⑥ 贾春光、程钧谟、谭晓宇:《山东省区域科技创新能力动态评价及空间差异分析》,《科技管理研究》2020年第2期;李倩、师萍、赵立雨:《基于灰色关联分析的我国区域科技创新能力评价研究》,《科技管理研究》2010年第2期。

驱动力，为区域内的科技创新活动提供人才、资金和平台。科技创新实现能力是衡量科技创新活动产出的关键指标，主要包括以专利和科技论文为核心的创新知识产出和以区域产业为核心的创新经济产出能力。①

（二）区域科技成果转化能力

科技成果是指通过科学研究与技术开发所产生的具有实用价值的成果。科技成果转化是指为提高生产力水平而对科技成果所进行的后续试验、开发、应用、推广直至形成新产品、新工艺、新材料，发展新产业等活动。②

区域科技成果转化能力，是以市场和社会需求为导向，将科技成果（或专利技术）转化为产品，并实现商品化、规模化、国际化，最终形成科技产业的能力。③ 科学技术是第一生产力，而科技成果转化则是让这一生产力发挥出实效的"最后一公里"。如何提升科技创新价值，加大科技成果转化就显得尤为重要。科技成果转化能力的核心内容，是科技成果从知识形态转化为实体形态的产品或商品，或者非实体形态的服务并实现经济价值的过程，突出科技成果的应用推广。

三 强化民族地区科技支撑能力的举措

相对而言，湖南民族地区科技发展较为落后，科技创新能力不足。例如，直至2021年，湘西州有R&D活动的单位仍仅有120家，规模以上工业企业的有效发明件数更是仅有272件，R&D人员仅1754人，与全省差距很大。④ 民族地区科技创新基础和活力有限，可持续发展的科技保障动力不足，要从多方面采取措施持续提升其科技创新能力与水平。

（一）进一步加快民族地区科技创新平台建设与管理

科技创新平台是以提升区域科技创新能力为目标，以产学研等创新

---

① 郭俊华、邢涵冰、巩辉：《双创区域示范基地对区域创新能力影响的实证研究》，《管理学刊》2020年第3期。
② 刘瑞明、金田林、葛晶、刘辰星：《唤醒"沉睡"的科技成果：中国科技成果转化的困境与出路》，《西北大学学报》（哲学社会科学版）2021年第4期。
③ 田国胜、张嘉桐、刘春天、白文翔：《区域性科技成果转化能力提升的探讨——以东北两省数据指标比较为例》，《中国高校科技》2020年第7期。
④ 《湖南统计年鉴2022》，中国统计出版社2022年版。

主体为依托，汇聚人才、资金、信息等多类创新要素，提供系列科技服务的设施平台，是支撑区域科技创新活动的重要载体和核心力量。① 推动民族地区科技创新平台的建设和发展，不仅是顺应新时代科技发展潮流、提高科技创新绩效、带动产业升级的现实需要，而且对于提升民族地区区域创新能力、实现高质量发展具有重要意义。

第一，高标准建设科技创新平台。统筹推进民族地区高新区、国家农业科技园、重点实验室、工程技术研究中心、科技孵化器及众创空间等科技创新平台建设。以民族地区技术需求为导向，围绕前沿领域、新兴学科、先导产业，建设一批特色优势明显的前沿交叉研究平台，开展战略性、前瞻性、基础性研究，推动原创性、颠覆性科技攻关，为民族地区可持续发展贡献科技力量。基于民族地区现有省级创新平台，统筹优化科技资源配置，最大限度激发存量创新资源潜能，提升原始创新水平和产业技术链整体创新效能。

第二，优化科技创新平台运行机制。鼓励科技创新平台创新体制机制，完善绩效评价机制，规范管理制度，激发创新潜能，增强创新能力。一方面，推进以理事会为核心的平台运作机制。积极吸纳学科专家、企业技术专家等组成平台理事会，由理事会决定平台的发展方向、年度计划等，确保创新平台在建设伊始就处于产学研合作的整体框架下。另一方面，推进组织模式创新，鼓励在现有平台的基础上设立具有独立法人资格的新型研发机构，从而以企业化的运营模式解决知识产权归属、利益分配等问题，实现产学研的互利共赢。

第三，完善科技创新平台引导与监管。一方面，更好地发挥政府引导作用。以科技创新的总体目标为导向，以民族地区特色产业发展水平为依托，推动平台建设与产业需求紧密对接。重点围绕制造业创新中心、产业技术研究院等平台建设，在合作对象选择环节加强把关，对民族地区可持续发展的技术需求与合作院所的科研优势进行科学评估；在后续技术研发环节，积极引导平台对接本地产业技术需求，并及时根据研发成果组织有效的技术示范推广，使创新平台对地区经济形成广泛的拉动效应。另一方面，完善平台考核与激励。围绕共性技术开发、技术

---

① 胡一波：《科技创新平台体系建设与成果转化机制研究》，《科学管理研究》2015年第1期。

推广、人才培养、科技服务等多个方面进行平台运行绩效考核，对优秀平台进一步加大资金补助力度，推动整个平台体系提质升级。同时，对科技创新平台实行动态管理，通过以评促建、优胜劣汰，择优支持高水平科技创新平台建设，淘汰或改造建设停滞不前、缺乏科技创新动力的低水平创新平台。

（二）大力推进民族地区科技创新行动与成果转化

目标明确的科技创新行动能够推动民族地区科技创新更好地服务于地区可持续发展。同时，创新成果的产生并不等于社会效益的实现，要使科技创新成果变成民族地区现实的生产力，特别是要形成社会效益，则需要科技工作者与经济工作者的共同努力，制定有力措施，创造有利于成果转化的环境条件，加快成果转化的步伐，推动科技创新成果真正为解决民族地区可持续发展中的难点、热点、重点问题做出贡献。

第一，分类实施服务于民族地区可持续发展的科技创新行动。首先，开展民族地区乡村振兴创新行动。聚焦乡村振兴重大战略，重点支持民族地区开展特色农牧业及生态旅游等关键核心技术攻关与示范推广。依靠科技创新拓展现代农业发展新空间，实施现代种业提升行动，加快农田宜机化改造，加强农产品深加工技术开发，壮大农村电商。完善民族地区农业科技园区布局，加快推动国家级农业科技园区建设，鼓励加强省级农业科技园区建设。支持有条件的地区培育建设国家农业高新技术产业示范区，进一步提升示范区建设水平。其次，开展民族地区科技惠民行动。聚焦民族地区重点民生问题，更加注重把民生需求作为科技创新的着力点，推动区域科技创新更好地服务于民族地区人民生命健康，丰富生活智能应用场景，提升城市治理能力，推动数字乡村建设，更好地用科技力量为民族地区人民创造高品质生活。具体而言，可支持开展民族地区常见慢性病、地方病发病规律与诊疗方法的研究，低成本诊断仪器、特种治疗装备研发与示范推广，加大对先进技术在民族地区公共卫生系统推广应用的支持力度；支持民族地区开展中药材种质资源保护、繁育、种植和民族医药等相关研究，促进民族医药产业发展；支持"智慧城市"关键技术研发与示范，加强大数据、遥感、北斗导航等技术推广应用。支持民族地区开展文物保护与修复关键技术研究与示范应用。最后，开展民族地区生态环保科技支撑行动。聚焦民族地区生态文明建设任务部署，强化民族地区生态环保科技支撑。发挥科技创新在推动绿色发展中的重要作用，加大民族地区生态环境综合治理的科技攻关力度，加强环境污染治理的科技研发，探索绿色低碳发展的科技路径，支持加强民族地区重点地区生态保护技术集成研究与示范，形成节约资源和保护环境的空间格局、产业结构、生产方式、生活方式，筑牢民族地区重要生态屏障。

第二，持续促进民族地区科技成果转化。要实现科技创新能力对区域可持续发展的重要支撑作用，其中关键一环就是科技成果的有效转化。一方面，加强科技成果产品化和创新成果扩散。科技成果转化主要包括科技成果结合市场需求形成产品，产品批量生产投入市场，以及科技成果扩散。要坚持创新驱动与成果转化并重原则，持续促进民族地区科技成果转化。通过搭建科技成果供给与市场需求衔接平台，利用科技成果提质增效或降低成本所形成的相对优势并结合民族地区经济社会需求设计产品。在科技成果批量生产前组织试销，根据试销结果的市场反馈确定产量和营销策略，进而投入市场、获得收益。引导科研机构与企业间合作或成果转让等方式加大科技成果在民族地区的扩散力度，为科技创新主体创造丰厚收益的同时带动产业整体发展。政府应在企业成果转化过程中根据当地市场情况设计相关支持政策，如完善保费补贴政策、加大人才补贴比重等。另外，为顺利推动科技成果市场化和产业化转化，应进一步完善民族地区知识产权保护制度和专利制度的执行力度，坚决打击侵犯知识产权的违法行为，为科技创新成果转化营造良好的市场和制度环境。另一方面，大力发展科技成果转化中介服务。科技中介是科技成果转化的润滑剂，同时，也是推动技术进步的催化剂。进一步放宽科技成果转化中介服务业市场准入，拓宽融资渠道，完善收费政策，改善商务环境，加快科技成果转化中介服务专业人才培养。加大财政支持力度，充分发挥专项资金的作用，进一步完善政府购买服务制度，加大购买力度，拓展科技成果转化中介服务业的市场需求空间。逐步建立和完善包括检测和评估、信用服务、科技咨询、投资咨询、融资担保、会计税务服务、法律和仲裁服务、知识产权服务、科技经纪、广告和会展服务、保险服务等科技成果转化中介服务体系。加强科技成果转化中介服务业统计服务和信息发布以及预警、预测等工作，完善法治

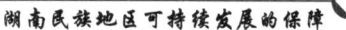

建设和依法监管，不断提高服务水平。

(三) 全力营造良好的民族地区科技创新环境

科技创新活动作为一项系统性活动，其顺利开展有赖于良好的科技创新社会环境。其中，便捷可及的融资环境、配套适当的政策环境、崇尚创新的文化环境是关键。① 推动构建多元投入机制，优化政策支持，营造良好的社会文化氛围，是优化科技创新环境、提升民族地区科技创新支撑能力的重要抓手。

第一，建立民族地区科技创新多元化投入机制。科技成果转化每一阶段的资金投入是大幅度递增的。根据西方发达国家的经验，一项成熟的技术成果成功地应用于社会生产，其研究开发、中试、成果商品化三者资金投入比例一般为 1:10:100，而我国仅为 1:1.1:1.5，政府经费投入多集中在基础研究和应用基础研究。② 因而要形成多方位、多层次、多渠道的融资方式和多元化的投入机制来促进科技成果转化，不断完善政府引导、企业主体、社会参与的多元化科技投入体系。首先，加大对民族地区科技创新的政府投入。充分发挥各级政府对民族地区科技创新的引导作用，不断提高政府科技投入占 GDP 的比重，建立民族地区科技创新专项资金，形成民族地区科技创新政府投入的稳定增长和长效投入机制。同时，进一步加强和完善科技成果转化政府投入的管理，建立健全民族地区科技创新资金监督管理机制，改进政府科技投入方式，由单纯注重科技成果到成果和转化并重，使政府科技投入充分发挥作用。其次，建立健全科技创新社会投融资及担保体系。积极推进商业银行与企业建立稳定的银企关系，引导各类商业金融机构对企业科技成果转化和重点产业化项目给予信贷支持；完善政府贴息贷款、信用担保等政策，为商业银行改善对企业转化科技成果的金融服务提供支持；培育科技成果转化企业在资本市场融资的外部环境，支持有条件的企业在国内主板、中小企业板以及创业板上市。财政所属的担保机构要逐步扩大用于科技成果转化项目的担保额比例，对资产少、科技含量高的科技成

---

① 张彬、李春晖：《"新经济"背景下提升我国科技创新能力的策略研究》，《经济纵横》2018 年第 2 期；胡园园、顾新：《创新环境和开放程度对区域科技创新产出的调节效应研究》，《统计与决策》2015 年第 2 期。

② 杨晓宇：《西部地区促进科技成果转化对策研究》，《科技管理研究》2011 年第 17 期。

果转化项目，可探索实行信用担保，以及与专利等无形资产挂钩的担保模式；创新金融产品，推进知识产权质押贷款融资工作，促使商业银行加大对科技型中小企业的金融服务力度。鼓励保险机构开展科技成果转化贷款保证保险等业务，鼓励融资租赁、典当等融资方式在企业转化科技成果中发挥积极作用。

　　第二，完善民族地区科技创新服务，优化科技创新环境。科技创新是高风险的商业活动，在严酷的市场竞争面前，科技创新主体需要政府和社会的广泛支持，包括营造良好的政策和法律环境，以及崇尚科学、鼓励创新的社会文化环境。一方面，深化科技创新体制改革，加强科技创新政策支持。推动民族地区科技创新能力提升，要重点推进科技创新治理、科技任务组织实施、创新激励和保障、知识产权保护和服务、科技人才评价等科技创新体制改革，依靠改革激发创新活力，营造鼓励创新、激励创新、包容创新的社会氛围。还要进一步加强民族地区科技创新的政策支持，统筹民族地区财政、金融、产业等各方面政策供给，提高科技创新政策精准度、配套性和执行力，确保各项政策见到实效，最大限度释放政策红利。另一方面，营造科技创新社会文化氛围，构建良好的科技创新生态。创新文化是持续赋能创新主体、激发创新活力和组织成效的"软实力"。[①] 要大力弘扬新时代科学家精神、企业家精神和工匠精神。科学家、企业家等是创新活动的重要主体，应在民族地区广泛弘扬攻坚克难的科学家精神、敢为人先的企业家精神、追求卓越的工匠精神，营造支持创新、敢于创新、勇于创新的社会文化环境。还要加强民族地区科学技术普及工作，开展科普助推创新驱动发展行动计划，精心组织科技活动周、中国专利周和"4·26 世界知识产权日"等宣传活动，营造民族地区崇尚科学、追求科学的良好氛围。

第三节　加强民族地区法治文明建设

　　近年来，随着中国特色社会主义法治实践的持续推进，湖南省各地

---

① 任福君：《面向 2035 的中国创新文化与创新生态建设的几点思考》，《中国科技论坛》2020 年第 5 期。

区法治文明建设也取得一定成就。但从整体上来看，仍存在地域发展不平衡的问题，尤其是社会情况较复杂的民族地区。多民族关系决定了民族地区法治环境的复杂性，使得法治文明建设工作的开展受到一定的限制。同时，受传统文化、民族习俗以及宗教信仰等因素的影响，部分民族地区的习惯法仍根深蒂固，可能影响着民族地区的群众对社会主义法治建设的理解与遵从，在某种程度上降低国家法治体系的权威性，影响着民族地区可持续发展的稳定。因此，民族地区的法治文明建设，是其可持续发展的战略保障。

法治文明作为政治文明的重要组成部分，是一个国家法治制度体系、法治行为模式、法治思想理念等的产物。建设法治文明是践行中国特色社会主义法治道路的重要体现，不仅有利于全面推进依法治国，推动中国特色社会主义法治体系和社会主义法治国家的建设，还有助于推动国家治理体系和治理能力现代化。习近平总书记曾指出："法治是人类文明的重要成果之一，法治的精髓和要旨对于各国国家治理和社会治理具有普遍意义，我们要学习借鉴世界上优秀的法治文明成果。"[①] 中国共产党高度重视法治在治国理政中的重要作用，全面依法治国是中国特色社会主义的本质要求和重要保障；法治是中国共产党治国理政的基本方略。

推进民族地区的法治文明建设是民族地区可持续发展的重要保障。加强民族地区法治文明建设，应充分认识到民族地区社会文化环境的特殊性，坚持循序渐进的基本原则和以人为本的基本理念，在民族地区建设更高水平的法治社会、法治政府，不断强化民族地区的法治体系，持续开展法治文明普及推广，从制度、物质、精神和行为等四个方面协同推进。

一 建设民族地区法治社会

法治中国建设包括法治国家、法治政府和法治社会三大模块，其中，法治社会是构筑法治国家的基础。民族地区推动法治文明建设应以实现法治社会为落脚点，[②] 形成一个和谐、文明、活力、平安、充满法

[①] 习近平：《加快建设社会主义法治国家》，《求是》2015年第1期。
[②] 黄文艺、李奕：《论习近平法治思想中的法治社会建设理论》，《马克思主义与现实》2021年第2期。

治的社会。实现法治社会的基本要求是民族地区的个体或组织等所有行为主体都能在法律的框架内自觉行事、自由行事和自为行事，公正、诚信、遵守契约等法治精神被社会普遍接受和遵循。

政府在法治社会建设中应发挥重要作用，要广泛开展良法善治的宣传，通过树立各类法治社会的模范，形成各类行为主体的法治行动标杆。还应当重视民族地区法律援助工作，推动实现社会公正。当前，湖南民族地区面临法律资源薄弱、法律人才不足等问题。要继续完善民族地区基层法律工作者的队伍建设，加强对基层法律工作人员的培养，解决人才不足的困境，要推动法律援助进村、进社区，确保民族地区的群众能够享受到专业的法律服务，尤其是要重点加强对民族地区社会弱势群体的法律援助。可以探索建立民族地区基层专职律师制度，通过培养专职律师，在民族地区的乡镇、村等地设点，为民族地区群众提供法律咨询和其他相关服务，还可引入志愿者扩充法律援助队伍，大力开展志愿者法律援助活动。

二 建立健全民族地区的法治体系

第一，加强民族地区地方立法整合，实现科学立法、民主立法。首先，立法要遵循民族地区的规律，符合民族地区的实际情况，在确保宪法和国家基本法律权威性的基础上，充分保障民族地区地方政府行使立法变通权和自治权。通过提高立法层次、完善立法体系、规范习惯法等，进一步完善民族地区自治条例和单行条例，基于实际情况，将涉及民族地区人民群众利益的重大问题，纳入立法范围，充分保障各民族群众的基本权利。其次，要更大范围地动员民族地区群众参与立法，不断完善民主决策机制。在民族地区地方工作立法议题或者规划方面应拓宽公民参与渠道，构建多元主体参与机制，鼓励群众参与，建立健全专家咨询制度，通过开展民众访谈、听证会、专家咨询会等，充分吸收、采纳民众意见和诉求，保障民族地区立法的人民性。

第二，完善民族地区的执法程序建设，实现严格执法。规范的程序是执法的基础，执法程序的完善对民族地区执法机关的执法行为起着至关重要的影响作用。现实中，部分民族地区的传统风俗与行政执法的规范性价值理念存在一定的冲突，可能导致相应的执法失范现象。因此，有必要结合实际制定严格规范的执法程序，提高执法质量。执法机关在执法过程中要秉持合法性与合理性原则，严格依法办事，以法定内容和标准为基础，遵守法律相关规定。当然，还应对执行机关的权限、效率进行标准化规范，防范执法权的滥用。

第三，构建完备的司法体系，实现司法公正。司法是维护社会公平正义的最后一道防线，是建设法治社会的重要组成部分，实现司法公正对建设法治文明具有重要意义。司法的职责就是维护法治秩序，通过捍卫法治的权威，可以增强民族地区人民群众对法律神圣地位的认同感。实现司法公正要确保司法行为不受行政行为的干扰和影响（特别是在财政和管理制度等方面），要妥善处理好地方政府与司法工作人员的关系。要加快财政制度改革，避免出现财政干扰司法机关工作的现象。还可以适当探索将司法管辖区域与地方政府行政区域划分，实现司法机关最大程度的公平公正。还要进一步完善司法责任制。自2016年7月全国司法体制改革推进会后，以法官员额制为基础，以审判权力运行机制改革和法官、合议庭办案责任制为核心的司法责任制改革在全国法院全面推开。民族地区应进一步完善司法责任制，确保司法权力的正当行使。

第四，构建完备的法治监督体系。法治体系建设是一个全面性、系统性和长期性的工程，其制定和实施都离不开行之有效的监督机制。健全法治权力与责任监督机制是使法治权力运行在阳光下的必要保障，也是督促法治权力主体履行法治制度、遵循法治程序、推进法治建设的重要手段。因此，民族地区应建立健全法治体系的内部监督机制，强化法治建设的内外部监督，确保法治建设成效。要做好法治体系建设的内部监督，各级党委与国家权力机构应形成协调、规范法治实践运行的程序和制度。在法治建设的过程中，必须强调合宪性和正当性，强调民族地区地方法治权力主体的责任意识，完善自身建设，不断响应社会公众的需要。地方政府要搭建统一化的监督平台，把推动责任监督常态化作为重点工作，还要做好法治体系建设的外部监督，推动法治监督大众化。鼓励人民群众、社会媒体等外部力量参与法治建设过程，形成重大合力，监督法治体系建设。

三 加强民族地区法治政府建设

民族地区法治文明建设相对滞后，与地方法治政府建设程度不高有关。地方政府不公正的执法行为，以及执行能力的欠缺，不仅影响法治建设的进展，同时也会削弱政府的公信力，降低民族群众对法律制度的认同。根据宪法和相关法律规定，民族地区的地方政府在行使职权时具有宪法和民族区域自治法规共同赋予的双重职责，作为法治文明建设的重要主体，民族地区地方政府自身法治能力对建设法治文明具有重要意义。

建设法治政府首先要树立法治理念。民族地区地方政府应彻底破除落后的人治、礼治、风俗习惯等方面的传统陋俗，保留积极正面符合社会主义核心价值体系的各类民间法规，要坚持依法执政，以法律制度为准绳，确保各项工作落实。要厘清权力边界，规范权力运用，牢固树立执法为民的理念，坚持以人为本，不断规范执法行为。要践行法治思维，维护宪法和基本法律的权威性，坚持一切执法行为受法律约束，将法治思维贯穿各个环节，以法治思维推进民族地区治理变革。同时，民族地区地方政府要学习和掌握政府自身建设的特点和规律，以牢固树立建设人民满意政府的思想理念，增强民主科学依法立法理念、严格规范公正文明执法理念。

与其他地区相比，由于民族地区的社会历史、自然地理环境等方面的特殊性，在建设法治政府时，不仅需要参照国家法治政府建设的一般要求和基本规律，还应该充分考虑多民族关系以及民族自治的特色，明确符合本地区治理需求的法治政府建设目标。坚持以宪法和民族区域自治法规为指导，充分把握本地民族特色和社会治理特点，依法管理，以促进民族团结和谐、社会经济繁荣发展为目标，推进民族地区的治理体系和治理能力现代化。① 因此，不同民族地区的法治政府建设就具有不同的特点，民族地区地方政府应坚持一切从实际出发，实事求是，因地制宜地制定法治政府建设的任务目标，充分反映当地的实际情况和特殊需求。这也要求民族地区的各级政府要认真学习宪法和民族区域自治法规，加强对本地区民族特点、宗教问题、地方特色等问题的深入认识，借鉴其他民族地区的发展经验，并在法治政府建设的指导性文件中明确规定专门任务和指标，以规范形式推进具有地方特色的法治政府建设。

---

① 曹鎏：《论我国法治政府建设的目标演进与发展转型》，《行政法学研究》2020年第4期。

法治政府的人才队伍素养及能力代表着政府形象，也直接关系到法治政府的建设成效。推动人才队伍建设，提升民族地区政府工作人员的法律素养同样重要。一是建立严格的政府工作人员准入机制，要求政府相关岗位的工作人员具备专业资格条件，吸引专业人才入岗，实现高度人岗对接，提高政府队伍的专业化水平。二是加强对政府工作人员的培训，不断提升和优化其专业素养，尤其是要抓好基层人员素质建设。可以通过定期开展教育培训、进行法治政府建设实践、鼓励个人自主学习等方式，弘扬法治精神，培养法治意识，传播法治政府的科学内涵，提高工作人员的法治素养，帮助其认识法治政府建设的重要意义。除了加强思想作风建设，还要建立专业素质培训机制，提高政府工作人员运用法治思维和法治方式解决问题的能力，并适当加强跨越本部门、本领域的业务知识培训，建立复合型专业执法队伍。三是完善执法人员考核评价和责任管理制度。为保证政府工作人员的工作效率，应设计科学合理的考核评价指标体系，建立健全工作绩效考核评价制度，将考核结果作为工作人员晋职晋级的重要依据，形成严格执法、公正执法、文明执法的激励机制。同时还应建立严格的问责机制，明确不同部门及机构、岗位工作人员的具体执法责任，保证责任落实到具体岗位，落实到具体人员，避免责任推诿、踢皮球现象的发生。

政府机构的设置及其职能配置也是法治政府建设的重要方面，随着治理体系和治理能力现代化的进一步推进，政府职能进一步转变。法治政府建设应明确政府职能，简政放权，机构设置从"部门需求"导向转为"社会需求"导向，以切实满足公民对美好生活的向往目标。同时，机构职能配置应打破部门内部自成体系、功能交叉重叠、权力分散等乱象，结合数字化时代的技术优势，破除部门壁垒，强化协作。同时，针对政府部门易滋生腐败的问题，应完善内部决策、执行和监督适度分离的组织体制建设，实现科学民主决策、严格有效执行、内外部强有力监督。

四　开展民族地区法治文明普及与推广

加强法治文明的普及推广，提升民族地区公民的法治意识和法治认同，是法治文明建设的重要途径。因经济社会发展程度的限制，民族地区公众的法治文化素养和法治教育水平相对滞后，人民群众对法治文明的了解不够深入和全面。随着互联网和数字化传播方式的出现，普法发展出现了新的契机，民族地区应利用信息时代的优势与特点，健全法治文明传播机制，推动全民参与法治文明建设。

首先，优化法治文明普及推广内容。推广的内容应当包括宪法、民族区域自治法规则以及其他相关法律，重点在于让民族地区的群众全面了解公民的基本权利和义务，提升广大人民群众知法、守法、护法和用法的认知程度。其次，实现推广主体多元化。除政府外，应鼓励多元主体，包括社会组织、学校、公民个人等积极参与普法工程，多方合作，共同推动法治文明进校园、进社区、进村、进单位等，多管齐下开展法治与纪律宣传教育，提升民族地区整体法治素养，形成良好的法治氛围。最后，创新推广方式。普法手段可以与民众日常生活相衔接，以村等集中区域为单位，通过法治文明学习长廊、法治文明展示墙等形式建立民族地区法治文明学习的实体阵地，或利用村级广播，定时播放相关法治内容。还可以运用"互联网+"模式，通过短信、微信、电视、各类社交App等，开展普法活动。此外，在普法过程中要重点考虑各民族的文化背景，提高普法方式的适配性，以民族群众容易接受的方式增强他们对法治内容的接收、理解与内化。如可以结合民族文化特色，以法治文明建设为主要内容，创作文学、戏剧、曲艺、影视作品，进一步增强法治宣传教育的感染力。或者利用民族地区的重大纪念日、传统节日等开展法治文化活动，以人民群众喜闻乐见的方式开展法治文明宣传活动，推动法治文明深入民心。

第四节　推动民族地区新型城镇化建设

一　推动新型城镇化建设的保障意义

2014年《国家新型城镇化规划（2014—2020年）》的出台，标志着我国的新型城镇化战略已上升至国家层面。"新型城镇化"是以追求民生、可持续发展和质量为内涵，以平等、幸福、转型、绿色、健康和集约为核心目标，以区域统筹与协调一体、产业升级与低碳转型、生态文明和集约高效、制度改革和体制创新为重点内容的崭新城镇化过程。①作为我国转型时期和新一轮城乡建设的重要指导性战略,新型城镇化对我国经济、社会、体制制度和城乡建设诸多方面具有深远的意义,与我国可持续发展战略具有内在契合性。

新型城镇化的表象特征是农村人口进城,而本质上是传统乡村社会的解体和现代生活方式的传播与建构。但在一些民族地区,将转移农村人口、吸纳外来人口这些直观的表象特征作为行政目标的新型城镇化不在少数,对一再强调的文化传承、生态保护、人力资本培育等问题仅纸上谈兵,有城无市、有产无业的城镇大有所在,其结果必然导致民族文化的变异、生态的恶化、各民族人口发展的困惑等问题。因此,我国民族地区的新型城镇化肩负着重要的历史使命。一方面,新型城镇化是民族地区实现现代化的必由之路,是促进社会全面进步的必然要求;另一方面,民族地区涵盖了新型城镇化的新内容、新要求、新挑战,是新型城镇化建设的一个特色样本。

湖南是一个多民族省份,如何推进民族地区新型城镇化建设不仅是涉及经济、文化、生态等方面可持续发展的综合性问题,而且事关全省发展水平的提升。一是从经济可持续发展来看,民族地区经济产业单一,城乡之间收入差距大,走新型城镇化发展道路,有利于充分发挥民族地区的优势,带动相关产业的发展,建立符合具体实际的特色经济体系,从而有效促进农民增收、缩小城乡收入差距,实现民族地区繁荣稳定和经济可持续发展。二是从社会和人口可持续发展来看,走新型城镇化发展道路,有利于各民族人口、生活方式、生产方式以及思维方式的城镇化,也有利于民族的交流与融合,实现多民族和谐共处的良好社会关系,对于促进民族地区文化建设和社会发展具有重要意义,可以避免民族地区在经济社会发展潮流中被边缘化。三是从生态资源可持续发展来看,民族地区的新型城镇化有助于转变传统落后的资源开发和利用方式强化生态环境保护意识,贯彻绿水青山就是金山银山的发展理念,实现人与自然的和谐共处。因此,推动新型城镇化是实现民族地区经济、社会、人口、资源和生态可持续发展的必由之路。

---

① 单卓然、黄亚平:《"新型城镇化"概念内涵、目标内容、规划策略及认知误区解析》,《城市规划学刊》2013年第2期。

二 民族地区新型城镇化的核心内容

在可持续发展视角下,"新型城镇化"具有多重意涵:经济层面体现在加快产业转型升级,着力产业结构调整,加快现代农业和现代服务业发展等方面;社会层面体现在繁荣文化市场,提高社会网络化水平,鼓励非政府团体和机构引导公众参与等方面;体制制度层面体现在创建服务型政府,推进政务消费及人员财产的公开透明,鼓励扩大民间投资等方面;城镇建设层面体现在强化区域生态环境保护,树立区域低碳发展理念,鼓励新能源、新材料利用,提倡垃圾回收,倡导历史文化保护以及大力推进绿色建筑革命等方面。[①] 结合民族地区的资源条件和发展现状来看,新型城镇化的核心内容主要在于推进产业城镇化、人口与公共服务城镇化、生态城镇化。

(一)产业城镇化

随着新型城镇化的深入推进,非农产业要素逐步聚集于城镇空间并不断发展,这为民族地区产业的纵深发展提供了有效的空间载体。产业城镇化"腾笼换鸟"过程中的新旧企业转化、承接将不断地为区域提供物质基础与就业机会,产业结构的优化升级则为经济发展增添了新的活力,由此有效地促进地区经济可持续增长。在这一过程中,通过发挥民族地区的资源优势,形成具有民族特色的产业形式和行业结构,以新型城镇化引领经济的全面协调可持续发展,是促进新型城镇化与工业化相融合,并最终实现以产业为支撑、以人文为本位的区域可持续发展之路。不仅如此,新型城镇化还促进了地区间产业的分工与重组,加速了现代新兴产业在优势地区的集聚,而专业分工和产业集聚则提高了复杂技术水平和自主创新能力,从而有利于促进区域的协同集聚与快速发展。

(二)人口与公共服务城镇化

传统城市化表现为农村人口大量涌向城市,劳动力从农业向工业大规模转移,传统城市化的理念无法实现民族地区的可持续发展。只有人

---

① 单卓然、黄亚平:《"新型城镇化"概念内涵、目标内容、规划策略及认知误区解析》,《城市规划学刊》2013年第2期。

口和劳动力简单转移的城镇化是难以为继的，因为城镇无法为移入人口和劳动力提供基本的公共服务、良好的生活环境。新型城镇化就是要有序合理地引导人口流动，更重要的是实现转移人口的市民化。而市民的显著特征就是享有基本和平等的公共服务。所以，新型城镇化与传统城市化相比在人口聚集的同时更加强调公共服务的均等化。

新型城镇化注重公共服务的规划以及基本公共服务的投入，强调城镇化建设"水平与质量"的稳步提升，这就需要加强公共服务均等化建设，注重公共服务的普遍性。它包括四个层面，具体如下。首先，城镇的公共服务与城市的公共服务均等，把公共服务尤其是城市的公共服务扩展到新型城镇化建设当中使之成为新型城镇化道路的有机组成部分，明确城镇化所追求的"新型"很大程度上就是要按照未来城市标准开展公共服务的建设，通过公共服务的完善发挥城镇的聚集作用、辐射作用以及带动作用。其次，新型城镇化建设要与乡村振兴相协调，妥善解决好农民的土地流转、就业与社会保障等问题，促进农业适度规模经营，加快实现由传统农业向专业化、标准化、规模化、集约化的现代农业转变，做到城镇与其所管辖的村庄实现基本公共服务均等化。再次，新型城镇化加强教育、就业、医疗、社保、住房、文化项目、体育设施、环境保护、公共安全等领域的投入，在基本公共服务项目一致性的基础上兼顾城镇对于公共服务的特殊性需求，实现普遍性与特殊性的结合。最后，新型城镇化的公共服务供给方式避免走过去城市化的老路，采取财政投入与社会投入相结合、政府购买与非政府供给相结合、国有部门与私营部门相合作等方式，以提高公共服务的供给效率，做到公共服务供给方式的多样化及无差别化。

总而言之，新型城镇化并不是简单地等同于农村人口流入城镇，更重要的是使流入人口在成为城镇生产者的同时能够真正地享受到城镇现代化发展进程中所带来的诸多便利，最终实现流入人口的收入增长以及城乡居民的共同富裕，从而增强区域可持续发展的能力。

（三）生态城镇化

新型城镇化把生态文明的思维植入城镇化发展进程之中。这种思维的植入从资源利用、消费模式、环境保护等多方面多角度进行。新型城镇化强调要加大城镇生态环境建设的力度，注重提高城镇生态环境的承载力。与传统城市化或小城镇建设相比，新型城镇化过程中注意节省环境成本和生态成本。土地的城镇化是城镇化的一个重要过程，新型城镇化要求城镇化的过程中要注意提高土地利用的效率，反对粗放式的圈地城镇化。新型城镇化注重资源的利用率和资源整合的效率，把生态文明建设放在新型城镇化建设的突出位置，追求经济效益、社会效益以及环境效益相统一的绿色、和谐发展，强调人口、资源与环境的协调，避免重建设轻环境保护、先污染后治理等情况的再度发生，防止新型城镇化的推进带来资源浪费以及环境恶化，努力使新型城镇化建设与资源环境约束相一致，通过资源和生态可持续实现区域可持续发展。

三 推进民族地区新型城镇化的措施

（一）加快实现发展理念更新

党的十八届五中全会提出了"创新、协调、绿色、开放、共享"的新发展理念。新发展理念针对解决传统发展模式存在的主要问题，强调转变经济发展模式，提升经济发展质量，对民族地区新型城镇化的发展提出了更高层次的要求，同时也带来了一系列重大的发展机遇，要围绕新发展理念深化对民族地区新型城镇化建设的整体性认识。

创新理念是民族地区城镇化发展的主要动力。创新是引领发展的第一动力。湖南民族地区是省内发展起步相对较晚的地区，生态环境脆弱、人口分布极不均匀、生产方式相对滞后、产业基础极为薄弱。因此，迫切需要通过发展模式的创新，打破常规性、单一性的工业化引领城镇化发展的模式，形成适应新常态经济发展要求，且具有民族地区特色的城镇化发展模式。现代城市成长和发展的核心动力在于城市主导产业的培育和成熟。在主导产业发展的推动下，人口、空间、市场、资本等发展要素才能在城市中产生聚集效应，优质的公共设施和社会服务事业以城市为中心分布，以多样性和异质性为特点的都市生活方式才会在居民中普及。因此，对民族地区来说，城镇发展模式创新的关键在于以创新的方式促进其城镇主导产业的培育和成长，这是推动民族地区城镇化发展的关键动力。

协调理念是民族地区城镇化发展的基础保障。协调理念针对的是中国经济社会发展中一系列不均衡、不充分发展的矛盾。从全国层面来看，推动民族地区新型城镇化的发展是中国区域平衡发展战略的一个重要组成部分。在协调发展理念指引下，国家各项针对民族地区的扶持政策以及推动区域平衡发展的重大决策是民族地区城镇化发展的最大助力，从政策制度、人力物力、发展基础等方面为推进民族地区城镇化提供了保障。从湖南民族地区内部来看，其城镇化的发展也面临着一系列内部关系的协调问题。在城市发展内在需求上，民族地区城镇化需要处理的是大中小城市、小城镇的协调问题。在城乡关系上，民族地区的城镇化需要与精准扶贫、乡村振兴战略形成有效合力，城镇带动传统乡村的转型，实现城乡协调发展。

绿色理念和开放理念为民族地区城镇化发展提供了契机，是民族地区城镇化模式创新的主要突破口。绿色发展对民族地区而言提供了一个发展新型、绿色产业的契机。利用民族地区丰富的自然资源发展各类绿色产业，将其培育成城镇化发展的主导产业，是民族地区城镇化创新发展的一个重要机遇。开放发展注重解决发展的内外联动的问题，提高对外开放的质量，发展更高层次的开放型经济。随着湖南对外联系的增加，各个经济领域逐渐扩大开放范围，民族地区也成为对外开放的桥头堡，为其城镇化的创新性发展创造了又一个重大机遇。

共享理念是民族地区城镇化发展的核心目标。发展经济的根本目的就是让各民族群众过上好日子，这也是我们一切工作的出发点和落脚点，提高民族地区各民族群众的生活水平是加快民族地区发展的根本任务，只有民族地区的民生得到改善，各族群众才会安居乐业，国家边防稳固，社会稳定，民族团结才有保障。共享理念引导我们关注民族地区城镇化进程中"人"的问题。在城镇化进程中贯彻共享理念的重点在于加快推进民族地区农业转移人口的共享发展。通过城镇化增加各族群众的就业与收入，推进公共服务的均等化，同时还要促进各民族交往交流交融，促进各民族和睦相处、和衷共济、和谐发展，在共同繁荣发展中铸牢中华民族共同体意识。

（二）大力推进发展模式创新

新型城镇化是人类社会发展到一定阶段后自然进化的一种社会经济形态，违背客观规律的新型城镇化，无异于缘木求鱼。对于湖南民族地区而言，新型城镇化建设的重点在于产业发展模式上的创新与因势利导。

一是从产业发展类型上看，民族地区面积广大，经济文化类型多样，需要突破传统的以工业化推动城镇化发展的单一产业发展模式，充分发挥民族地区农业、牧业、森林、矿产、水能、太阳能、风能、文化旅游等特色资源优势。从农业产业来看，主要是培育和引进龙头企业，实现农业规模化生产，并与国内外大市场有机对接。从工业产业来看，需要培育和利用好现有的各类开发区、工业园区、高新区、边境合作区、跨境经济合作区、保税港等发展载体，加大招商引资力度，提质增效。从服务业等第三产业来看，要在产业链的延伸和服务质量上下功夫，实现带动效应最大化。

二是从产业发展的动力看，以外源动力激发产业聚集。民族地区产业基础相对薄弱，其产业培育成长的路径主要有两种：一种是以产业转移的方式，利用民族地区良好生态、特色资源、农业剩余劳动力相对富裕等优势，承接适宜产业，以产带城，以城促产；另一种是培育发展具有民族性、地方性特色的产业作为城镇发展的主导产业。其产业的培育和发展的外源动力，一方面来自国家力量的引导和激发。不断加大的国家扶持政策和力度，包括转移支付、对口援助、特殊的财税政策等是民族地区城镇化的发动器。无论是基础设施建设还是招商引资，无论是产业规划还是营商环境优化，无论是理念突破还是方法创新，都需要政府的引导和推动。另一方面来自社会，特别是移民的推动。他们或是由政府牵头，通过招商引资、产业转移以外来企业投资的方式参与城镇化建设，或是自发聚集到民族地区城镇开展务工经商活动，带动甚至引发了民族地区的城镇化和社会转型。

三是从城镇成长路径来看，可以走服务优先，带动人口聚集，产业同步发展，产城融合的道路。民族地区的产业基础极为薄弱，如果按照常规的以产业推动城镇化的道路来走，产业培育的过程会非常漫长，城镇化的跨越式发展很难实现。因此，民族地区新兴城镇的发展不一定走靠产业驱动的传统路径，而是在政府的引导和推动下，让各类城镇基础设施和公共服务建设先行，通过构建全新的医疗、教育、交通、文化、市场、信息、娱乐、百货、住宿餐饮等服务体系，实现城市空间和人口的聚集。

四是通过产城融合，把外力引导与城镇内生发展有效结合，激发城镇的内在活力。产城融合的核心在于促进居住和就业的融合，即居住人群和就业人群结构的匹配。产业结构决定城市的就业结构，而就业结构是否与城市的居住供给相吻合，城市的居住人群又是否与当地的就业需求相匹配，是能否形成产城融合发展的关键。对很多民族地区来讲，其最大的挑战是外来移民就业人口在民族地区落户的意愿不强烈，各民族农业转移人口城市就业还需要加大引导力度，这些都要通过科学的产业和城镇规划引领、落户奖励政策、加大职业教育力度来逐步改善。

（三）健全和完善保障机制

新型城镇化是民族地区历史发展的必然趋势，但由于民族地区发展的滞后惯性，客观上还需要完善一系列的保障机制。

一是强化民族地区基础设施建设的资金保障机制。建议中央财政加大对民族地区的转移支付力度，增加国家财政对民族地区基础设施建设的投资，切实保证专款专用于民族地区的基础设施建设。同时，鼓励多元主体参与投融资环节，引导社会力量广泛参与民族地区的新型城镇化建设。

二是强化民族地区新型城镇化建设的人才保障机制。人才与技术的短缺是民族地区新型城镇化缺乏内生动力的直接原因，人才保障机制的构建，既要靠人力开发，增加对民族地区人力资源开发与技术创新的投入力度，也要靠人才引进，加强与民族地区高校、研究机构的合作帮扶。

三是强化农村留存资产的资本化机制。有效地剥离与转移原有农村人口所依附的要素，将土地、宅基地等农村留存资产的使用权资本化，保障农村人口进城后的财产性收入与基本生计成本。

四是强化城乡公共服务均等化机制。逐步推进城乡教育、医疗、养老、就业等基本权利的均等，减轻民族地区人口进城后的后顾之忧。

五是强化民族地区新型城镇化质量的评价机制。摒弃唯GDP、唯城镇化率的评价标准，更多地关注民族地区新型城镇化建设中的经济关系、经济质量、人口互动、社会关系、宗教关系、民族关系、社会稳定机制等方面。

参考文献

一 中文文献

丁智才:《边疆民族地区文化产业发展与少数民族特色文化保护研究》,厦门大学出版社 2020 年版。

樊泳湄:《西部民族地区文化民生改善及实现路径研究》,云南人民出版社 2021 年版。

冯伟林、向从武、毛娟:《西南民族地区旅游扶贫理论与实践》,西南交通大学出版社 2017 年版。

郭常民主编:《金融支持民族地区经济发展研究——以甘南藏族自治州为例》,甘肃人民出版社 2017 年版。

蒋健:《社会风险防范与群体事件治理——基于民族地区农村的研究》,云南人民出版社 2018 年版。

李崇科:《云南边境少数民族地区县域经济科学发展研究》,云南大学出版社 2014 年版。

李贵平:《西部民族地区经济社会发展政策研究》,四川大学出版社 2018 年版。

李农等编著:《全球可持续发展案例》,上海社会科学院出版社 2018 年版。

梁罡:《国家治理现代化视域下中央与民族自治地方关系研究》,新华出版社 2020 年版。

刘芳:《社会工作推进云南少数民族地区精准扶贫的对策研究》,云南大学出版社 2020 年版。

陆海发:《多民族社会政治整合与地方治理》,云南人民出版社 2018 年版。

陆铭宁、施遐:《乡村旅游新探——以凉山州为样本的实证研究》,四川大学出版社 2013 年版。

陆远权:《人口贫困与区域可持续发展——以三峡库区为例》,重庆大学出版社 2013 年版。

吕永红:《民族、国家与制度——历史制度主义视域下的民族区域自治制度研究》,世界图书出版公司 2014 年版。

马丽萍等:《社会主义核心价值体系在边疆民族地区的认同及建设研究——以云南为例》,四川大学出版社 2018 年版。

马小丽、易莉、耿德英:《民族地区职业技术教育与经济互动发展研究》,四川大学出版社 2013 年版。

欧阳修俊等:《广西世居民族村落教育研究》,广西师范大学出版社 2022 年版。

彭文英、单吉堃、符素华、刘正恩等:《资源环境保护与可持续发展——首都生态文明建设考察》,中国人民大学出版社 2015 年版。

阮金纯:《中国特色社会主义理论体系在西南边疆多民族地区的宣传普及研究》,云南人民出版社 2021 年版。

苏斐然、姚亚娟:《云南少数民族传统村落保护发展与秩序建构研究》,云南人民出版社 2020 年版。

孙秀玲:《民族地区青少年公民意识教育实践模式构建研究》,南京大学出版社 2020 年版。

孙炎:《云南省少数民族地区农村教育公平发展研究》,云南大学出版社 2014 年版。

王世忠:《多元与和谐:民族院校人才培养模式的战略选择》,华中师范大学出版社 2017 年版。

王文军编著:《可持续发展经济学》,西北农林科技大学出版社 2019 年版。

王延中、丁赛等:《中国民族地区全面小康社会建设研究》,中国社会科学出版社 2018 年版。

肖应明:《中国少数民族地区社会治理创新研究——以云南省为例》,云南人民出版社 2017 年版。

谢和均:《西南少数民族农村社区医养服务构建及干预运行研究》,云南大学出版社 2022 年版。

严功军:《大众传播与少数民族地区和谐社会构建——对重庆少数民族

地区的个案研究》，四川大学出版社 2013 年版。

阳芳：《广西少数民族地区经济发展与人力资本贡献研究》，广西师范大学出版社 2019 年版。

杨勇：《边疆少数民族地区特色城镇体育旅游核心竞争力研究》，云南人民出版社 2018 年版。

姚上海：《民族地区农民工返乡创业行为理论及实证研究》，世界图书出版公司 2012 年版。

尹未仙：《交往交流交融——高黎贡山地区和谐民族关系研究》，云南大学出版社 2022 年版。

原华荣等：《中国少数民族人口学特征地域性的理论与实证》，浙江大学出版社 2019 年版。

张戈：《云南农村基层党组织组织力提升研究》，云南人民出版社 2020 年版。

张广裕：《西北民族地区生态文明建设研究》，四川大学出版社 2014 年版。

张晓欣：《城镇化与可持续发展》，新华出版社 2013 年版。

赵晖、李习文、梁春阳主编：《西部民族地区农村信息化实践与理论探索》，宁夏人民出版社 2010 年版。

赵晓红、俞又琪：《文旅融合助推云南乡村振兴的实践与思考》，云南大学出版社 2022 年版。

周毅：《中国西部脆弱生态环境与可持续发展研究》，新华出版社 2015 年版。

字文君：《云南"直过民族"聚居乡域发展研究——以耿马傣族佤族自治县四排山乡为例》，四川大学出版社 2018 年版。

二　外文文献

Armin Kratzer, Jutta Kister, *Rural-urban Linkages for Sustainable Development*, New York: Taylor and Francis, 2020.

Charlie Karlsson, Börje Johansson, Roger Stough, *Entrepreneurship, Social Capital and Governance: Directions for the Sustainable Development and Competitiveness of Regions*, Cheltenham: Edward Elgar Publishing, 2012.

Evgeniya Lupova-Henry, Nicola Francesco Dotti, *Clusters and Sustainable*

Regional Development: A Meta-organisational Approach, New York: Taylor and Francis, 2022.

Kelly Vodden, David J. A. Douglas, Sean Maekey, et al., *The Theory, Practice and Potential of Regional Development: The Case of Canada*, New York: Taylor and Francis, 2019.

Michael P. Clair, *Sustainable Regional Development: Revitalizing Regions Through Innovation*, New York: Taylor and Francis, 2023.

Okechukwu Ukaga, Chris Maser, Michael Reichenbach, *Sustainable Development: Principles, Frameworks, and Case Studies*, Roca Raton: CRC Press, 2010.

Sylvie Faucheux, Martin O'Connor, Jan Van Der Straaten, *Sustainable Development: Concepts, Rationalities and Strategies*, Berlin: Springer Netherlands, 1998.

后 记

要实现中华民族伟大复兴的中国梦，必须全面振兴乡村，补齐中国之治的短板。民族地区的持续发展正是其中最为艰巨又最为重要的任务。2020年，绝对贫困问题在我国被根本解决，为乡村振兴奠定了扎实基础。但是，反贫困的最终目标是实现人的可持续脱贫、贫困地区的可持续脱贫。农村地区的发展程度不高是国家发展不平衡不充分的主要表现，民族地区又是农村地区当中任务较为艰巨的区域，如何有效持续地推进民族地区的发展是党和国家的重要任务。本书是在湖南省社会科学基金智库重大项目"民族地区脱贫摘帽后的持续发展问题研究"（项目编号：20ZWA03）的基础上形成的。该课题是时任湖南省委常委、省委统战部部长黄兰香同志所提出，体现了省委领导的高屋建瓴与深谋远虑。

因为民族地区的可持续发展离不开产业、人才、生态、文化等各个方面，在众多部门、组织和群众的支持和帮助之下，课题组通过调研访谈获得了相应的数据。在此，要感谢湖南省哲学社会科学规划基金办公室陈湘文主任、时任副主任刘子敏同志，正是在他们的推动之下，课题组得以与各相关部门单位建立联系，并确定课题开展的程序步骤、应完成的相应目标及时间节点、文稿的规范性要求及写作进度。要感谢当时在湖南省委统战部任职的彭天忠副主席、马碧副州长，以及统战部的王善松主任、涂颖洁同志，湖南省民族宗教事务委员会的黄森副处长、李宁主任、黄贞博士在调研以及书稿写作过程中提供的各种帮助。当然，本书的完成更离不开各受访单位和部门，以及各族群众的鼎力支持，感谢他们提出的真知灼见。

感谢湖南省社会科学院周湘智主任、湖南省乡村振兴局钟永红处长、胡锦辉副处长、湖南省统计局刘杰同志对本书提出的中肯意见。特别要感谢中央民族大学李俊清教授、清华大学王亚华教授、新疆大学雷霆教授、中国农业大学唐丽霞教授等专家学者对本书提出的批评建议，正是他们的中肯评价和具体详细而有建设性的意见，才使本书能够相对完善地呈现出来。还要特别感谢我所在的中南大学乡村振兴研究中心团队，谷中原教授、雷望红博士、吴高辉博士等以不同形式参与了本书的形成过程，博士研究生康儿丽、陈安妮、付城、谭丰隆、涂文、王琎，硕士研究生符丽君、朱小港、谢海燕、王晓蓓、徐圳等撰写了相关部分的内容，其中康儿丽负责前半程的统稿，付出了最多的精力。

本来希望于2021年12月前后将本书提交到出版社，但是因为笔者事务增加而拖延至今。感谢王琪编辑的宽容与时不时的提醒，没有她的助推，可能现在还难以交付完稿。

本书的完成是中南大学乡村振兴研究中心又一项成果的落地，但绝对不会中断中心对民族地区乡村振兴领域研究的持续关注。尽管本书得到了众多大家的指点，但是里面还会有诸多疏漏甚至错误，我们文责自负，也敬请各位方家不吝赐教。

许源源

2024年8月